DE LA SOUS-TRAITANCE AU PARTENARIAT INDUSTRIEL

ISBN : 2-7384-1169-X

Claude ALTERSOHN

DE LA SOUS-TRAITANCE AU PARTENARIAT INDUSTRIEL

(de la piétaille à l'infanterie)

Préface de Roger FAUROUX

Editions L'Harmattan
5-7, rue de l'Ecole-Polytechnique
75005 Paris

SOMMAIRE

2e PARTIE - ACTIONS ET POLITIQUES CORRECTIVES

3e PARTIE - LE PARTENARIAT INDUSTRIEL, MYTHE OU RÉALITÉ ?

4e PARTIE - LES ISSUES

PRÉFACE

Comme les autres pays qui connaissent un haut niveau de développement, la France ne peut tenir son rang dans la compétition internationale que s'il existe un équilibre réel entre les deux composantes de l'industrie nationale : d'une part, l'ensemble des grands groupes qui s'efforcent de figurer parmi les meilleurs au plan mondial dans leurs métiers fondamentaux ; d'autre part, la masse des entreprises plus petites qui ont pour atouts leur créativité et leur aptitude à faire preuve de la flexibilité souhaitée par leur clientèle. L'évolution des techniques, des méthodes de gestion et des mentalités rend nécessaire l'établissement de liens privilégiés entre la grande industrie et les PME placées en amont et en aval de ses propres activités.

Il est donc dans la logique de l'histoire industrielle que la sous-traitance, qui était le principal point de jonction des deux composantes, évolue elle-même vers une forme adaptée de partenariat. L'expérience professionnelle acquise depuis une vingtaine d'années par M. Altersohn dans le cadre du ministère de l'Industrie lui a permis de traiter de façon synthétique les problèmes les plus complexes que soulève cette double évolution.

Jusqu'à présent, en effet, aucune tentative n'avait été effectuée pour réaliser une telle étude dans un cadre inter-disciplinaire. Il y a là, du point de vue de la recherche, un effort d'autant plus utile qu'il s'agit d'un domaine où les interactions sont très fortes entre l'économique, le social et le juridique.

L'auteur s'efforce également de mettre en évidence les nouvelles relations qui sont en train de se créer entre les transformations structurelles en cours et la localisation des activités soumises aux contraintes du partenariat. Les conclusions auxquelles il aboutit me paraissent donc d'un intérêt certain pour les responsables régionaux et locaux de l'aménagement du territoire, en particulier ceux qui ont à se préoccuper de l'avenir de bassins d'emploi dont le potentiel dépend en grande partie du comportement d'industries spécialisées dans des activités de sous-traitance.

On remarquera aussi que l'auteur s'abstient de proposer aux industriels des recettes de gestion et n'émet que des souhaits de portée générale en ce qui concerne l'attitude à recommander aux pouvoirs publics. Ce n'est pas seulement par souci de respecter les obligations de réserve auxquelles il s'estime tenu, même après avoir atteint l'âge de la retraite. On peut y voir aussi le désir de laisser aux acteurs économiques la plus grande liberté de choix et le maximum d'initiatives. Il faut se féliciter qu'il ait pris cette option.

Des idées forces n'en inspirent pas moins les développements contenus dans la quatrième partie du livre, celle qui traite des issues possibles. La plus pertinente est sans aucun doute que les industriels de la sous-traitance ou leurs successeurs sous une autre appellation devront continuer à fonder leurs activités sur des savoir-faire spécifiques tout en offrant une large gamme de services. Il semble effectivement que les distinctions usuelles entre industries et services seront en grande partie dépassées dans une société que l'on qualifie trop hâtivement de post-industrielle car elle sera pour l'essentiel une société post-taylorienne à productions diversifiées et individualisées.

Plus généralement, il est clair que, dans l'esprit de M. Altersohn, le bon fonctionnement d'une telle société exige à la fois plus d'intelligence, plus de responsabilité et plus d'équité. C'est peut-être une vue un peu trop idéaliste. Mais on ne saurait lui en faire reproche.

Roger Fauroux

AVANT-PROPOS

Cet ouvrage est dédié à la mémoire de Louis Morard, directeur du Centre national de la Sous-Traitance de 1982 à 1987. Les remerciements de l'auteur s'adressent plus particulièrement à ses collègues et aux autres personnes qui, au sein de l'Inspection générale de l'Industrie, lui ont largement facilité la tâche, aux chefs des services d'expansion économique en Allemagne et aux Etats-Unis et à leurs collaborateurs, à Mme Monique Pariat de la Commission des Communautés Européennes, aux animateurs d'institution consulaires et d'organisations professionnelles et, bien entendu, aux nombreux industriels, donneurs et preneurs d'ordres, qui ont en quelque sorte fourni la matière première de ce livre en œuvrant pour la promotion des relations de sous-traitance.

INTRODUCTION

A la fin du Moyen Age, les combattants à pied n'étaient pas tenus en très haute estime par la doctrine militaire en vigueur dans la plupart des pays européens. Ils formaient la piétaille. Malgré les témoignages de valeur donnés par les archers anglais pendant la guerre de Cent Ans, leur rôle était considéré comme secondaire. Il n'était pas de faire la décision. Les flèches avaient de moins en moins d'effet sur les cuirasses. Les fantassins avaient surtout pour mission d'achever avec leurs gouges les adversaires qui n'avaient pas eu le bon goût de se rendre aux chevaliers, en essayant de pénétrer à la pointe du couteau dans les interstices des carapaces servant d'armures. Les choses commencèrent à changer avec l'introduction de l'arquebuse qui, grâce à sa mobilité supérieure à celle du canon et à la légèreté de ses projectiles, apporta dans l'armement de l'époque l'équivalent de ce que le micro-ordinateur a permis de réaliser dans l'emploi de l'informatique. Le succès de l'innovation fut assez considérable. Il suffit de lire le livre que Jean Giono a consacré au désastre de Pavie pour s'en rendre compte[1]. C'est ainsi qu'en peu de temps la piétaille devint l'infanterie et fut regardée comme un interlocuteur sérieux dans ce qui allait être le monde belliqueux des temps modernes. Ce qui lui valut d'être qualifiée de reine des batailles lorsque les vertus du système fusil-baïonnette furent définitivement reconnues.

Cette évolution n'est pas sans analogie avec celle qui a de fortes chances de se produire dans l'un des domaines les moins bien explorés du champ économique. Liée précisément à l'apparition de nouvelles technologies et de nouveaux modes de pensée, la substitution de relations de partenariat à des relations de sous-traitance fondées sur des conceptions typiquement tayloriennes devrait modifier considérablement le rôle d'une catégorie d'entrepreneurs qui,

1. Jean GIONO, « Le Désastre de Pavie : 24 février 1525 », *30 journées qui ont fait la France*, Gallimard, 1963.

jusqu'à présent, avaient été considérés à tort ou à raison comme les soutiers de l'industrie. Des responsabilités élargies seront confiées à un grand nombre de producteurs de biens intermédiaires dans une économie où l'association sera de plus en plus étroite entre les secteurs d'aval qui se trouvent directement en contact avec les marchés consommateurs et les secteurs d'amont fournisseurs de composants et de sous-ensembles.

Cette mutation suffira-t-elle pour que la sous-traitance cesse d'apparaître à la fois comme un Dr Jekyll et un Mr Hyde ? Cela n'est pas certain mais l'insertion de la sous-traitance dans une économie de participation n'est pas un rêve impossible.

La notion de sous-traitance a des contenus nettement différents dans l'industrie, le bâtiment et les travaux publics, les services. Mais il s'agit toujours d'une pratique qui permet à un agent économique de se décharger sur un autre de tâches qui lui incombent juridiquement au titre d'obligations souscrites dans le cadre de sa propre activité. Employé au sens le plus général, le mot « sous-traitance » a déjà une connotation péjorative dans la mesure où le « sous » inquiète. Il n'est jamais très bon de s'afficher durablement en tant que subordonné. L'état de sous-brigadier, sous-lieutenant, sous-chef de bureau, sous-directeur, ou même sous-préfet n'est vraiment bien accepté que s'il constitue une transition vers un niveau hiérarchique plus élevé. Du seul fait qu'il est subordonné à un client appelé donneur d'ordres, le sous-traitant peut difficilement ne pas être considéré comme la victime d'une *diminutio capitis*, d'une fatalité qui le condamne à être un entrepreneur d'une espèce inférieure. N'est-il pas placé dans une situation dégradée vis-à-vis des autres entrepreneurs, ceux qui sont maîtres de définir les caractéristiques des biens ou des services qu'ils produisent ?

La sous-traitance n'a pas très bonne réputation. Elle a été souvent présentée par les médias comme le moyen de confier à des entreprises travaillant à la limite ou même en marge de la légalité les tâches les moins nobles, les besognes les moins gratifiantes. Le cas extrême est celui du tueur à gages professionnel auquel un personnage plus respectable sous-traite un contrat qu'il ne veut pas ou ne peut pas exécuter lui-même. Mais, sans aller jusqu'à de tels excès, la sous-traitance apparaît surtout au commun des mortels comme le moyen d'assurer tant bien que mal le nettoyage du métro et de la plupart des autres lieux publics ou d'imposer un certain type de restauration dans les écoles et les hôpitaux. Il arrive même que des images plus déplaisantes se rattachent à l'idée que l'on se fait habituellement de la sous-traitance : l'intervention dans la construction de logements d'artisans plus ou moins qualifiés, l'emploi en grands nombres de travailleurs clandestins sur les chantiers où sévissent de faux sous-traitants et, pour la production de vêtements, dans les ateliers de confection les moins recommandables.

Il n'est donc pas étonnant que la sous-traitance ait du mal à se faire accepter dans le monde du travail. Il lui est souvent reproché de diviser les travailleurs en deux catégories. Les premiers, ceux des grandes entreprises, bénéficient d'une certaine sécurité d'emploi et des acquis sociaux dus aux luttes syndicales. Les seconds, ceux des PME et des artisans, ne jouissent, pour des tâches similaires ou plus ingrates, d'aucun avantage catégoriel. Ils perçoivent des salaires inférieurs. Ils sont moins bien protégés contre le risque du chômage. Ces reproches visent plus particulièrement la sous-traitance effectuée sur les sites des établissements appartenant aux donneurs d'ordres. Mais ils n'épargnent pas la sous-traitance effectuée dans des locaux distincts.

La sous-traitance trouve cependant des défenseurs très convaincus, d'ardents partisans de son utilisation dans le domaine industriel. Elle en trouve de plus en plus dans les milieux directement concernés par le souci du développement économique. Elle en a même dans l'opinion publique, dès lors qu'il est devenu mal séant de mettre en doute les mérites de l'entreprise à taille humaine. Il ne s'agit pas seulement de sacrifier à la mode qui fait présumer que tout ce qui est petit est beau. Les avantages de la division du travail entre les grandes organisations et les entreprises de dimensions plus modestes mais spécialisées sont mieux perçus. L'adage : « On n'est jamais si bien servi que par soi-même » cède progressivement du terrain à un autre dicton d'une sagesse populaire qui n'en est pas à une contradiction près : « On a toujours besoin d'un plus petit que soi. »

La création d'activités de sous-traitance est aussi une promotion pour les cadres, les techniciens et les autres salariés qui souhaitent se mettre à leur compte sans avoir les ressources et la formation nécessaires pour constituer et animer une force de vente. Une grande partie des entreprises de sous-traitance créées dans la période des Trente Glorieuses est constituée par des Gervaise qui ont bien réussi parce qu'ils ont eu plus de chance que l'héroïne de *L'Assommoir*.

Sur le plan politique, les raisons ne manquent pas de voir dans un emploi judicieux de la sous-traitance un facteur d'équilibre, propre à empêcher une domination excessive de l'économie par un trop petit nombre de grands opérateurs. Les élus sont évidemment très sensibles à toutes les considérations qui militent en faveur de l'accueil ou du maintien d'activités de sous-traitance dans leurs circonscriptions. La constitution d'un réseau d'entreprises preneuses d'ordres offrant des services diversifiés facilite considérablement et peut dans certains cas conditionner l'implantation de grands établissements industriels. Fortement représentées à l'origine en Ile-de-France, les industries de sous-traitance n'en ont pas moins participé très activement à la formation et à la croissance de nombreux pôles de développement régionaux. Certaines ont contribué à maintenir au pays une grande partie de la main-d'œuvre disponible dans des zones rurales qui paraissaient vouées au dépeuplement.

Il ne s'agit pas d'apporter une réponse précise à la question de savoir si la pratique de la sous-traitance est suffisamment conforme à l'intérêt général de la population pour mériter des encouragements ou s'il est nécessaire de contrôler et restreindre son usage pour limiter ses effets pervers. Les situations rencontrées dans la pratique sont trop diverses pour qu'il soit possible, même dans le cadre de la seule sous-traitance industrielle, d'aboutir à des conclusions catégoriques. Il est possible de proposer des exemples qui méritent le prix de l'excellence et de clouer au pilori des abus notoires. Mais il serait simpliste d'opposer la bonne à la mauvaise sous-traitance. L'une et l'autre ne se définissent pas au moyen de quelques critères permettant de distinguer aisément le bon grain et l'ivraie. Des bilans doivent être effectués cas par cas en prenant assez de distance pour éviter de faire preuve de manichéisme. On peut essayer néanmoins de dégager des tendances et d'anticiper sur les évolutions futures. Ce qui conduit notamment à se demander si la médaille du partenariat n'a pas son revers sous forme de contraintes nouvelles prenant la place des anciennes sujétions imposées aux PME qui en bénéficient directement.

A plus forte raison, le sort des exclus du partenariat, celui des sous-traitants qui sont en position de second ou troisième niveau par rapport aux donneurs d'ordres principaux ne saurait laisser indifférent. Il ne faut pas dramatiser mais il est clair que le rejet pur et simple de ces exclus dans une sorte de lumpenprolétariat serait sans aucun doute l'un des moyens les plus efficaces de faire naître une économie duale. Les conditions d'existence les plus médiocres seraient alors imposées aux travailleurs de toutes les petites entreprises qui seraient marginalisées parce que placées en bout de chaîne.

La limitation des investigations au seul champ de la sous-traitance industrielle a pour but de faciliter la recherche des éléments de réponses aux préoccupations exposées ci-dessus. C'est, en effet, dans le cadre des activités manufacturières que le développement du partenariat est le plus rapide et le plus spectaculaire dans ses manifestations. Dans le cas de la sous-traitance de services, il est plus difficile d'aboutir à des conclusions de portée générale. La détention par de gros intervenants de la majeure partie ou tout au moins d'une très grande part de certains marchés, en particulier ceux du nettoyage industriel et de la restauration collective, oblige à considérer les problèmes de partenariat sous un angle qui n'est plus celui des rapports entre partenaires de tailles très inégales (cf. annexe I). C'est certainement dans ce domaine que se posent avec le plus d'acuité les problèmes engendrés par les différences de statuts sociaux dont les personnels des sous-traitants subissent le préjudice. A l'intérieur du secteur « Bâtiments et travaux publics », l'avenir des relations de sous-traitance dépend pour beaucoup de l'efficacité des mesures qui peuvent être prises pour mieux assurer la protection juridique des sous-traitants. Mais on constate que le partenariat s'y développe également sous des formes appropriées (cf. annexe II).

Compte tenu de ce qui précède, cet ouvrage ne pouvait avoir le caractère d'un manuel de bonne gestion destiné aux entreprises engagées dans des relations de sous-traitance. Il l'est d'autant moins que, s'il s'efforce de tracer certaines orientations ou, plus exactement, de baliser certaines pistes, il ne contient aucune proposition de solution ayant valeur générale. Tout simplement parce que l'auteur est convaincu que, si tant est qu'il existe une bonne gestion, elle n'est pas affaire de recettes ou de règles d'or mais de discernement, de lucidité, d'opportunisme et de doutes[2].

Il ne s'agit pas davantage de prendre pour points de départ et d'arrivée une application du droit des affaires au traitement des problèmes susceptibles de générer un abondant contentieux. Le droit de la sous-traitance reflète les tensions existantes entre donneurs et preneurs d'ordres ; mais il ne les explique pas et il a surtout des vertus palliatives. Quant au droit du partenariat, phénomène trop récent pour faire jurisprudence, il reste presque totalement à écrire.

Et cependant, il était inévitable que cet ouvrage comporte dans certains de ses chapitres des exposés qui paraîtront peut-être un peu trop juridiques ou trop techniques par rapport à l'objet qu'il s'est fixé. Quels que soient les efforts commis pour ne pas alourdir inutilement ces exposés, il y a lieu de s'en excuser auprès des lecteurs ayant des préoccupations de généralistes. Mais la prise en compte des interactions existant dans le domaine abordé entre l'économique, le social, le droit, la sociologie et l'état de la technologie est, à notre avis, absolument nécessaire. L'on ne saurait s'y refuser sous prétexte de mélange des genres.

Cet ouvrage comprend quatre parties.

La première est constituée par un constat qui porte sur l'état actuel des relations de sous-traitance. Ce constat met en évidence l'existence de rapports de domination liés à la nature même de la relation de sous-traitance, formée à la suite de choix entre faire et faire faire qui sont souvent aléatoires.

La deuxième partie fait le point des différentes tentatives entreprises pour porter remède à un état d'infériorité que l'on peut qualifier de congénital, en assurant la promotion et la protection des activités en cause : efforts déontologiques, soutiens divers apportés à l'action commerciale, mesures gouvernementales en vigueur aux Etats-Unis et au Japon, initiatives prises par des organismes parapublics dans les autres pays occidentaux, évolution de l'attitude des pouvoirs publics français au cours des trente dernières années.

La troisième partie intitulée « Le partenariat, mythe ou réalité » traite des problèmes soulevés par l'institution de nouvelles formes de relations entre les donneurs et les preneurs d'ordres. Elle s'efforce de dégager les principales implications des changements opérés avant de décrire, en fonction des données disponibles, les com-

2. « Ce n'est pas le doute qui rend fou, ce sont les certitudes », Nietzsche.

portements observés dans les principaux secteurs concernés. Une place particulière est réservée aux entreprises, dites du quatrième type, qui ont pour trait commun de ne pas avoir un véritable appareil de production.

La dernière partie est consacrée à la recherche des issues qui permettraient d'éviter une coupure trop pénalisante entre des élus bénéficiaires en nombre réduit des avantages du partenariat et des exclus qui resteraient de simples sous-traitants. Amener le plus grand nombre possible d'industriels à jouer de manière pertinente le jeu du partenariat, faire en sorte que les industries de sous-traitance, tout en restant des industries de savoir-faire, deviennent des industries de service. Telles sont les idées forces proposées. Leur application devrait conduire à des combinaisons stratégiques qui permettent aux sous-traitants de se grouper, d'exporter ou de s'implanter hors du territoire national, ou même de sortir de la sous-traitance en devenant maîtres de la conception de leurs produits.

Mais il va de soi que l'évolution des relations de sous-traitance dépendra pour beaucoup de ce qui sera fait pour adapter leur environnement juridique, financier et institutionnel aux exigences nées d'une nouvelle organisation de l'économie industrielle. En particulier, les pouvoirs publics devraient être capables d'effectuer un autre choix que ceux d'un dirigisme de mauvais aloi, d'une neutralité plutôt bienveillante pour les sous-traitants ou d'une politique d'assistanat. L'expérience semble démontrer qu'une politique d'accompagnement et de sensibilisation n'est pas impossible. Fondée sur le principe : « le partenariat ne se décrète pas mais il se propage », elle pourrait se fixer un seul objectif : faire en sorte que les changements s'orientent dans un sens tel que toutes les parties prenantes, y compris les travailleurs des entreprises de sous-traitance et les consommateurs de produits finis, bénéficient effectivement des progrès réalisés en productivité et en qualité. Il faut ajouter que cette politique ne peut porter ses fruits qu'au prix d'une bonne coordination des efforts déployés aux niveaux de la CEE, des Etats membres et des régions pour améliorer la protection juridique des sous-traitants, renforcer leurs potentiels techniques et faciliter leur approche du marché, mais en les laissant assumer pleinement leurs responsabilités d'industriels.

I

Le constat

CHAPITRE I

DÉFINITIONS POUR UN ENSEMBLE FLOU

La définition de la sous-traitance a donné lieu à des controverses d'une grande complexité. Il serait fastidieux pour le lecteur d'exposer toutes les tentatives qui ont été effectuées pour réunir sous un vocable commun des concepts qui sont selon les cas juridiques, techniques ou économiques. Par souci de simplification, on peut essayer de se représenter les trois conceptions possibles de la sous-traitance sous la forme d'un cercle et de deux anneaux concentriques :

– la sous-traitance au sens littéral,
– la sous-traitance industrielle proprement dite,
– la sous-traitance générale.

I. La sous-traitance au sens littéral. L'opération faisant l'objet d'un sous-traité

Le sous-traité est une forme de sous-contrat qui permet à l'entrepreneur titulaire d'un contrat principal passé avec un destinataire final dénommé maître d'ouvrage de faire exécuter par un tiers tout ou partie de ce qu'il s'est engagé à réaliser.

Cette forme originelle de sous-traitance se définit donc par l'existence de trois acteurs identifiables, unis deux à deux par des liens juridiques précis. Mais trio ne veut pas dire triangle. Il n'y a pas de troisième côté car il n'y a pas de relation contractuelle entre le maître d'ouvrage et le sous-traitant.

Pour compliquer les choses, il faut en outre que le contrat principal et le sous-traité aient l'un et l'autre le caractère de contrats d'entreprise. C'est-à-dire de contrats de louage d'ouvrage au sens de l'article 1787 du Code civil. Le louage d'ouvrage, comme son nom l'indique, a pour objet la réalisation d'un ouvrage et non pas, comme la vente, le transfert à titre onéreux de la propriété d'un bien. L'achat de produits destinés à la réalisation d'un ouvrage a été qualifié jusqu'en 1973 de sous-commande dans la pratique des marchés publics.

Cette définition de la sous-traitance reste en usage dans les secteurs du bâtiment et des travaux publics. Les pressions exercées par les entreprises de second œuvre pour obtenir une protection contre les risques de cessation de paiement des entreprises ont conduit le Parlement à voter la Loi n° 13-1334 du 31 décembre 1975 relative à la sous-traitance dont l'article 1er est effectivement rédigé comme suit : « Au sens de la présente loi, la sous-traitance est l'opération par laquelle un entrepreneur confie par un sous-traité et sous sa responsabilité à une autre personne appelée sous-traitant tout ou partie de l'exécution d'un contrat d'entreprise conclu avec le maître de l'ouvrage. » Pour éviter que les tribunaux ne soient confrontés à des problèmes de frontière, la Chancellerie s'était opposée à ce que le champ d'application de cette loi, dont le texte est présenté en Annexe III, soit limité aux activités « Bâtiment et travaux publics », c'est-à-dire aux contrats ayant un caractère immobilier.

Cette rédaction est cohérente avec l'objet de la loi. Le but recherché est précisément de refermer le triangle afin de prémunir le sous-traitant contre le risque d'insolvabilité de l'entrepreneur principal en faisant en sorte qu'il puisse être payé par le maître de l'ouvrage. Mais les moyens de protection dont cette définition rend possible la mise en œuvre sont presque totalement inutilisables sur le plan industriel car les deux conditions posées ne sont qu'exceptionnellement réunies, sauf s'il s'agit de marchés publics.

La définition donnée par l'article 1er de la loi de 1975 implique que le maître d'ouvrage, c'est-à-dire le client final, puisse être identifié par le sous-traitant. Il faut donc que la commande passée à ce sous-traitant l'ait été en vue de l'exécution d'un contrat déterminé. Il en est rarement ainsi dans le secteur industriel, sauf pour la construction de biens d'équipement spécifiques.

La deuxième exigence, qui porte sur la superposition de deux contrats d'entreprise, le contrat principal et le sous-traité, est tout aussi difficile à satisfaire lorsqu'ils concernent la réalisation de biens ayant un caractère mobilier.

Ces difficultés résultent tout d'abord de l'existence d'une jurisprudence restrictive qui estime qu'il y a vente si la valeur de la marchandise utilisée par le fabricant est supérieure à celle ajoutée par son travail et contrat d'entreprise seulement dans le cas contraire. La validité de ce critère, dit « économique », qui fait varier la qualification des contrats pour un même travail en fonction du prix des matières travaillées, est toutefois contestée par de nombreux praticiens qui lui reprochent de ne pas tenir compte suffisamment des réalités industrielles et plus particulièrement des rôles respectifs des deux contractants. En 1979, un groupe d'experts présidé par le Pr Ghestin (*cf.* Ch. IV-V) a estimé qu'il n'y avait pas lieu de remettre en cause l'emploi du critère économique. Mais ces experts ont été d'avis qu'il pouvait également exister un contrat d'entreprise « lorsque l'objet réalisé est spécialement conçu et produit en vue d'objectifs définis et selon des spécifications qui, même si elles ne portent pas sur les moyens à mettre en œuvre, sont imposées par le fabricant pour satisfaire des exigences précises et déterminées à l'avance »[1].

Depuis l'entrée en vigueur en 1980 de la loi DUBANCHET relative à l'application des clauses de réserve de propriété, il semble que les sous-traitants du secteur industriel ont plutôt intérêt à se faire reconnaître la qualité de vendeurs lorsqu'ils travaillent sur des produits qu'ils ont eux-mêmes achetés. Ils peuvent ainsi revendiquer la propriété des biens dont ils n'auraient pas été payés avant dépôt de bilan du donneur d'ordres.

La limitation du champ d'application de la loi du 31 décembre 1975 aux cas où le contrat principal constitue un contrat d'entreprise est une restriction encore plus drastique. Elle est cohérente avec l'idée que ce contrat doit porter sur la réalisation grâce à un travail important d'un ouvrage présentant des caractères spécifiques et non pas sur l'acquisition d'une simple marchandise. Mais en limitant le champ de la sous-traitance, elle élimine toute possibilité de recours si le contrat principal porte sur la vente de biens de consommation durables ou de matériels fabriqués sur catalogues.

II. La sous-traitance industrielle. Opérations intégrées dans le cycle productif

Après la Seconde Guerre mondiale, les usages industriels ont abandonné peu à peu l'exigence d'un marché initial pour définir la notion de sous-traitance. Ils ne se fondent plus sur des critères juridiques mais sur des critères techniques ou plus exactement relationnels. Ils ne considèrent plus que deux acteurs : le donneur d'ordres et le sous-traitant. Il semble que, dans un premier temps, l'habitude s'est prise de qualifier de sous-traitance toute entreprise capable de prêter son concours aux titulaires de marchés et que cette appellation a été ensuite conservée pour certaines professions ou pour certains métiers axés sur la production de biens intermédiaires spécifiques.

Cette évolution a été plus ou moins suivie dans les autres pays industrialisés. Le mot anglais *subcontracting* et l'espagnol *subcontractación* ont pris eux aussi une signification élargie. L'américain, qui conserve à *subcontracting* son sens original, préfère d'autres expressions dont les plus courantes sont *parts manufacturing* et *contrat manufacturing*. L'allemand, quant à lui, se sert du mot *zu-*

1. Réalisés à l'initiative de la Commission technique de la sous-traitance, les travaux en cause ont fait l'objet d'un compte rendu publié sous le titre « Contrat de vente et contrat d'entreprise » publié dans la *Revue trimestrielle de droit commercial et de droit économique* (janvier 1981, p. 1 à 29).

lieferung qui n'évoque pas l'idée de subordination et peut se traduire assez librement par « fourniture *ad hoc* ».

De nombreuses rédactions ont été proposées pour définir la sous-traitance industrielle. Nous n'en retiendrons que les trois qui nous paraissent les plus significatives.

La première est celle qui figure dans l'Avis n° 7 du Conseil économique du 21 mars 1973 : « La sous-traitance est l'opération par laquelle une entreprise confie à une autre le soin d'exécuter pour elle et selon un cahier des charges préalable une partie des actes de production ou de services dont elle conserve la responsabilité économique finale. »[2]

Cette définition est très extensive mais elle ignore le cas de plus en plus fréquent où le donneur d'ordres confie au sous-traitant par une délégation de production la totalité des tâches à effectuer. En outre, les spécifications ne font pas toujours l'objet d'un véritable cahier des charges.

Les documents publiés par le Centre national de la sous-traitance[3] proposent des définitions où l'identité de l'acteur responsable de la conception du produit ou de l'ouvrage à réaliser tient une place prépondérante. Selon le guide contractuel des relations de sous-traitance : « La sous-traitance se définit comme l'activité qui consiste à fabriquer ou à façonner un produit ou plus généralement des composants dénommés "pièces" pour le compte exclusif du donneur d'ordres et conformément aux spécifications techniques et aux modalités de réception qu'il arrête *en dernier ressort* en fonction du résultat industriel qu'il recherche. » Bien que le CENAST réunisse aussi d'autres professions, il est manifeste que cette définition correspond plus particulièrement aux activités de sous-traitance de certaines industries mécaniques et du secteur de la fonderie. Elle est fortement inspirée par l'idée que le sous-traitant n'a pas à supporter les responsabilités liées à la conception du produit qu'il réalise mais seulement celles qui pourraient résulter du non-respect des spécifications qui lui sont imposées.

La troisième définition, la plus récente, figure dans le fascicule de documentation X 50-300 publié par l'AFNOR en novembre 1987 sous le titre « Organisation et gestion de la production industrielle-vocabulaire » et qui aurait dû avoir le caractère d'une norme si les représentants de certaines professions donneuses d'ordres ne s'y étaient pas opposés de crainte de voir se cristalliser des situations qui leur paraissaient trop favorables aux sous-traitants. La définition qui fait l'objet du paragraphe 3.1 de ce document s'applique pour un cycle de production déterminé à « l'une ou plusieurs des opérations de conception, d'élaboration, de fabrication, de mise en œuvre ou de maintenance du produit en cause, dont une entreprise dite donneur d'ordres confie la réalisation à une entre-

2. Avis faisant suite au rapport de M. STEFANELLY et publié au *Journal officiel* du 20 avril 1973.

3. Charte de la sous-traitance en 1972 et guide contractuel des relations de sous-traitance (Editions SEDOM), avril 1982.

prise dite preneur d'ordres, tenue de se conformer exactement aux directives ou spécifications techniques arrêtées en dernier ressort par le donneur d'ordres ». Se trouvent ainsi rattachées à la notion de sous-traitance industrielle toutes les tâches qui s'incorporent au cycle de production et qui doivent à ce titre être comptabilisées dans les coûts directs de l'entreprise donneuse d'ordres. Le terme « sous-traitance » est justifié dans la mesure où il s'agit, en quelque sorte, d'un sous-programme par rapport au programme qui met le destinataire final en possession du produit conçu par le donneur d'ordres. Le document s'efforce de saisir dans son ensemble l'acte de production dont chaque séquence, de la conception à la maintenance du produit, peut être sous-traitée.

Le document AFNOR précise (3.1. note 2) « qu'un preneur d'ordres qui assume la responsabilité technique d'un produit spécifique est considéré comme un fournisseur et non plus comme un sous-traitant industriel, même si certaines performances et/ou contraintes lui ont été fixées par le donneur d'ordres. Cette exclusion laisse en dehors du champ de la sous-traitance industrielle les entreprises se conformant aux prescriptions d'un cahier des charges fonctionnel. On appelle ainsi un cahier des charges qui comporte des spécifications d'objectifs ou de performances mais rend l'exécutant responsable du choix des caractéristiques du produit sous réserve du respect de certaines contraintes liées à ses conditions d'utilisation ou de fonctionnement. Contrairement à ce que certains auteurs avaient pu envisager, la notion hybride de sous-traitance-fourniture n'a pas été retenue. La ligne de démarcation ainsi tracée était très exactement celle qui avait été fixée en 1985 dans le guide des relations contractuelles de la RÉGIE RENAULT avec ses sous-traitants[4]. Mais la doctrine des constructeurs automobiles a évolué depuis cette date. Dans les documents établis par le groupement pour l'amélioration des liaisons dans l'industrie automobile (GALIA), il n'est plus question que de fournisseurs, classés selon les cas en fabricants concepteurs, sous-traitants non concepteurs et façonniers[5].

III. La sous-traitance générale

La sous-traitance générale se définit comme la sous-traitance industrielle par l'existence d'un lien de subordination obligeant le preneur d'ordres à respecter les prescriptions du donneur d'ordre dans l'exécution de la tâche qui lui est confiée. Mais les opérations en cause portent sur « des produits ou des prestations qui ne peu-

4. Livre blanc sur le partenariat, *op. cit.*, pages 159 et suivantes. Le Guide RENAULT précise que « l'entreprise appelée à concevoir un sous-ensemble ou un ensemble pour une fonction déterminée est considérée comme passant du statut de sous-traitant à celui de fournisseur en raison de l'initiative et de l'autonomie ainsi acquises.

5. Galia : *Conditions générales d'échange*, juin 1988.

vent pas êtrer incorporés directement aux ouvrages, travaux et produits à la réalisation desquels elles concourent » (Fascicule AFNOR X 50.300, Annexe A-3). Ces opérations ne sont donc pas comptabilisables dans les coûts directs de production mais dans les frais généraux du donneur d'ordres. Dans la pratique, la sous-traitance générale comprend pour l'essentiel les prestations de service sous-traitées à des tiers et, en particulier, celles qui ont trait à la maintenance de l'outil de production. Ces prestations ne doivent pas être confondues avec le travail en régie qui comporte obligation de moyens mais non de résultats. A plus forte raison, elles doivent être distinguées du prêt de main-d'œuvre à titre onéreux qui ne peut être effectué que par les entreprises se conformant aux dispositions légales concernant le travail temporaire.

S'agissant de prestations qui sont totalement déconnectées par rapport à la relation qui unit un producteur au consommateur ou à l'utilisateur de son produit, l'emploi du mot sous-traitance, même assorti du qualificatif de générale, peut paraître contestable puisqu'il n'y a plus de substitution d'un agent économique à un autre. Nous verrons toutefois au chapitre II que cette expression constitue l'intitulé de l'une des trois rubriques du plan comptable relatives à la sous-traitance (compte 611). Et, surtout, il faut être conscient que l'externalisation des services et celle des activités productrices, conséquences l'une et l'autre de choix entre faire ou acheter, répondent dans une large mesure aux mêmes finalités et sont susceptibles de soulever des problèmes sociaux de même nature. En pareil cas, on peut estimer qu'un abus de langage consacré par l'usage et cernant une certaine réalité n'est pas tout à fait inadmissible.

IV. De quelques autres expressions dont la signification est importante pour la compréhension de cet ouvrage

Sous-traitance de capacité et sous-traitance de spécialité

La sous-traitance industrielle fait habituellement l'objet d'une distinction fondamentale entre la sous-traitance de capacité et la sous-traitance de spécialité. Les définitions de ces deux termes figurent également dans le document AFNOR. La sous-traitance de capacité correspond aux cas où l'entreprise donneuse d'ordres, équipée elle-même pour effectuer une production, a recours à une autre entreprise, soit occasionnellement en raison d'une pointe momentanée de la demande ou d'un incident technique (sous-traitance dite « conjoncturelle »), soit de façon plus ou moins habituelle parce que, désireuse de conserver une capacité propre dans une fabrication déterminée, elle entend utiliser des capacités de production disponibles à l'extérieur (sous-traitance dite « structurelle »).

La sous-traitance industrielle est dite de spécialité lorsque l'entreprise donneuse d'ordres décide de faire appel à un spécialiste disposant des équipements et de la compétence adaptés à ses besoins parce qu'elle ne peut ou ne souhaite pas se doter des moyens nécessaires au lancement ou au développement d'une fabrication, ou encore parce qu'elle estime ses installations insuffisantes ou insuffisamment compétitives pour cette fabrication (il s'agit en général d'une sous-traitance de type structurel).

Cette distinction met en évidence, à juste titre, l'existence de deux sortes de décision d'investir. Les unes sont d'ordre purement tactique, les autres d'ordre stratégique. Mais il convient dès à présent d'observer que toutes les décisions stratégiques n'ont pas la même portée. On ne saurait mettre sur le même plan celles qui résultent de la constatation que le prix de revient d'une fabrication intégrée est supérieur à celui de la même fabrication réalisée en sous-traitance et celles qui sont la conséquence d'une sélection conduisant le donneur d'ordres à renoncer aux investissements n'ayant pas pour lui un caractère prioritaire ou n'entrant pas suffisamment dans le cas de son métier. Les premières correspondent à des considérations de rentabilité immédiates, les secondes à une recherche de compétitivité à long terme.

Sous-traitance conjoncturelle et sous-traitance structurelle

Le document AFNOR n'établit pas une distinction précise entre la sous-traitance conjoncturelle et la sous-traitance structurelle. Les membres de la commission qui ont préparé ce document ont constaté, en effet, qu'ils étaient dans l'impossibilité de proposer des critères permettant de savoir à partir de quel moment ou dans quelles circonstances des relations suivies de sous-traitance cessent d'être conjoncturelles pour devenir structurelles. Néanmoins, ces deux termes sont utilisés assez fréquemment.

Travail à façon

Le travail à façon ou façonnage est constitué par l'exécution pour le compte d'une entreprise donneuse d'ordres de certaines opérations sur des matières premières ou sur des demi-produits fournis par celle-ci. Le façonnier peut être aussi bien une personne physique qu'une personne morale.

Délégation de production

Le document AFNOR donne une définition de la délégation de production. Celle-ci concerne la réalisation d'un ensemble complet, le donneur d'ordres gardant la responsabilité de la conception et de la commercialisation de cet ensemble. Le développement de cette pratique va de pair avec l'émergence d'une nouvelle catégorie d'entreprises ne produisent par elles-mêmes dont l'importance est soulignée au chapitre XIII du présent ouvrage.

Sous-traitance de fonction

Elle est définie par le document AFNOR comme étant l'opération de sous-traitance industrielle qui porte sur la réalisation d'un sous-ensemble remplissant une fonction précise dans tout ou partie du produit considéré. La délégation de production et la sous-traitance de fonction ou de sous-ensemble sont appelées à constituer pour l'essentiel le premier niveau des systèmes de sous-traitance en chaîne dont la généralisation est maintenant prévisible. Se retrouveront au second niveau, comme au Japon, les fournisseurs de pièces ou de composants plus simples et au troisième, éventuellement, des micro-entreprises choisies pour leur flexibilité et/ou pour leur capacité d'effectuer des tâches très spécialisées à des conditions particulièrement avantageuses. On observera que, de cette manière, le trio qui servait initialement à définir la sous-traitance se trouve reconstitué non plus sous la forme « maître d'ouvrage ; entrepreneurs principal ; sous-traitant ». Mais sous la forme « donneur d'ordres, partenaire principal, sous-traitant de premier niveau ». Si cette évolution se confirme, le fleuve devrait donc retourner vers sa source, le « sous » retrouvant sa signification originelle.

CHAPITRE II

LES CARACTÉRISTIQUES DE L'ENSEMBLE FLOU

Les données statistiques qui peuvent être utilisées pour déterminer le contenu de l'ensemble constitué par la sous-traitance industrielle et préciser les caractéristiques de ses principaux éléments sont de deux sortes. Les unes concernent la sous-traitance *confiée* par les donneurs d'ordres, telle qu'elle est recensée dans l'enquête annuelle d'entreprise du ministère de l'Industrie. Les autres concernent la sous-traitance *reçue* par les preneurs d'ordres telle qu'elle peut être identifiée grâce aux enquêtes de branches du même ministère qui sont effectuées par produits. Mais ces données ne permettent d'avoir qu'une vue imprécise de ce que représente cet ensemble. Les indications qu'elles fournissent doivent donc être complétées par le recours à toutes les autres sources de renseignements disponibles : documents d'origine professionnelle, études diverses, informations parues dans la presse.

I. L'approche par l'analyse statistique : la sous-traitance confiée

La sous-traitance industrielle confiée en 1987 a fait l'objet d'une étude du Service des études statistiques du ministère de l'Industrie publiée dans le rapport d'étape 1989 de la Commission technique de la sous-traitance.

L'enquête annuelle d'entreprise se conforme aux dispositions du plan comptable qui préconise d'enregistrer la sous-traitance dans les postes suivants du compte de résultats :

- **604** : Achats d'études et de prestations de services
- **605** : Achats de matériels, équipements, travaux

– **611** : Sous-traitance générale

Les achats imputés aux comptes 604 et 605 sont suivis directement d'une incorporation aux ouvrages ou produits de l'acquéreur. S'il n'y a pas incorporation directe, le compte 611 est utilisé. Depuis l'année de constat 1984, il est demandé aux entreprises de cent salariés et plus de ventiler, pour les besoins de l'enquête annuelle du ministère de l'Industrie, la *sous-traitance totale* en :

– achats de services (informatique, gardiennage, nettoyage, etc) ;
– achats de matériels et équipements associés à des prestations de services d'ingénierie et autres achats ne relevant pas de la sous-traitance industrielle ;
– sous-traitance industrielle.

En outre, il est demandé aux entreprises de ventiler le montant de la sous-traitance industrielle en parts, exprimées en pourcentage, de sous-traitance de capacité et de sous-traitance de spécialité.

Des difficultés d'interprétation subsistent toutefois sur la distinction entre sous-traitants et fournisseurs concepteurs. Elles provoquent, semble-t-il, une sous-estimation importante de la sous-traitance confiée par certains secteurs.

Globalement, la sous-traitance confiée pouvait être caractérisée en 1987 par les chiffres suivants :

	Entreprise employant	Nombre de donneurs d'ordres	Sous-traitance en M de F	Sous-traitance Production
Sous-traitance totale	20 salariés et plus	16 314	186,1	9,0 %
dont	100 salariés et plus	4 780	164,1 (1)	9,5 %
Sous-traitance industrielle ...	100 salariés et plus	4 034	97,1	5,7 %

(1) dont 25,9 millions de francs en achats de services et 40,2 en achats de matériels.

En 1987, les entreprises de cinq cents salariés et plus de l'industrie manufacturière effectuaient près de 70 % des achats de sous-traitance industrielle : 66 543 millions de francs. Mais le poids de la sous-traitance confiée rapportée à leur production n'était guère plus élevé que pour les firmes de moindre importance.

L'exploitation de l'enquête annuelle d'entreprise fait un sort particulier aux donneurs d'ordres exclusifs et quasi exclusifs, c'est-à-dire aux entreprises qui confient la totalité ou la quasi-totalité de leurs fabrications et de leur mise en œuvre à des sous-traitants (cf. chapitre XIII, *L'émergence des entreprises du quatrième type*). Leurs ratios de chiffre d'affaires production-valeur ajoutée sont particulièrement élevés et leurs effectifs sont relativement faibles.

Les trois cent quatre-vingt-seize donneurs d'ordres recensés dans cette catégorie avaient confié des travaux d'une valeur de 9,567 millions de francs soit 10 % environ de la sous-traitance industrielle.

Le tableau reproduit page 34 présente la répartition en 1987 par secteurs d'activité et pour les entreprises de cent salariés ou plus de la sous-traitance industrielle. Ce tableau fait apparaître la prédominance dans cette répartition des secteurs fabriquant des biens d'équipement professionnel. La construction aéronautique est le secteur le plus fortement donneur d'ordres avec un taux de sous-traitance par rapport à sa production qui atteint 19 % ; les gros donneurs d'ordres globalisent 97 % des achats. Le taux de sous-traitance est également élevé dans la construction de matériel ferroviaire et dans la construction navale. Le secteur du matériel professionnel électronique et radioélectrique est également un très gros donneur. Dans le secteur de l'équipement industriel qui regroupe les fabrications mécaniques lourdes, les achats sont relativement dispersés. Ceux des entreprises de cinq cents salariés et plus ne représentent que 40 % du total.

Dans les industries productrices de biens intermédiaires, la sous-traitance confiée provient en grande partie des sous-traitants eux-mêmes qui recourent fréquemment aux services d'autres preneurs d'ordres. C'est le cas notamment du travail des métaux. En ce qui concerne la métallurgie des métaux non ferreux, la transformation de matières nucléaires représente à elle seule 94 % de la sous-traitance confiée.

Parmi les industries de biens de consommation courante, les principaux secteurs donneurs d'ordres sont le textile-habillement, la bonneterie, l'imprimerie-presse-édition.

La sous-traitance de spécialité est dominante dans la plupart des secteurs et, dans vingt-sept sur quarante-trois, elle représente un pourcentage égal ou supérieur au taux de 70 % qui est atteint pour l'ensemble de l'industrie. La sous-traitance de capacité représente toutefois 40 % du total dans l'industrie aéronautique et 65 % pour les fabrications de matériel électronique professionnel. Elle est également importante dans des secteurs comme le travail des métaux (35 % en 1987) et la transformation des matières plastiques (66 %) en raison du développement de la sous-traitance en chaîne. Elle joue aussi un rôle considérable dans le fonctionnement des industries qui dépendent de la mode : habillement (35,6 %), bonnetterie (58,1 %), chaussure (83,5 %).

II. L'approche par la sous-traitance reçue

Les entreprises industrielles de plus de vingt salariés

En raison de leur conception et de leurs modalités de réalisation, les enquêtes de production, dites enquêtes de branches, ne peuvent donner qu'une vue imparfaite de la sous-traitance reçue par les

La sous-traitance industrielle en 1987

Secteurs d'activité de niveau 90	Sous-traitance industrielle (MF)	Part du secteur dans la sous-traitance industrielle (%)	Sous-traitance industrielle / Production (%)
9 Extraction minéraux de fer	s	s	s
10 Sidérurgie	2 090	2,2	3,4
11 1re transformation de l'acier	421	0,4	2,6
12 Extraction minéraux non ferreux	s	s	s
13 Métallurgie des non-ferreux	9 162	9,4	14,5
14 Production de minéraux divers	179	0,2	3,8
15 Production de matériaux de construction et de céramique	746	0,8	1,8
16 Industrie du verre	475	0,5	1,9
171 Chimie minérale	1 050	1,1	3,7
172 Chimie organique	2 877	3,0	2,8
18 Parachimie	1 013	1,0	1,3
19 Industrie pharmaceutique	995	1,0	1,5
20 Fonderie	589	0,6	3,8
21 Travail des métaux	2 737	2,8	4,6
22 Fabrication de machines agricoles	262	0,3	3,0
23 Fabrication de machines-outils	727	0,7	6,4
24 Production d'équipement industriel	6 368	6,6	8,5
25 Fabrication de matière de manutention et p. mines, sidér., gé. civil	1 706	1,8	7,3
27 Fabrication de machines de bureau et de matériel informatique	623	,6	1,3
28 Fabrication de matériel électrique	4 700	4,8	5,4
291 Fabrication de matériel électronique professionnel	11 279	11,6	11,1
292 Fabrication de matériel électronique ménager	47	0,0	,4
30 Fabrication d'équipement ménager	221	0,2	1,1
311 Construction de véhicules automobiles motos	6 655	6,9	2,3
312 Construction de matière ferroviaire	811	0,8	16,7
32 Construction navale	502	0,5	17,6
33 Construction aéronautique	14 914	15,4	18,9
34 Fabrication de matériel de précision	714	0,7	4,2
43 Industrie des fils et fibres artificiels et synthétiques	79	0,1	2,0
441 Préparation textiles, fils, etc.	1 789	1,8	7,9
442 Bonneterie	2 274	2,3	12,5
443 Tissage et industries textiles diverses	2 923	3,0	9,1
451 Tannerie, mégisserie	21	0,0	1,4
452 Fabrication d'articles en cuir	73	0,1	2,9
46 Industrie de la chaussure	1 517	1,6	10,9
47 Industrie de l'habillement	5 090	5,5	15,9
48 Travail mécanique du bois	205	0,2	2,0
49 Industrie de l'ameublement	261	0,3	1,8
50 Industrie du papier et du carton	705	0,7	1,1
51 Imprimerie, presse, édition	7 109	7,3	11,1
52 Industries du caoutchouc	751	0,8	2,2
53 Transformation matières plastiques	1 483	1,5	4,0
54 Industries diverses	590	0,6	3,6
Ensemble de l'industrie	97 053	100	5,7

Concerne les entreprises de cent salariés et plus

preneurs d'ordres. Leurs présentations sont hétérogènes et, très souvent, les productions effectuées en sous-traitance ne sont pas distinguées de celles qui le sont pour compte propre, ce qui oblige à procéder à des estimations d'une validité plus ou moins assurée. C'est la raison pour laquelle les évaluations contenues dans le tableau de la page 36 doivent surtout servir à la fixation d'ordres de grandeur, d'autant plus qu'il n'a pas été possible d'établir des estimations dans le cas de l'imprimerie.

L'examen de ce tableau confirme la probabilité d'une assez forte sous-évaluation de la sous-traitance confiée dans le tableau de la page 34, même s'il faut tenir compte de l'inclusion dans la sous-traitance reçue des commandes destinées à l'exportation : environ 10 % du total. Les écarts sont considérables en ce qui concerne plus particulièrement les échanges entre, d'une part, les secteurs producteurs de matériels de transport et de biens d'équipement et, d'autre part, les secteurs qui les approvisionnent. Il est donc vraisemblable que, dans une forte proportion, des achats de produits réalisés en sous-traitance soient considérés par les donneurs d'ordres comme des achats de fournitures.

D'une manière plus générale, il convient d'observer que, *sur une population d'environ vingt et un mille P.M.E. industrielles de vingt à cinq cents salariés, plus de 30 % travaillent exclusivement ou principalement en sous-traitance*. Avec un effectif de l'ordre de trois cent soixante mille actifs, les P.M.I. sous-traitantes représentent 16,50 % des emplois offerts par les entreprises de la catégorie 20-500 salariés dont le nombre total est proche de deux millions.

Les entreprises industrielles de moins de vingt salariés et les entreprises artisanales

Paradoxalement, grâce à l'enquête effectuée par l'I.N.S.E.E. en 1988 auprès des petites entreprises industrielles (zéro à dix-neuf salariés), on dispose de données assez précises en ce qui concerne l'importance de la sous-traitance artisanale ou quasi artisanale. Le tableau figurant page 37 présente les caractéristiques de ces petites entreprises[1]. L'enquête a permis notamment de constater que les montants de sous-traitance reçue et de sous-traitance confiée sont voisins : 20,6 et 20,3 milliards de francs respectivement, soit 8 % de leurs ventes. Il est possible toutefois que la sous-traitance reçue soit sous-estimée du fait de difficultés d'évaluation et que la sous-traitance confiée soit sur-estimée car confondue avec d'autres charges d'exploitation. Le grand nombre de preneurs d'ordres traduit sans doute l'importance de la sous-traitance en cascade. Les micro-entreprises et, plus particulièrement, celles qui n'ont pas de salariés reçoivent beaucoup plus de sous-traitance qu'elles n'en confient. Les entreprises qui réalisent plus de la moitié de leur chiffre d'affaires en sous-traitance et, notamment, celles qui ne sont liées qu'à un

1. *I.N.S.E.E. Première*, n° 95, juillet 1990, « La sous-traitance des petites entreprises industrielles », par Chantal BERTHIER et Bertrand SAVOYE.

Année 1989

Branches ou activités	Niveau statistique	% pris en compte	Nombre d'entreprises concernées	Facturation ou évaluations en millions de francs	Nombre moyen d'ouvriers
I - *Travail des métaux*					
Forge, estampage, matriçage ...	21,01	100	126	8 783	10 703
Découpage - emboutissage	21,02	100	471	16 621	21 748
Traitement et revêtement des métaux	21,03	100	355	7 091	21 251
Décolletage	21,04	100	238	5 375	9 128
Boulonnerie - visserie	21,05	45	40	17 820	2 400
Constructions métalliques	21,06	10	122	1 200	2 500
Mécanique générale - fabrication de moules et modèles	21,08	100	1 474	28 496	46 409
Fabrication de ressorts	21,10	100	53	1 441	2 361
Chaudronnerie et autres industries mécaniques	estimations		300	25 000	16 000
II - Fonderie (sur modèles) ...			500	18 000	30 000
IIII - Transformation des matières plastiques ; pièces diverses pour l'industrie ...	5302	100	548	23 230	35 966
IV - Industrie du caoutchouc ouvrages en caoutchouc ..	/5203	50	100	8 500	20 000
V - Industrie électronique	estimations		600	22 000	40 000
VI - Industries de l'habillement	4701 à 4708		650	7 903	50 000
VII - Maille et bonneterie	estimations		400	3 500	20 000
VIII - Autres industries	estimations		1 000	2 000	30 000
TOTAL			6 977	196 960	358 466

	Catégories de sous-traitants				
	Entreprises industrielles de moins de 20 salariés	Ensemble des sous-traitants	Forts* sous-traitants	Forts* sous-traitants avec un seul donneur d'ordres	Preneurs et donneurs d'ordres à la fois
Entreprises de moins de 20 salariés (1)	154 292	30 279	14 533	4 472	16 347
en %	100	20,5	10	3	10,8
Emploi					
Effectif occupé moyen par entreprise	3,9	4,4	3,6	3,2	5,5
Effectif salarié moyen par entreprise	2,9	3,5	2,6	2,2	4,6
Taux de salariat (%) ..	75,5	79,8	73,5	69,8	85
Rémunération moyenne actuelle par salarié (milliers de F)	94	89,9	79	76,6	94,9
Chiffre d'affaires hors taxe (CAHT)					
CAHT moyen par entreprise (milliers de F)	1 681	1 644	1 072	654	2 280
Part de la sous-traitance confiée dans la CAHT (%)	7,8	11	28,9	7,3	14,6
Part de la sous-traitante reçue dans le CAHT (%)	8,1	37,5	94	90,3	18,5
Charges d'exploitation dans le CAHT (2) (%)	75,1	89,5	71,1	64,1	71,9
Ventes dans la région rapportées (%)	82,1	81,6	83,4	85,7	79,4
Part des exportations dans le CAHT (%) ...	2,8	2,5	3,1	2,4	2,3
Investissements					
Part des petites entreprises ayant investi (%)	65,6	72,2	67,9	60,9	79
Investissement moyen par personne occupée (en milliers de F) (3) (%)	29,4	27,5	32,3	24,5	28,2

(*) Forts sous-traitants : entreprises réalisant plus de 50 % de leur chiffre d'affaires avec des contrats de sous-traitance.
(1) Chiffres indicatifs, voir la rubrique « Pour comprendre ces résultats ».
(2) Achats des entreprises et rémunération des effectifs.
(3) Pour les entreprises ayant investi.

seul donneur d'ordres ont des chiffres d'affaires moyens par personne occupée (respectivement quatre cent trois mille francs et deux cent quatre mille francs) inférieurs à celui de l'ensemble des petites entreprises industrielles (quatre cent trente et un mille francs). Ce qui s'explique sans doute par le fait qu'elles ne sont pour la plupart que façonnières. Elles versent par ailleurs des rémunérations plus basses. L'enquête confirme en outre, pour cette catégorie d'entreprises, la très nette prédominance des régions Ile-de-France et Rhône-Alpes : 65 % du montant de la sous-traitance confiée aux petites entreprises et 58 % du montant de la sous-traitance reçue dont 45 % pour les seuls preneurs d'ordres d'Ile-de-France.

Données globales

Au total, les amateurs d'ordres de grandeur retiendront que, par rapport à l'ensemble de l'appareil productif français, le poids de la sous-traitance industrielle est considérable : plus de trente-six mille entreprises dont trente mille « micro-entreprises », une population active qui peut être évaluée à cinq cent mille salariés, un chiffre d'affaires qui ne peut être déterminé avec précison mais dépasse certainement cent cinquante milliards de francs.

III. Les principaux sous-ensembles

Il ne s'agit pas, bien entendu, d'en présenter ici une sorte de panorama général. Mais il a semblé que, pour faciliter la compréhension par le lecteur des développements ultérieurs, il serait bon de l'informer, s'il ne l'est pas déjà, de la consistance des principaux groupes d'activités faisant partie de ce que nous avons appelé l'ensemble flou. Pour bien planter le décor, nous essaierons de mettre en évidence les traits les plus caractéristiques de leur évolution récente.

Les industries du travail des métaux et de la fonderie

Avec un chiffre d'affaires supérieur à cent dix milliards de francs, ces industries constituent de très loin le plus important des quatre sous-ensembles examinés. Dans une large mesure, il sert de socle à toutes les autres industries employant des procédés mécaniques. Les effectifs sont supérieurs à deux cent mille personnes dont trente mille environ sont employées dans des entreprises de moins de vingt salariés.

Ces industries forment un secteur à vocation relativement homogène. Celui-ci est placé en aval de la sidérurgie dont il utilise les produits vendus en l'état ou ayant subi une première transformation. Le prix de l'acier représente, très souvent, plus de 50 % du prix des produits facturés aux donneurs d'ordres. Les sous-traitants se plaignent donc très vivement de se trouver dans l'obligation de subir les conditions de crédit imposés par la sidérurgie, en l'occurrence paiements à trente jours, alors qu'ils sont eux-mêmes payés dans des délais beaucoup plus longs.

La clientèle se répartit approximativement de la façon suivante :

- Matériels de transport .... 25 %
- Construction électrique .... 16 %
- Travail des métaux .... 8 %
- Autres industries mécaniques ... 18 %
- Autres secteurs .... 33 %

Les industries du travail des métaux peuvent être classées en deux catégories. Les unes ont pour activité de base l'usinage par enlèvement ou déformation du métal de pièces destinées à être assemblées. Parmi ces industries, certaines travaillent presque exclusivement en sous-traitance ; mécanique industrielle, découpage-emboutissage, estampage-forge, décolletage, ressorts. D'autres s'y consacrent seulement pour une partie de leurs activités : boulonnerie, visserie, chaudronnerie, roulements. Une deuxième catégorie comprend les industries qui effectuent des travaux de façonnage : traitements thermiques et traitements de surface des métaux.

La mécanique industrielle représente environ 50 % du secteur « travail des métaux », davantage encore si l'on prend en compte les petites entreprises dont beaucoup n'ont en fait qu'une activité de réparation ou d'entretien. Certaines entreprises de mécanique industrielle se consacrent également ou exclusivement à la remise en état de matériels à rénover ou même à la construction de machines réalisées sur plans et idées du donneur d'ordres. D'autres se sont spécialisées dans la fabrication des moules et modèles. Il faut faire enfin une place particulière aux entreprises à haut niveau technique qui travaillent principalement pour le compte de l'aéronautique et des producteurs d'armements, fortement représentées dans le sud-ouest de la France, en Aquitaine (BORDEAUX et Bassin de l'Adour) et en Midi-Pyrénées (TOULOUSE et ses environs).

La seconde industrie, par ordre d'importance, est celle du découpage-emboutissage, spécialisée dans la mise en forme des pièces obtenues pour la plupart à partir de produits plats grâce à l'emploi de presses ou de cisailles. La clientèle de cette branche professionnelle est très variée. Mais l'industrie automobile est de très loin son principal client.

L'industrie de la forge et de l'estampage regroupe, avec une concentration importante dans le département des Ardennes, des entreprises qui utilisent principalement des équipements lourds fonctionnant dans des conditions qui sont assez pénibles à supporter pour le personnel, sauf dans les ateliers modernes où l'emploi de robots se généralise et dont le niveau sonore est nettement plus modéré.

La boulonnerie et le décolletage sont des industries spécialisées dans l'emploi d'un certain type de matériels particuliers : machines à réaliser les filetages des vis et boulons dans le premier cas, tours à décolleter et matériels de reprise dans le second cas. Des spécifications extrêmement sévères doivent être respectées par les entreprises qui produisent des articles de boulonnerie en métaux ou alliages spéciaux demandés en raison de leur légèreté ou de leur solidité exceptionnelles. Il en est de même pour le décolletage dont les fabrications restent indispensables dans tous les cas où la réalisation d'ouvrages mécaniques ou électriques nécessite le montage de petites pièces de formes très variées.

Les industries du traitement des métaux regroupent de nombreuses spécialités. Leurs entreprises travaillent en grande partie pour le compte d'autres sous-traitants. Leur implantation est soumise en général à deux sortes de contraintes : exigences de proximité des donneurs d'ordres sauf lorsqu'il s'agit de traitements apportant une très forte valeur ajoutée, contraintes techniques résultant notamment de l'importance des besoins d'eau pour les traitements de surface et de l'application de la réglementation des installations classées.

Après avoir connu une période de quasi-stagnation au début de la dernière décennie, les industries du travail des métaux ont bénéficié à partir de 1985 de la reprise de l'activité économique générale. L'indice des facturations calculé en prix courants atteignait 180 à la fin de 1988 sur la base 100 en 1980. Mais la trop petite taille de la grande majorité des entreprises reste la principale faiblesse de ces industries.

Les syndicats qui représentent les professions rattachées à la Fédération des industries mécaniques et transformatrices des métaux ont constitué en 1982 le Groupement Intersyndical des Industries de Sous-Traitance (G.I.S.T.) auquel s'est associé le Syndicat général des fondeurs de France. La répartition géographique des activités rattachées au secteur « travail des métaux » reste caractérisée par la prédominance des localisations en Ile-de-France. Mais celle-ci s'atténue progressivement. L'Ile-de-France pesait encore près de 40 % de l'ensemble en 1975. Pour toutes les raisons qui tendent à provoquer la désindustrialisation de l'agglomération parisienne, ce poids ne doit plus être que de 30 % environ. On observe en outre un glissement de la petite couronne, où les petits ateliers sont encore nombreux dans la Seine-Saint-Denis et le Val-de-Marne, vers des zones plus périphériques, notamment celles qui bordent la vallée de la Seine. Seconde région par ordre d'importance, Rhône-Alpes comporte trois grands pôles de sous-traitance mécanique : LYON, GRENOBLE et surtout SAINT-ÉTIENNE. Dans cette dernière agglomération, la grande diversification des activités facilite considérablement l'organisation de la sous-traitance en chaîne. La Franche-Comté occupe une place particulière en raison du développement du découpage-emboutissage (SOCHAUX-MONTBELIARD) et de la mécanique de précision dont l'horlogerie n'est plus le principal client (BESANÇON). Parmi les autres zones de forte activité, on trouve surtout des bassins d'emploi dont le développement est lié, lui aussi, à celui d'une industrie particulière, donneuse ou preneuse d'ordres. C'est ainsi que la Vallée de l'Arve, avec plus de dix mille salariés et de mille salariés entreprises en comptant les artisans, regroupe en Haute-Savoie 60 % de la capacité de production française. Ce qui constitue la plus forte concentration mondiale pour ce type d'activité. Un gros contraste existe toutefois entre la situation des grandes entreprises, fortement exportatrices en Europe et aux ÉTATS-UNIS, et celle des artisans capables de faire preuve d'une extraordinaire habilité mais dépourvus de moyens commerciaux. Sous l'impulsion remarquable du centre technique du décolettage installé depuis 1962 à CLUSES, la profession a su s'adapter à l'emploi des machines à commande numérique. On assiste maintenant à un effort de diversification technique car il faut, dans ce domaine comme dans beaucoup d'autres, ne plus se contenter de la production de pièces détachées mais parvenir à la fabrication de sous-ensembles.

L'industrie de la fonderie fabrique deux familles de produits : d'une part, des produits finis commercialisables en l'état, après des opérations de simple finition et de montage, tels que les baignoires et autres articles pour l'habitat, d'autre part, des produits intermédiaires destinés à être incorporés dans des ensembles plus ou moins complexes. Seules ces fabrications, réalisées sur modèle, ressortissent de la sous-traitance.

La fonderie est l'une des industries de sous-traitance dont les marchés sont les plus divers, ce qui entraîne une très grande spécialisation des outils de production et l'emploi de techniques variées.

Le développement des activités s'effectue selon trois axes principaux. Les productions en très grandes séries sont réalisées tantôt dans les filiales ou les ateliers intégrés des grands groupes industriels, notamment ceux des constructeurs automobiles, tantôt dans les entreprises de sous-traitance. En particulier, le domaine que se réservent en production intégrée les constructeurs automobiles et celui qui est laissé aux sous-traitants est fonction de différents critères techniques et de la taille des pièces ; mais la frontière se déplace aussi selon l'évolution de la conjoncture et l'état d'utilisation des capacités disponibles chez les constructeurs. La concurrence porte également sur le recrutement des ingénieurs et des techniciens. Il en résulte que l'histoire des relations entre les constructeurs automobiles et les fondeurs a été assez mouvementée : les premiers reprochant aux seconds de ne pas être assez compétitifs, les sous-traitants faisant valoir qu'ils étaient déjà très performants et le seraient encore davantage s'ils avaient été plus ménagés. Sur le second axe, on trouve les productions de haut niveau technique, en particulier celles qui peuvent, comme la fonderie à la cire perdue, être réalisées avec une précision rendant moins nécessaires les rectifications et autres opérations de finition. Le troisième axe est celui des travaux réalisés « à la carte » avec optimisation du service et souvent aide à la conception.

Dans l'ensemble, la fonderie connaît une évolution technologique très rapide : pilotage des opérations par ordinateur, emploi de robots pour les manipulations, etc. Le travail devient moins pénible mais reste bruyant. Les fonderies les plus modernes ne recrutent pratiquement plus au-dessous du baccalauréat et fournissent de gros efforts de formation.

Transformation des matières plastiques et ouvrages en caoutchouc industriel

La transformation des matières plastiques est l'un des secteurs où le développement des activités de sous-traitance a été le plus rapide au cours de la dernière décennie. En 1980, l'ensemble des fabrications de pièces destinées à l'industrie représentait un chiffre d'affaires total de sept milliards de francs pour des livraisons de deux cent soixante-cinq mille tonnes. En 1989, les chiffres correspondants sont de vingt-trois milliards de francs et de quatre cent soixante mille tonnes. L'accroissement de la consommation de certaines industries a été spectaculaire, en particulier celle de la construction automobile.

Sur le plan qualitatif, l'évolution a été *également* remarquable : généralisation de l'usage des robots, très large diffusion de la conception et de la fabrication assistées par ordinateur, recherche d'une très haute qualité de finition. De plus en plus, les transformateurs doivent avec l'aide des moulistes se charger de trouver les solutions les plus adaptées et se plier à des exigences de flexibilité qui laissent très peu de temps entre la mise au point des prototypes et le démarrage des fabrications en grande série. Les firmes les plus importantes ont réussi à s'associer en qualité de partenaires de premier rang aux gros donneurs et sont désormais considérées comme de véritables équipementiers. Les petites entreprises ont pour principal atout leur souplesse de fonctionnement. Le cas de la région d'OYONNAX, intitulée parfois le « Plastic Valley », est typique à cet égard. Il est caractérisé par la co-existence d'une centaine d'entreprises industrielles faisant travailler environ neuf mille salariés et de près d'un millier d'artisans employant à peu près le même effectif, étant observé que, parmi ces artisans, on trouve beaucoup d'anciens salariés qui travaillent seuls, qui réalisent, à la demande, des fabrications revendues par des entreprises plus importantes. La plus grosse entreprise emploie deux mille deux cents salariés et son chiffre d'affaires dépasse le milliard de francs. Trente-deux entreprises ont réalisé en 1988 un chiffre d'affaires à l'exportation supérieur à 10 % du total et parmi celles-ci huit qui ne sont pas forcément parmi les plus grandes ont atteint ou dépassé 30 % (*cf. Annuaire de la sous-traitance 1990-1991*, Chambre syndicale des plastiques d'OYONNAX). En fait, le pôle sous-traitance d'OYONNAX est lui-même intégré dans un ensemble plus complexe. Il doit en grande partie sa compétitivité à la présence sur place de fabricants de moules capables de réaliser des exploits techniques si le besoin s'en fait sentir et de spécialistes des travaux de finition ou de décoration nécessités par la réalisation des produits de luxe. En outre, il existe une imbrication étroite entre les activités propres aux sous-traitants et celles qui ont pour objet la production ou la vente d'articles en matière plastique. Le cas d'OYONNAX est aussi très illustratif lorsque l'on considère l'évolution de besoins en personnel qualifié. Le lycée Arbez-Carmes, dont l'enseignement s'adresse en grande partie à des jeunes en situation d'échec scolaire, offre un exemple de coopération très active avec les P.M.I. locales. Au niveau des entreprises, on peut faire état d'expériences de formation originales démontrant qu'il est possible, avec des moyens appropriés, d'initier aux nouvelles techniques de production des salariés n'ayant aucune qualification et parfois connaissant à peine le français[2].

L'industrie du caoutchouc industriel a connu une évolution similaire à celle de la transformation des matières plastiques. Elle a bénéficié, elle aussi, d'un rythme de croissance très soutenu au cours de ces dernières années. Ici encore, l'écart s'est creusé entre les entreprises dont les productions en grande série destinées principalement à l'industrie automobile représentent plus du tiers du marché et les autres firmes. Les premières en sont désormais à l'heure du partenariat, avec les avantages et les contraintes qui en résultent. Elles n'en subissent pas moins une très forte pression sur leurs prix car elles sont exposées à une concurrence internationale sévère et doivent affronter le développement de produits concurrents.

La sous-traitance électronique

Se rattachent à la sous-traitance électronique toutes les activités exercées en qualité de preneurs d'ordres par des entreprises spécialisées dans l'utilisation des courants faibles. Ces entreprises travaillent principalement pour le compte de donneurs d'ordres qui font également partie du secteur électronique. Mais de nombreuses firmes appartenant à d'autres secteurs recourent dans une mesure croissante à la sous-traitance électronique. De leur côté, les donneurs d'ordres électroniciens utilisent largement le concours de mécaniciens et de plasturgistes. D'une enquête sur la sous-traitance pour la construction électronique et informatique menée pour la région Rhône-Alpes en 1983 par la direction de l'I.N.S.E.E. à LYON, il ressort que 388 774 KF étaient réalisés en sous-traitance électronique par quatre-vingt-trois établissements preneurs d'ordres. Mais 1 262 656 KF étaient réalisés par quatre-vingt-quatorze établissements en sous-traitance non électronique.

L'importance globale de la sous-traitance électronique ne peut être évaluée que de façon approximative. Pour la plupart, les entreprises concernées exercent des activités multiples et ne se regroupent pas par métiers.

Dans une étude effectuée pour l'année 1986, le Syndicat national des entreprises de sous-traitance électronique aboutit, à partir de divers recoupements, a un chiffre d'affaires de vingt et un mille huit cents millions de francs. La répartition approximative serait la suivante :

2. Exemple de PLASTIC OMNIUM cité dans *Le Monde* du 27 juin 1990, « Une expérience de formation qualifiant dans la « Plastic Valley », Claude PERRIGON.

	P.M.I. indépendantes	P.M.I. organisées en groupements	Ets ou filiales entreprises	TOTAL
Entreprises	930	190	80	1 200
Effectifs salariés ..	39 000	8 000	12 500	59 500
dont : en S.T.E. ..	31 600	6 500		21 800
hors S.T.E.	7 400	1 500		
C.A. (H.T.) en MF	12 700	2 450	6 650	
dont : en S.T.E. ..	9 800	2 000		
hors S.T.E.	2 900	450		

Le marché français peut être évalué en 1986 à quinze milliards de francs environ. La part des P.M.I. serait de onze mille huit cents millions de francs, celle des grandes entreprises, qui réalisent au moins 50 % de leur chiffre d'affaires en marchés captifs, à trois mille deux cents millions de francs. Dans cette évaluation, la sous-traitance de fabrication entre pour cinq mille six cent vingt-cinq millions de francs soit 37,5 % du total, ce qui met en évidence le développement récent mais considérable de la sous-traitance de services (études, tests, maintenance, reconditionnement, etc). Ces chiffres sont à rapprocher des statistiques établies par le Groupement des Industries Electroniques (G.I.E.C.) qui évaluent à vingt mille six cent quatre-vingt onze millions de francs le chiffre d'affaires réalisé en 1986 pour les biens intermédiaires sur un chiffre d'affaires total de cent soixante mille cent quatre-vingt-dix-huit millions de francs réalisé pour l'ensemble de la construction électronique française.

L'industrie de la sous-traitance électronique présente des caractéristiques dont l'existence s'explique en grande partie par l'évolution des technologies utilisées. L'essor de la sous-traitance électronique remonte au début des années 1970. A cette époque, il se situe principalement dans la mouvance de l'industrie des télécommunications (environ 50 % du marché) et, dans une moindre mesure, dans celles de l'informatique et de l'électronique professionnelle. Les techniques utilisées sont relativement simples. Elles nécessitent surtout une excellente habileté du personnel de production. Cette sous-traitance de capacité s'implante de préférence près des grands donneurs d'ordres ; mais elle ne rencontre pas des difficultés particulières lorsque les créateurs de nouveaux établissements décident de s'installer dans des zones rurales. On voit aussi se créer un grand nombre de très petits ateliers dont l'activité se situe dans des cas extrêmes à la limite des normes tolérées par la législation sociale ou même en dehors[3].

Dans la seconde moitié des années 1970, le passage sans transition à la construction de centraux téléphoniques spatiaux et tem-

3. « L'usine à la cave », Marie-Claire BETBEDER, *Le Monde Dimanche*, 20 mars 1983.

porels[4] provoque une crise qui se traduit par la disparition de nombreuses entreprises et une perte évaluée par les professionnels à plus de dix mille emplois de 1978 à 1980. Mais le mouvement de création d'entreprises se poursuit car de nouveaux entrepreneurs n'hésitent pas à tenter leur chance pour répondre à des besoins très spécifiques. Simultanément, l'emploi de nouvelles technologies se généralise. L'insertion des composants devient automatique ou se trouve remplacée par le montage surface. Le procédé de soudure à la vague fait son apparition. L'intégration croissante des composants rend possible le développement de la micro-électronique, réduit les besoins de câblage et diminue le nombre des connexions nécessaires pour un même ouvrage. Les entreprises doivent, en outre, s'équiper en moyens de tests automatisés tant pour le contrôle d'entrée des composants que pour le contrôle final des cartes. Cette évolution impose aux entreprises qui souhaitent rester concurrentielles des efforts d'investissement considérables et l'emploi d'une main-d'œuvre plus qualifiée et moins nombreuse qu'initialement. Mais cette main-d'œuvre, même quand elle est déjà qualifiée, n'a pas encore une formation suffisamment adaptée à la production au moment de l'embauche[5].

Parallèlement, les activités d'études et de services entrent dans une période de forte croissance.

Ainsi qu'il sera exposé plus amplement dans le chapitre XIV relatif au comportement des grands donneurs d'ordres, l'évolution la plus récente est caractérisée par une réorientation de la demande qui porte moins que par le passé sur de simples travaux d'assemblage et de plus en plus sur la réalisation de sous-ensembles complexes ou même d'ensembles complets en état de fonctionnement. Ces productions sont confiées à des généralistes qui doivent être capables de maîtriser toutes les étapes du processus, depuis les études d'industrialisation jusqu'à la livraison. Mais une sous-traitance de spécialistes, qui est en grande partie une sous-traitance de proximité, permet à un certain nombre de petites entreprises de se maintenir sur la marche.

La répartition géographique des activités de sous-traitance est caractérisée par une très nette prédominance de l'Ile-de-France qui, selon les estimations 1987, représente 27,8 % du total en nombre d'emplois et 30,2 % du chiffre d'affaires, de Rhône-Alpes et des autres régions du Sud-Est. Cette prédominance s'accentue en raison du glissement de la sous-traitance de fabrication vers la sous-traitance de services. Le tableau ci-après met aussi en évidence le déclin relatif des régions de l'Ouest et du Sud-Ouest.

4. L'évolution de la sous-traitance des fournisseurs de la direction générale des télécommunications, a fait l'objet d'un dossier établi en 1982 par Francis LEDRU et Xavier TERRASSE, élèves à l'Ecole nationale supérieure des mines de Paris.

5. « Les centres de formation, I.U.T. et écoles, ne forment pas des professionnels, techniciens et ingénieurs spécialisés dans la production ou la fabrication. On apprend aux cadres à innover, étudier... On ne leur apprend pas à produire. » *Rapport d'études de M. YUNG sur la sous-traitance électronique*, page 76, ministère de l'Industrie, 1982.

	1979 Toutes entreprises de sous-ensembles matériels	*1986* Entreprises dont l'activité principale est la réalisation	*1986* Toutes entreprises
Ile-de-France	28,8 %	28,5 %	33,5 %
Sud-Est	16,5 %	21 %	19,5 %
Est	10 %	8,5 %	8 %
Sud-Ouest	18 %	12 %	10 %
Ouest	18 %	15,5 %	14,5 %
Nord-Ouest ..... Centre	16,5 %	21 %	19,5 %

Ce déclin, qui semble se confirmer en 1988, concerne des groupes de régions particulièrement touchées par les crises sectorielles survenues à la fin des années 1970 ; mais il témoigne aussi de difficultés d'adaptation dont les efforts effectués par les entreprises les plus dynamiques ne doivent pas masquer l'existence.

L'industrie de la sous-traitance électronique est, dans son ensemble, faiblement exportatrice. Selon l'enquête du Syndicat national, 16 % des entreprises ont une expérience de l'exportation. Mais la répartition du chiffre d'affaires par marchés est très significative :

- marchés de proximité .... 51 %
- marché national .... 46 %
- marchés extérieurs .... 3 %

Les faiblesses de cette industrie, trop liée à son marché national, mettent en situation difficile des sous-traitants qui sont pourtant d'un très bon niveau technique lorsqu'ils doivent traiter avec les constructeurs nippons ou anglo-saxons. Ces faiblesses sont le reflet des insuffisances de l'ensemble du secteur électronique, trop tributaire des commandes publiques civiles et militaires. L'action menée de concert avec le syndicat national des sous-traitants par l'association COOPEREL, émanation de la Fédération des industries électriques et électroniques, tend à faciliter les rapprochements avec les principaux donneurs d'ordres nationaux et à aider les exportateurs éventuels à prendre pied sur le marché européen[6]. Elle est certainement bénéfique. Mais elle ne suffit pas à corriger les effets d'une autre faiblesse dont souffre la sous-traitance électronique : l'audience insuffisante de l'organisation professionnelle. En dépit des efforts d'animation et de documentation menés par le S.N.E.S.E., qui a réussi notamment à créer une structure de concertation avec ses homologues italiens et espagnols, les entreprises adhérant à ce syndicat ne sont encore qu'une minorité. Cette situation semble toutefois susceptible de s'améliorer assez rapidement.

6. « COOPEREL veut ouvrir les P.M.I. à l'Europe 93 », *Electronique-Actualités*, 9 février 1990.

Les industries du vêtement

Ce quatrième groupe comprend principalement les industries de l'habillement et la bonnetterie. Dans ces deux branches, la quasi-totalité des opérations réalisées en sous-traitance est l'œuvre d'entreprises travaillant à façon, la matière transformée étant la propriété du donneur d'ordres qui conçoit les modèles et assure la commercialisation des produits. L'emploi de façonniers étant en France beaucoup moins développé dans l'industrie de la chaussure que dans d'autres pays européens, il n'a pas été jugé utile de lui consacrer un développement particulier.

En ce ce qui concerne le travail à façon dans les industries de l'habillement, il existe une étude effectuée par le Service des statistiques industrielles du ministère de l'Industrie qui exploite les données contenues dans l'enquête annuelle d'entreprise 1986[7]. Elle ne concerne principalement par conséquent que les entreprises de vingt salariés et plus. Pour cette année 1986, le montant de la sous-traitance confiée par les donneurs d'ordres a été évalué à 6680 soit 13,9 % de la valeur de la production (9,9 % en 1978). La sous-traitance de spécialité, confiée par des donneurs d'ordres n'ayant pas d'appareil de production, représentait 67 % du total. L'enquête statistique permettait de caractériser ainsi les entreprises de façonnage de plus de neuf salariés :

	Entreprises de 20 salariés et plus		Entreprises de 10 à 19 salariés	TOTAL
	Façonniers purs	Façonniers pour une partie de leur activité		
Nombre d'entreprise	627	126	261	10 014
Effectifs	46 028	11 525	4 127	61 680
Chiffres d'affaires (MF) .	5 876	2 406	403	8 685
CA/effectif (KF)	128	208		
Investissements (MF) ...	165	36		

En ce qui concerne les entreprises de vingt salariés et plus, on constate que l'effectif moyen des façonniers est de soixante-treize pour les purs façonniers qui n'ont pas d'autres activités. Plus de 80 % des purs façonniers ont un effectif inférieur à cent salariés et seulement 1 % plus de cinq cents salariés. La répartition par tranches de chiffre d'affaires met encore plus en évidence la faible concentration du secteur. Parmi les façonniers purs, 79 % ont un CA inférieur à dix millions de francs.

7. « Les façonniers de l'habillement en 1986 », *S.E.S.S.I.*, étude réalisée par Marie-Jeanne PRUDHOMMEAUX, et Stéphane TAGNANI.

La plus grande partie des implantations se trouve dans les régions traditionnellement connues pour l'importance de la confection dans leurs structures industrielles. La répartition est la suivante pour les façonniers purs (entreprises de vingt salariés et plus).

	Etablissements		Effectifs employés	
	%	Nombre	Total	en %
Pays de la Loire	17,5	134	10 309	22,5
Centre	10,5	83	5 987	13
Nord – Pas-de-Calais ...	9,5	74	6 421	14
Ile-de-France	8,5	73	1 704	3,5
Midi-Pyrénées	8,5	66	5 987	7
Haute-Normandie	6	46	2 699	6
Rhône-Alpes	6	45	1 794	4
Autres régions	22,5	255	14 810	30
	100	776	46 028	100

Ce tableau n'attribue pas à l'Ile-de-France son importance réelle. Sa part est de 6 % si l'on tient compte des entreprises de dix à dix-neuf salariés. Elle devient beaucoup plus forte si l'on y ajoute la majeure partie de la population salariale du Sentier et de ses quartiers périphériques[8]. Au total, le Sentier proprement dit (2e, 3e, 10e et 11e arrondissements) emploie probablement plus de trente mille personnes dans l'habillement dont vingt-deux mille travailleurs officiellement déclarés (y compris le personnel des grossistes et prestataires de services). La flexibilité de ses méthodes de production qui permet de concevoir, fabriquer, mettre en vente un vêtement en moins d'une semaine confère à la confection du Sentier des avantages sur lesquels le récent rapport remis au ministre de l'Industrie par M. JOLLES et BOUNINE insiste tout particulièrement[9].

8. *Le sentier, un espace ambigu*, Solange MONTAGNE-VILLETTE, Editions Messon 1990. Analyse parue dans *Le Nouvel Observateur* du 16 août 1990 : « Le sentier parisien – le tiers-onde à domicile ».

9. *Un projet pour le textile-habillement français*, ministère de l'Industrie et de l'Aménagement du Territoire, novembre 1989.

CHAPITRE III

LES ALÉAS DES CHOIX « FAIRE » OU « FAIRE FAIRE »

Il n'est pas dans nos intentions de traiter de manière approfondie toutes les questions que soulèvent les choix entre l'intégration et la sous-traitance. Pour faire le tour d'un tel sujet, un ouvrage de dimensions imposantes serait nécessaire. Il ne s'agit pas davantage de présenter des conseils sur la meilleure façon d'effectuer ces choix. L'industriel doit évidemment utiliser la méthode qui lui paraît la mieux adaptée aux caractéristiques de son entreprise. Mais il doit savoir qu'il n'est pas possible de réaliser à coup sûr le bon choix. Nous verrons, en effet, que la décision ne peut se fonder sur des certitudes absolues. Elle est tout au plus la résultante de rationalités relatives privilégiant chacune l'un des aspects du problème abordé.

C'est pourtant une exigence de rationalité qui a suscité aux ETATS-UNIS une littérature abondante sur la problématique des choix *Make or Buy* depuis la publication en 1942 de l'ouvrage de CULLITON [1]. Ceci s'explique peut-être par le fait que, dès cette époque, les industriels américains avaient un très grand besoin de règles de conduite précises. En France, l'importance de ces choix dans la vie des entreprises a été ressentie plus tardivement. Il fallut attendre la présentation en 1968 par Pierre-Yves BARREYRE de sa théorie de l'impartition pour voir se développer les recherches universitaires [2]. Mais, sauf exceptions, la pratique industrielle est restée très empirique jusqu'au début des années 1980.

1. James W. CULLITON, *Make or buy*, Harvard University, Division of Business research, Boston, 1942.

2. P.-Y. BARREYRE, *L'impartition politique pour une entreprise compétitive*, Hachette, 1969. Et, plus précisément : « Le choix de sous-traitance dans la stratégie de l'entreprise », *Revue française de gestion*, janvier-février 1978, cf. chapitre V.I.

Ce qui nous intéresse, c'est donc de voir comment à travers les méthodes de choix utilisées, ou sous leur couvert, s'expriment des conceptions ayant une influence déterminante sur le comportement des décideurs dans les cas où ils optent pour le recours à la sous-traitance.

A cet égard, il faut observer que le problème du choix entre « faire » ou « faire faire » peut être résolu une fois pour toutes dans deux cas extrêmes.

Le premier cas est celui de l'entreprise gérée en application du proverbe : « On n'est jamais si bien servi que par soi-même ». Un autre adage, après transposition, pourrait aussi justifier cette attitude de rejet : « Chacun chez soi, les patrimoines seront bien sauvegardés. » L'obligation de recourir à la sous-traitance n'est ressentie que si l'entreprise n'est pas en état de produire elle-même. Elle est alors subie comme un mal nécessaire. L'autre cas extrême est celui des entreprises qui ont décidé une fois pour toutes qu'elles confieraient à d'autres tout ou partie des productions qui leur incombent.

L'alternative n'existe que dans la mesure où les jeux ne sont pas faits, même s'il existe une orientation générale plus ou moins favorable à la recherche de concours extérieurs. Dans cette hypothèse intermédiaire, les décisions doivent être prises par catégorie d'opérations ou même au coup par coup. Encore faut-il préciser ce que l'on entend par « faire ou faire faire ». Les choix que le donneur d'ordres est appelé à effectuer doivent être formulés avec plus de précision. L'hypothèse intermédiaire se subdivise elle-même en trois sous-hypothèses auxquels correspondent les choix suivants :

- Faire avec les moyens existants ou sous-traiter.
- Investir ou sous-traiter.
- Continuer à produire soi-même ou désinvestir.

Mais, avant de se placer dans ces trois sous-hypothèses, il faut essayer de comprendre pourquoi le statut de donneur d'ordres permanent est encore refusé systématiquement par bon nombre d'industriels. Question fondamentale du type « Etre ou ne pas être ».

I. Etre ou ne pas être donneur d'ordres

Les raisons invoquées pour justifier des politiques excluant pratiquement le recours à la sous-traitance sont très diverses et les motivations réelles des industriels ne sont pas toujours évidentes.

Ne rien devoir aux autres

La volonté de préserver l'indépendance de l'entreprise est probablement la plus puissante de ces motivations. Elle est particulièrement forte lorsque la direction est assumée par les créateurs ou leurs familles. L'industriel qui a conquis et préservé péniblement son autonomie, qui entend « ne rien devoir à personne », n'accepte pas plus de voir le destin de son entreprise dépendre de ses fournisseurs qu'il n'est prêt à le remettre entre les mains de ses banquiers. Il n'est pas rare que sa formation d'ingénieur ou de technicien polyvalent et l'étendue de son expérience professionnelle le conduisent à se considérer comme trop compétent pour qu'une aide extérieure lui soit réellement utile. Le besoin d'indépendance absolue est contagieux. il peut provoquer l'adhésion des cadres à une stratégie autarcique. Il peut même déterminer certaines formes de culture d'entreprise qui ne sont en réalité que de l'excès d'esprit maison. Les réflexes protectionnistes sont d'autant plus difficiles à maîtriser qu'ils ne dénotent pas forcément une mentalité attardée. Parmi les managers les plus dynamiques, tous n'ont pas un caractère coopératif. Certains sont faits pour réussir seuls.

L'exigence ou la psychose de la sécurité

Une deuxième cause possible d'hostilité vis-à-vis de la sous-traitance est une exigence de sécurité poussée à l'extrême. La crainte de manquer, de ne pas être livré à temps, de ne pas voir les spécifications strictement respectées, peut être aggravée à l'excès à la suite de mauvaises expériences. Elle a longtemps inspiré des méthodes de gestion qui se situaient aux antipodes de celles que le développement de l'assurance de la qualité et des systèmes de production « juste à temps » évoqués au chapitre XII rend maintenant d'usage courant. Mais des chefs d'entreprises qui ne sont pas tous de la vieille génération estiment aussi « qu'on est allé trop loin » : Ils pensent même qu'il vaut mieux, dans leur cas particulier, pratiquer convenablement des méthodes considérées comme dépassées mais sûres que d'expérimenter des méthodes nouvelles dans des conditions hasardeuses. L'argument « sécurité » est-il toujours fondé ? Il est permis d'en douter.

Le culte de la valeur ajoutée

Ce culte peut servir aussi d'explication à des attitudes négatives vis-à-vis de la sous-traitance. L'idée qu'il y aurait un lien direct et obligatoire entre l'importance de la valeur ajoutée et la rentabilité est restée largement répandue dans l'industrie française. Pendant très longtemps, il a été admis que, pour des productions identiques ou similaires et pour un chiffre d'affaires égal, l'entreprise non intégrée subissait un manque à gagner par rapport à celle qui pouvait réaliser des profits sur toutes les opérations du cycle productif. La position de l'entreprise non intégrée était considérée comme désavantageuse puisqu'elle se trouvait forcée d'inclure dans ses prix de revient une partie des charges de structure de ses sous-traitants. L'entreprise intégrée avait effectivement, en règle générale, une rentabilité supérieure à une époque où la part du travail manufacturé dans la valeur ajoutée était plus forte que maintenant et où l'importance des débouchés était fonction de la capacité disponible. Cette situation existait notamment dans le secteur des industries mécaniques. Après le rajeunissement des équipements consécutif à la fin de la Seconde Guerre mondiale, les mêmes travaux pouvaient presque toujours être effectués par des machines ayant des caractéristiques comparables dans les ateliers intégrés et dans les établissements des sous-traitants. Aujourd'hui, la provenance de la valeur ajoutée compte bien davantage que le pourcentage du prix de vente qu'elle représente. La valeur ajoutée est surtout source de profits si elle est due à des apports de matière grise ou de travail noble. Dans une économie mondialisée, l'extension des débouchés est la principale source d'accroissement des profits. Le culte de la valeur ajoutée n'en est pas moins très fortement enraciné dans certains milieux professionnels. L'industrie française de la machine-outil, pour ne prendre que cet exemple, n'aurait peut-être pas connu tant de déboires si, comme ce fut le cas pour son homologue italienne, elle avait pu se dégager en partie de ses tâches d'exécution pour se consacrer davantage à la conception, à la vente et à l'après-vente de ses matériels.

Le prétexte de la grande série ou du secret industriel

L'importance des séries à réaliser explique que, pour la plupart, les producteurs français d'appareils électroménagers et d'électronique grand public recourent peu à la sous-traitance, si ce n'est pour des achats d'outillages. Certaines entreprises tiennent à garder un secret absolu sur leurs méthodes de production. Il ne leur paraît pas possible de confier la réalisation de composants à des sous-traitants sans mettre en péril la conservation de ce secret.

La glorification du cousu main

Il existe aussi des productions qui exigent pour les réaliser une série de tours de mains tellement particuliers qu'il est difficile de dissocier de l'ensemble les travaux qui pourraient être sous-traités. La conservation de toutes les responsabilités industrielles grâce à l'emploi d'une main-d'œuvre extrêmement qualifiée peut être présentée comme une garantie de qualité ou de singularité en rapport avec le prix d'un produit de luxe : automobile de très haut de gamme par exemple. L'argument du « cousu main » par un personnel trié sur le volet peut donner une image de marque spécifique aux articles réalisés par des industries d'art et de création.

II. Faire avec les moyens existants ou sous-traiter

Par hypothèse, les choix de cette nature n'ont d'incidence ni sur la politique d'investissement de l'entreprise, ni sur l'importance ou la structure de ses frais généraux. En revanche, ils peuvent avoir des effets sur les conditions d'utilisation du personnel et déterminer des variations d'effectifs. Les décisions étant de type opérationnel ou conjoncturel, il n'est pas nécessaire qu'elles soient prises au même niveau que les options stratégiques, sauf si elles revêtent en l'état de la conjoncture une importance particulière.

La question de savoir s'il faut produire avec les moyens existants ou sous-traiter ne se pose *stricto sensu* que dans le cas où la capacité de production n'est pas saturée. Dans le cas contraire, il s'agit, ce qui est une tout autre question, de répartir le programme de fabrication entre ce qui doit être fait en utilisant les moyens du bord et ce qui doit être sous-traité. Des réponses peuvent être apportées par l'emploi de méthodes de calcul dont certaines sont très complexes. Elles se fondent sur le principe que les fabrications intégrées doivent être celles qui apportent le profit maximum et, par conséquent, la contribution la plus grande à la couverture des frais fixes. Cette manière de procéder conduit à confier au sous-traitant les tâches les moins rémunératrices. Celles-ci peuvent être les plus banales ou celles qui comportent le plus de risques d'échec, ce qui rend parfois difficile la fixation du « juste prix » à obtenir du sous-traitant. La décision résulte, en effet, d'une comparaison entre le coût éventuel d'une production effectuée dans l'entreprise et le prix demandé par le sous-traitant ayant formulé l'offre la plus satisfaisante. Des considérations d'opportunité peuvent toutefois intervenir dans des cas limites : choix de la solution la moins onéreuse à court terme ; pressions exercées par les syndicats pour utiliser au maximum l'outil de travail ou, au contraire, nécessité d'alimenter en commandes un sous-traitant dont la disparition doit être évitée.

En ce qui concerne le prix d'achat, il est admis qu'il y a lieu d'ajouter au prix demandé par le sous-traitant les différents frais à prendre en compte pour rendre significative sa comparaison avec celui d'une production effectuée dans l'entreprise : frais de transport et de livraison, contrôles de réception, coûts de manutention et de stockage, gestion des achats.

Les difficultés commencent lorsqu'il s'agit de déterminer le coût de la production intégrée. Les modes de calcul possibles sont tels que, sauf dans les cas d'écarts vraiment importants, il est presque toujours loisible de conclure dans un sens conforme à ce que l'on a envie de démontrer.

Le recours sécurisant à la notion de prix de revient complet

Les partisans de recourir à la sous-traitance ont tout intérêt à fonder la comparaison sur des prix de revient complets comprenant les coûts directs et une part des charges communes de production ou des charges de structure que l'entreprise engage pour disposer d'une certaine capacité de production à un moment donné. Ces charges de structure correspondent sensiblement en courte période à la somme des charges communes. Cette référence aux prix de revient complets présente l'avantage d'éviter en toute hypothèse la vente à perte. Mais elle tend à rigidifier la politique commerciale dans la mesure où elle interdit de dégrever une partie de la production de sa contribution au financement des charges de structure, quitte à en faire supporter la totalité du poids à l'autre partie. En outre, cette contribution est calculée selon des conventions qui ne peuvent être que forfaitaires. Il n'est donc pas possible d'appréhender dans leur réalité les coûts exacts entraînés par la décision, les seuls qui devraient être retenus dans la comparaison.

Coûts directs et coûts de renoncement

La référence aux coûts directs, proposée notamment par J. SCHLEGEL, n'échappe pas totalement au reproche d'arbitraire car ces coûts directs comprennent des évaluations forfaitaires de frais semi-variables ou fixes : amortissement du matériel et de l'outillage, coût du personnel mensuel en fonction dans l'atelier[3], etc. En outre, il est nécessaire de distinguer parmi les coûts directs ceux qui varient effectivement en fonction du volume d'activité et ceux, dénommés coûts de renoncement, qui ont un caractère irréversible car ils subsistent dans tous les cas de figure et même si la production en cause est sous-traitée. Tant que l'accroissement des frais variables est proportionnel à celui de la production, leur montant par unité produite se confond avec le prix marginal. Il est donc tentant pour justifier l'intégration de les prendre seuls en considération. Les partisans de l'intégration peuvent aussi employer un procédé qui mérite moins le qualificatif de dumping : réintégrer les coûts de renoncement dans la comparaison en les ajoutant au coût de la sous-traitance ou, ce qui revient au même, en les déduisant des coûts directs. On peut alors pousser le raisonnement jusqu'à inclure dans les coûts de renoncement la partie des charges communes qui apparemment ne peut pas être couverte par les autres fabrications. Une autre présentation peut consister à faire apparaître la différence existant entre le coût de la sous-traitance et le montant des coûts directs comme une contribution de la production en cause à la couverture des charges communes. Plus l'écart est important, plus la contribution est forte et plus il y a intérêt à produire soi-même.

Il est difficile de prendre parti entre les thèses soutenues respectivement par les partisans d'acheter à l'extérieur, qui peuvent être aussi bien les responsables des études que les acheteurs eux-mêmes, et les partisans de l'intégration dont les plus chauds sont les responsables de la production, sauf lorsqu'il s'agit d'accomplir un travail manquant d'intérêt ou susceptible de causer des difficultés particulières. Il faut seulement constater que la contradiction est à peu près irréductible entre deux tendances, l'une qui conduit à faire abstraction des charges communes et plus encore des frais fixes, l'autre qui pousse à ne prendre en considération que les dépenses liées directement à la prise de la décision.

La prise en compte des seules dépenses effectives

On peut surmonter les difficultés signalées ci-dessus en considérant, comme l'enseigne le cours professé par Claude RIVELINE à l'Ecole des Mines, que le coût de toute décision doit uniquement se

3. J. SEHLEGEL, *Méthodes et modèles de l'économie de sous-traitance*, thèse de doctorat 3e cycle, Paris, 1970, guide « Faire ou faire faire », CENAST, 1979.

mesurer en termes de flux et qu'il faut raisonner par conséquent en dépenses effectives[4].

Le montant des dépenses effectives à prendre en compte est alors le prix qui serait payé pour chaque achat de biens ou services si ce paiement devait intervenir intégralement à la date de leur acquisition. Le coût d'une décision est, pour un observateur déterminé, l'échéancier des différences entre toutes les dépenses effectives prises en compte par cet observateur en cas d'application de la décision et la somme des dépenses effectives correspondant à l'hypothèse inverse suivant un scénario de référence.

Le recours à la notion de dépense effective est donc utilisé non plus pour mesurer le coût d'une fabrication ou d'un achat mais le coût de décisions alternatives par le seul enregistrement de leurs conséquences financières au cours de la période de temps nécessaire pour qu'il y ait bouclage, c'est-à-dire achèvement d'un cycle d'activité considéré. Mais ces évaluations de coûts ne fournissent évidemment que des éléments d'appréciation et de nombreuses autres considérations peuvent justifier le choix de la décision la plus onéreuse.

III. Investir ou sous-traiter

Les décisions d'investir ou de sous-traiter ou, plus généralement, d'investir ou d'acheter ont une portée différente selon qu'elles traduisent de véritables options stratégiques ou qu'elles ont pour objet, en conformité avec ces options, de permettre l'emploi optimal de l'enveloppe financière affectée au lancement ou à la poursuite d'une activité déterminée. Ces deux types de décisions nécessitent des analyses distinctes. On remarque toutefois qu'il n'est pas toujours facile de distinguer dans la pratique ce qui est stratégique et ce qui ne l'est pas. La notion de stratégie est très subjective. Chaque agent peut en avoir sa conception particulière. Il est encore fréquent que les dirigeants d'une entreprise ne conçoivent pas les choix entre investir ou acheter comme des enjeux stratégiques dignes de retenir leurs attentions. Mais cela signifie simplement qu'ils s'en remettent à la stratégie de décideurs de niveau moins élevé. La participation des différents services concernés aux activités d'un comité permanent « Faire ou faire faire », chargé de préparer les choix fondamentaux et de prendre lui-même les décisions d'applications les plus importantes, facilite l'intégration de la politique des achats dans la stratégie générale de l'entreprise. Mais, contrairement à ce qui peut être observé aux Etats-Unis, les entreprises françaises qui ont créé de tels comités sont relativement peu nombreuses. La fonction arbitrale qui revêt nécessairement un caractère stratégique est remplie plus souvent par d'autres instances, par exemple par un service spécialisé. Encore faut-il que celui-ci se

4. Claude Riseline, *Evaluation des coûts : éléments d'une théorie de la gestion.* Ecole nationale supérieure des mines de Paris, 1987.

trouve en position de neutralité réelle vis-à-vis des autres services intéressés.

Les stratégies de recentrage

Pour les industries à cycle complexe, l'une des options stratégiques fondamentales est précisément de choisir les seules activités de production que l'entreprise doit contrôler directement afin de ne pas immobiliser des ressources qu'il serait plus utile d'affecter à d'autres emplois : développement de produits nouveaux, investissements commerciaux, rachats destinés à augmenter les parts de marché, etc. La nécessité d'une telle sélectivité n'a pas toujours été ressentie autant qu'elle l'est maintenant. Dans une conception du management qui n'était pas encore aussi avancée, l'objet du plan d'investissement n'était autre que d'assurer à chaque département ou filiale une fraction équitable de l'enveloppe globale disponible, en fonction de l'urgence ou de l'importance de ses besoins. L'idée que ces besoins pouvaient être satisfaits par un appel à des entreprises extérieures était difficile à faire admettre par des techniciens convaincus de pouvoir faire eux-mêmes beaucoup mieux en prenant moins de risques. Il a fallu que l'intensification de la concurrence due à la mondialisation des échanges impose aux grands groupes l'accroissement de leurs budgets de recherche, le raccourcissement de la durée de vie des productions ou des modèles et une politique plus systématique d'implantation à l'étranger pour que cette contrainte de sélectivité l'emporte sur les autres considérations qui pouvaient influer sur l'emploi des ressources.

D'une manière plus générale, on constate actuellement que les stratégies de diversification n'ont plus la vogue qu'elles ont connue. Sont à l'honneur les stratégies de recentrage sur des métiers de base ou sur des technologies spécifiques, celles dont la maîtrise donne à l'entreprise l'image qui rend ses productions hautement compétitives. Dans une telle perspective, ainsi que le soulignent fort justement Jean-Christophe BARBANT et Philippe CHANUT, la fabrication, qui n'est plus la principale source de valeur ajoutée, cesse d'être une fin en soi[5]. La vocation d'une entreprise produisant des biens d'équipement n'est plus, pour parler le langage des métallurgistes, de faire du copeau... ou de plier des tôles. Sauf lorsqu'il s'agit pour elle de marquer son territoire afin de montrer qu'elle est passée maîtresse dans l'art de réaliser certaines tâches. Dans les autres cas, mieux vaut s'adresser à un tiers dont le métier consiste à travailler le métal pour obtenir le résultat industriel recherché.

Toutefois, dans la pratique, il n'est pas possible de préciser ce qu'il faut entendre par technologie spécifique, faute de pouvoir disposer de critères pertinents. Ne serait-ce que parce qu'il ne faut

5. *Les réseaux créateurs de richesses*, n° 15, juin 1989 de la série « Gérer et comprendre », Annales des mines. Cet article est extrait d'un mémoire réalisé en 1988 à l'Ecole des mines de Paris et intitulé : « La formation de la valeur ajoutée, ou quel rôle joue encore la fabrication dans la création de richesses ? »

pas confondre technologie spécifique et maîtrise technologique. Le fait pour un constructeur d'avions de maîtriser totalement les technologies d'usinage utilisées dans l'industrie aéronautique ne constitue pas une raison suffisante pour l'amener à intégrer la production de tous les éléments et pièces dont il doit réaliser l'assemblage. Le critère de l'atout concurrentiel pourrait tout aussi bien dicter l'intégration de certains composants que la conservation par un constructeur automobile de tout ce qui peut entrer dans la fonction motorisation. La notion de métier peut s'interpréter de différentes manières. En admettant même qu'il existe un métier principal, faut-il abandonner des métiers connexes en renonçant aux synergies que le cumul rend possibles ? Il n'existe pas de règle générale qui permette de fixer les limites d'une stratégie de recentrage. La rationalité n'est donc pas garantie car ces limites peuvent être aussi, dans une large mesure, fonction du poids du passé, de certains rapports de forces, du type de culture d'entreprise et de bien d'autres facteurs contingents.

Une façon plus empirique mais plus réaliste de concevoir une stratégie de recentrage serait peut-être de faire appel au concept de vigilance, fondement d'une théorie dont Jean-Marc OURY est le promoteur[6]. Cette théorie institue un lien direct entre l'efficacité de chaque acteur, individu ou organisation, et la vigilance dont il fait preuve en déployant un effort constant d'observation et d'interrogation sur son environnement. Dans le cas d'une entreprise, la notion de vigilance évoque, bien évidemment, celles de veille technologique et d'écoute de la clientèle. Mais la vigilance est aussi indispensable en amont. Pour pouvoir concentrer l'attention des producteurs sur un champ restreint, il est nécessaire de recourir aux services d'autres acteurs, c'est-à-dire à leur propre vigilance dans les domaines où, du fait de leur spécialisation, ils sont plus compétents et mieux informés. La veille en amont, dénommée en franglais « marketing achat », doit permettre le repérage des opportunités qui se présentent sur le marché où s'obtiennent fournitures et prestations. On trouvera la liste non exhaustive des moyens le plus souvent utilisés pour effectuer ce repérage au chapitre VII ; il y sera notamment question des expositions spécialisées et des salons tenus par les acheteurs dits « salons à l'envers ». En définitive, on peut estimer que les décisions de sous-traiter au lieu d'investir sont à prendre en fonction des opportunités offertes par les marchés d'amont plus que de toutes autres considérations ; tout comme les décisions de produire doivent tenir compte principalement des demandes du marché final.

Les choix particuliers

Le guide « Faire ou faire faire » du CENAST propose deux méthodes pour opérer ces choix.

La première méthode consiste à recenser les coûts supplémentai-

6. Jean-Marc OURY, *Economie politique de la vigilance*, Calmann-Lévy, 1983.

res et les économies ou recettes supplémentaires à prévoir dans l'hypothèse où l'investissement serait réalisé, pour la durée totale d'utilisation de l'équipement ou pendant une période assez longue pour permettre une comparaison significative. Les coûts supplémentaires sont : le coût de l'investissement à l'origine (année 0), le coût d'exploitation chaque année, l'accroissement du fonds de roulement à financer. Les économies supplémentaires sont : le prix qui aurait été facturé par le sous-traitant chaque année, les différents frais de gestion évités et l'économie annuelle d'impôt due à l'amortissement du nouveau investissement.

Pour pouvoir effectuer valablement cette comparaison, il faut procéder aux calculs d'actualisation nécessaires pour ramener chaque montant à l'année où est prise la décision. Le taux d'actualisation est, en principe, celui pour lequel il y a équilibre entre l'offre et la demande de capitaux. Ce taux peut être soit le taux moyen de l'argent sur le marché financier, soit le coût moyen du capital évalué par pondération des coûts des différentes sources de financement, y compris celui des fonds propres. Les calculs doivent être faits en tenant compte de l'incidence de l'impôt et éventuellement des aides financières ou des exonérations fiscales qui peuvent être obtenues en raison de la nature de l'investissement ou des conditions de son implantation. Il faut ensuite comparer la rentabilité de l'investissement en cause à celles des autres investissements récemment réalisés ou susceptibles de contribuer à la réalisation du même projet. Le guide du CENAST propose de retenir en tant que taux de rentabilité interne le taux qui, utilisé comme taux d'actualisation, permettrait d'égaliser les coûts et les économies majorées des recettes éventuelles. Ce taux de rentabilité interne peut être également comparé à un taux de rentabilité pris comme cible. Celui-ci, en pure logique financière, devrait être égal ou supérieur à celui que l'entrepreneur peut espérer en plaçant son épargne.

Lorsqu'il n'est pas nécessaire d'effectuer de telles comparaisons, c'est-à-dire lorsque le choix entre investir et faire faire peut être considéré intrinsèquement sans référence à d'autres projets, une méthode plus simple consiste à comparer le coût des deux termes de l'alternative sur la période considérée. Après actualisation, le choix portera sur la solution la moins onéreuse.

Ces deux méthodes ont donc pour objet d'évaluer en les actualisant les conséquences financières des décisions possibles. Leur validité dépend par conséquent de la légitimité de l'emploi du taux d'actualisation utilisé et de la fiabilité des bases d'évaluation. Mais ce n'est pas seulement l'emploi de tel ou tel taux d'actualisation qui peut laisser perplexe. La notion même d'actualisation peut être contestée dans la mesure où elle repose sur l'hypothèse que l'entreprise pourra toujours trouver un financement sur le marché des capitaux au taux correspondant à l'équilibre entre l'offre et la demande de crédits. Or, il existe un niveau d'endettement au-delà duquel l'entreprise ne trouve pas de prêteur. En outre, l'alourdissement de l'endettement a des conséquences sur la vie financière de l'entreprise qui ne se limitent pas à des obligations d'amortissement et de paiement d'intérêts : élévation du coût des emprunts futurs, réduction de la capacité de financement par emprunts ultérieurs ou des possibilités de distribution aux actionnaires, etc. L'actualisation est donc une mesure de sécurisation forfaitaire répondant à la nécessité de faire un pari sur un avenir incertain. Elle a néanmoins le mérite de montrer, lorsque le résultat d'un calcul de revenu actualisé est négatif, que l'opération est déficitaire au taux choisi, même en l'absence de toute difficulté de financement.

Pour évaluer les coûts, il est aussi possible de faire appel à la notion de dépense effective, telle qu'elle a été définie précédemment au paragraphe II-3. Mais il faut être très attentif au fait qu'il ne s'agit pas d'une notion comptable. En particulier les variations de stocks et les dotations aux provisions n'ont pas à être prises en compte car les dépenses et les recettes effectives n'apparaissent qu'au moment où se produisent les événements donnant lieu à paiement ou encaissement.

L'évaluation des données repose en grande partie sur des prévisions qui peuvent être plus ou moins précises ou sur des hypothèses dont la réalisation est plus ou moins assurée. « Prédire, c'est se tromper », selon Paul Valéry. L'important, en l'occurrence, est de ne pas trop se tromper. Or, une mauvaise appréciation des volumes peut entraîner dans le cas des travaux en grande série une variation sensible des coûts de production. Même si le volume est pré-déterminé, ce qui est le cas pour des commandes programmées à l'avance, la durée de montée en cadence influe sur les valeurs des résultats. L'irrégularité des engagements au cours de la vie d'un produit, le raccourcissement ou l'allongement de sa durée de vie peuvent aussi modifier sensiblement les résultats économiques. Une mauvaise appréciation des durées de stockage réelles entraîne des coûts supplémentaires importants, notamment du fait du risque de détérioration des produits stockés. Bien que difficile à évaluer, l'incidence de la dérive différentielle des coûts ne doit pas être omise, même en période de faible inflation, car elle peut être importante pour les programmes de longue durée mettant en jeu des sommes considérables. Les coûts de main-d'œuvre, ceux de la matière première pour les pièces produites à l'état brut ou peu élaborées, l'estimation du prix des matériels qui ne sont pas de série ou dont l'acquisition doit s'échelonner dans le temps doivent faire l'objet d'une attention particulière. Les prix demandés par les sous-traitants peuvent aussi connaître des variations sensibles, surtout si un retournement de la conjoncture leur permet de se retrouver en meilleure position de négociation.

Au surplus, il n'est pas sûr que le taux de rentabilité interne doive constituer un critère décisif pour les choix à effectuer entre plusieurs investissements. Son emploi n'est pas à l'abri de toute critique, même si l'on admet le bien-fondé du calcul d'actualisation qui sert à déterminer ce taux. Il risque d'être trop défavorable aux sous-traitants si leurs prix incluent une forte marge de sécurité pour tenir compte des aléas, ce qui n'est pas le cas des solutions intégrées. D'autres critères ont donc été proposés par les spécialistes du calcul économique. Ils tendent tous à privilégier certaines conséquences financières de la réalisation du projet mais n'aboutissent pas au même résultat. Ce qui montre qu'il n'existe pas de rentabilité absolue, susceptible d'être déterminée de manière objective.

Bernard Chaillou distingue effectivement trois types de rentabilités. La rentabilité technico-économique peut être calculée par les bureaux d'études ou de méthodes en faisant abstraction de l'incidence des modes de financement. La rentabilité financière dépendra de l'ensemble des recettes et des dépenses réellement envisagées pour l'exécution du projet. Il sera tenu compte de tout ce qui peut avoir une incidence sur le coût financier de l'opération (structure des modes de financement, intérêts ou frais d'agios, impact des aides et de la fiscalité). La rentabilité pratique est le résultat du compromis intervenant entre les hypothèses extrêmes qui sert de base à la décision finale, sa validité devant être vérifiée *a posteriori* par l'exercice du contrôle budgétaire.

Pour citer encore Claude RIVELINE, « il semble bien que tout responsable normalement doué cherche à optimiser à sa manière le domaine d'action qui lui est imparti ; la question étant de savoir ce qu'il optimise au juste et si cette recherche particulière d'optimum est en harmonie avec d'autres conceptions de l'avenir de l'entreprise »[7]. Or, il est dans la nature humaine que l'optimum coïncide pour chacun de ces responsables avec la solution qui devrait lui permettre d'obtenir l'appréciation la plus favorable de sa propre action. Les critères de jugement employés par la hiérarchie ou, pour l'échelon de direction générale, par les intérêts qui contrôlent l'entreprise sont donc appelés à jouer un rôle déterminant dans les choix entre investir et sous-traiter comme dans toutes les autres prises de décisions stratégiques[8]. L'existence de comités « Faire ou acheter » accentue encore cette tendance à faire de la décision la résultante de rationalités relatives ou, si l'on préfère, d'une réticorationalité combinant les différentes rationalités interactives ayant droit de cité dans un réseau organisationnel.

IV. Continuer à produire ou désinvestir

Lorsque la solution de l'intégration a été retenue pour réaliser une fabrication, il est parfois nécessaire de remettre en cause ce choix ultérieurement. Le vieillissement du produit peut entraîner une baisse de la demande telle qu'une production intégrée cesse d'être avantageuse. Il se peut aussi que les dirigeants de l'entreprise renoncent aux investissements nécessaires pour suivre le progrès technologique s'ils constatent que, dès à présent, il existe des fournisseurs capables de faire mieux et moins cher. Enfin, les politiques de recentrage dont il a été question au paragraphe précédent peu-

7. « L'évaluation des coûts », *Annales des mines*, juin 1973, p. 47.
8. François PINARDON, *La rentabilité, une affaire de points de vue*, L'Harmattan, 1989. Résumé paru dans les *Annales des mines* de septembre 1989.

vent amener à céder des filiales ou des départements spécialisés dans la fabrication de composants ou de demi-produits afin de faciliter des investissements dans des activités plus lucratives.

En pareil cas, les processus de décision utilisables ne sont pas différents de ceux qui permettent d'apporter des réponses aux questions du type : « Faut-il investir ou sous-traiter ? » Ils sont fondés sur la comparaison des conséquences des deux termes de l'alternative pendant la période prévue pour la continuation de la fabrication. Cette comparaison doit tenir compte en négatif des dépenses subsistantes ou supplémentaires imposées par chacune des solutions possibles, en positif des économies que ces solutions permettent de réaliser. Il faut observer toutefois que, si l'arrêt des fabrications en cause doit être suivi de la cession d'actifs importants, le fabricant pourra considérer qu'il a intérêt à rester producteur jusqu'à réception d'une offre lui paraissant convenable.

V. Incidence sur le comportement des donneurs d'ordres

Les motivations qui sont à l'origine de la décision de sous-traiter sont donc très variées et celle-ci est prise parfois à l'issue d'arbitrages internes difficiles. La sélection des sous-traitants, la conduite des négociations, les modalités de gestion des relations avec les preneurs d'ordres s'en ressentent. Une certaine ambiguïté peut exister du fait des conditions du choix, des considérations qui l'ont déterminé, voire même des arrière-pensées qui seraient susceptibles de l'inspirer. On mesure mieux, si l'on prend conscience de l'existence de ce contexte, les difficultés d'adaptation auxquelles se heurtent les sous-traitants lorsqu'ils ne connaissent pas de façon précise les véritables objectifs des donneurs d'ordres ou ne rencontrent pas dans certains de leurs services une volonté réelle de coopérer. L'établissement d'un dialogue ouvert facilitant l'explicitation du résultat recherché est, au contraire, de nature à rendre moins pesant l'effet de domination dont les manifestations font l'objet du chapitre suivant.

CHAPITRE IV

RELATIONS DÉSÉQUILIBRÉES ET EFFETS DE DOMINATION

Le numéro 62 d'octobre 1985 de la revue *Enjeux* éditée par l'AFNOR avait pris pour thème principal le partenariat. Sa couverture présentait un grand méchant loup se livrant avec allégresse à l'une de ses occupations favorites, à savoir la tonte en attendant mieux d'un petit mouton manifestement placé en position de preneur d'ordres. C'était ignorer qu'il existe aussi un nombre non négligeable de sous-traitants heureux ou tout au moins pas trop malheureux. Il est même possible d'en rencontrer dont le comportement évoquerait plutôt celui du canari qui, par sa manière de résister aux entreprises du chat Sylvestre dit « Gros Minet », fait le bonheur des amateurs de dessins animés. Mais il n'en est pas moins vrai que, dans leur très grande majorité, les relations de sous-traitance s'établissent à partir de rapports de forces déséquilibrés, ce qui place les preneurs d'ordres dans une situation d'infériorité congénitale dont ils ne peuvent sortir qu'à grand-peine.

I. Sous-traitance et traités inégaux

Par sa nature et par son contenu, le contrat de sous-traitance consacre la subordination technique du sous-traitant au donneur d'ordres en le soumettant à des obligations plus contraignantes que s'il était un simple fournisseur. Il doit réunir l'ensemble des moyens nécessaires à l'obtention du résultat industriel qui lui est assigné en respectant strictement les spécifications qui lui sont imposées. L'engagement du donneur d'ordres se limite pour l'essentiel à une obligation de réception et à une obligation de paiement. Le terme « donneur d'ordres » est par lui-même significatif. Il est vrai que, dans la vie commerciale et en matière financière, le mot « ordre » est employé sans que son destinataire (banquier, agent de change...) soit le moins du monde subordonné à l'émetteur. Mais il n'en est pas ainsi dans la vie industrielle. D'autant plus que les parties en présence sont le plus souvent de tailles différentes et parfois très inégales.

On peut estimer que, parmi les entreprises industrielles qui exercent en permanence une activité de sous-traitance, plus des deux tiers, artisanat non compris, emploient moins de cinquante salariés. Les entreprises employant deux cents salariés et plus représentent environ 5 % de l'ensemble, celles qui ont plus de cinq cents salariés environ 1 %. Pour l'ensemble des professions adhérentes à la Fédération des industries mécaniques et transformatrices des métaux, 60 % des entreprises de sous-traitance emploient moins de cinquante salariés. En 1986, 80 % des façonniers de l'habillement employaient moins de cent salariés. Bien qu'ils soient en nombre limité, les gros sous-traitants jouent cependant un rôle important dans les domaines où ils se sont spécialisés (sous-traitance aéronautique, automobile et électronique). Ils sont, en effet, sinon les seuls tout au moins les mieux équipés pour réaliser en grande série des fabrications complexes. Il ne faut pas oublier non plus que certains grands groupes, tel PECHINEY, comprennent des filiales qui ont été créées pour exploiter des procédés de transformation de leurs produits dans le cadre d'une activité de sous-traitance. Mais le cas des gros sous-traitants constitue néanmoins l'exception qui confirme la règle.

Face à une offre aussi atomisée, les donneurs d'ordres importants (plus de cinq cents salariés) représentent de très loin la plus grande partie des besoins à satisfaire. On estime qu'ils ont confié plus des deux tiers de la sous-traitance industrielle en 1988. Le pourcentage est de 93 % pour la sous-traitance électronique, de 96,8 % pour la construction aéronautique. La concentration des achats est sans aucun doute aussi forte dans le cas de la construction automobile. Toutefois, un second marché composé de donneurs d'ordres nettement plus petits et dont beaucoup sont de création récente est en train de se constituer (cf. chapitre XIII). Mais ce second marché ne représente encore qu'une faible fraction de la sous-traitance confiée, environ 10 %.

Troisième constatation, les effets de domination sont créés ou aggravés par les disparités qui existent entre la structure de l'offre et celle de la demande. Les situations d'oligopsones, où les sous-traitants sont beaucoup plus nombreux que les donneurs d'ordres, sont extrêmement fréquentes.

En conséquence, le contrat de sous-traitance est habituellement ce que les juristes nomment un contrat d'adhésion, car la plupart de ses clauses ne font pas l'objet d'une véritable négociation, et l'effet de domination est en général assez puissant pour placer le sous-traitant dans une position singulièrement désavantageuse pour négocier ce qui peut l'être, qu'il s'agisse du mode de fixation des prix, des conditions de paiement ou de l'institution de garanties portant sur le volume et la durée des commandes.

II. Le contrat de sous-traitance est le plus souvent un contrat d'adhésion

Dans la majorité des cas, la pratique française est telle que les relations de sous-traitance ne sont pas régies par des documents contractuels constatant l'accord explicite des parties sur l'ensemble des conditions de la transaction. En conséquence, on rencontre encore beaucoup de sous-traitants ou même d'acheteurs qui sont fort étonnés d'apprendre qu'ils se lient par des contrats de la même façon que M. Jourdain faisait de la prose, sans s'en rendre compte. Le lien contractuel peut résulter, en effet, de la seule passation de la commande au prix proposé ou accepté par le sous-traitant. Il n'est même pas nécessaire que le bon de commande fasse référence aux conditions générales d'achats du donneur d'ordres pour qu'elles deviennent partie intégrante du contrat. Il suffit qu'elles aient été notifiées préalablement au sous-traitant et que celui-ci ne les ait pas remises en cause. Des contestations peuvent néanmoins se produire si le sous-traitant s'est efforcé de faire prévaloir ses propres conditions générales de vente et ne s'est pas heurté à un refus explicite. En pareil cas, la jurisprudence considère que les clauses valables sont celles qui n'ont pas fait en dernière analyse l'objet de refus explicite de la part de l'une ou l'autre des parties. S'il existe des clauses contradictoires, elles s'annulent réciproquement au bénéfice de l'application des règles du Code civil qui peuvent être invoquées pour résoudre le litige.

Si le sous-traitant n'est pas en mesure de faire preuve d'un peu de pugnacité, la loi du contrat est donc en fait la loi du donneur d'ordres.

La soumission du sous-traitant aux conditions générales d'achat peut lui imposer des contraintes excessives : restrictions à l'utilisation de son savoir-faire, obligations d'utiliser les services d'un transporteur déterminé, souscription obligatoire d'un contrat type d'assurance couvrant parfois des risques déjà assurés par ailleurs, par exemple. Il se peut même que ces conditions comportent des dispositions qui mériteraient d'être déférées devant les tribunaux parce que léonines ou de nature, par leur application, à mettre en cause l'équilibre économique des transactions. Le sous-traitant peut donc être amené à consentir des sacrifices ou s'exposer à des risques qu'une discussion détaillée des clauses du contrat lui permettrait peut-être d'éviter.

Encore fréquemment, les conditions générales d'achat sont rédigées de façon trop sommaire. En cas de litige, le donneur d'ordres ne manquera pas de vouloir imposer sa propre interprétation sur les points laissés dans l'ombre. En l'absence de tout texte précis, le sous-traitant ne peut que s'incliner s'il ne veut pas courir le risque de perdre le client et peut-être aussi celui de se créer une réputation d'interlocuteur difficile. Même s'il accepte ces risques, il n'engagera pas volontiers les frais d'un procès. L'issue de l'instance a de fortes chances d'être aléatoire et lointaine. Il faut donc que l'enjeu financier justifie ce qui va peut-être devenir une aventure juridique. Au contraire, un donneur d'ordres important est généralement bien armé pour gérer un contentieux et il est capable, même pour un résultat minime, d'aller en appel s'il tient à obtenir une jurisprudence favorable.

Il est tentant de considérer qu'il faudrait faire de l'établissement de contrats en bonne et due forme une règle générale, ce qui permettrait d'aligner la pratique française sur celle de pays où les comportements en affaires sont réputés plus sérieux. En particulier, l'usage de contrats formalisés est beaucoup plus répandu en Allemagne fédérale. Les Etats-Unis offriraient un exemple encore plus convaincant si les excès de juridisme n'y provoquaient pas tant de ravages. Il faut assurément condamner la tendance qui incite à tout prévoir à l'avance. Mais la tendance française qui consiste à confondre flou artistique et pragmatisme est pour le moins aussi pernicieuse.

Si l'amélioration du cadre contractuel peut dans une certaine mesure assurer une protection plus efficace des droits du sous-traitants, elle risque aussi, à certains égards, d'aggraver les conséquences de l'asymétrie dont il est victime. Plus le rapport des forces est déséquilibré, plus la marge de négociation laissée au sous-traitant sera faible, quoi qu'il advienne. Le risque pour un dirigeant de se faire « piéger » par des dispositions peu claires ou dont le texte aura été imprimé en petits caractères n'est pas théorique. Face à un donneur d'ordres qui appliquera les sanctions prévues par le contrat pour tout manquement commis par le sous-traitant, celui-ci ne pourra tirer un bénéfice réel des clauses jouant en sa faveur que s'il est assez prospère ou assez courageux pour les invoquer.

Ainsi qu'il sera exposé au chapitre VI, les efforts déontologiques déployés par le Centre national de la sous-traitance et les tentatives effectuées pour mettre au point des conditions générales de vente ou d'achat sur une base professionnelle ou interprofessionnelle contribuent à réduire les risques de litige en permettant de donner un contenu normalisé aux relations juridiques existant entre les contractants. C'est le cas, en particulier, des clauses et conditions de vente du Syndicat général des fondeurs de France. La clientèle des fonderies n'est pas composée uniquement de très grosses entreprises. La référence à des règles approuvées par l'ensemble de la profession, et dont plusieurs ont été reprises au niveau européen, a une valeur certaine dans les négociations menées avec de nombreux donneurs d'ordres dont beaucoup sont eux-mêmes des sous-traitants.

A plus forte raison, l'élaboration des conditions générales d'échange mises en vigueur depuis juin 1988 par GALIA, groupement pour l'amélioration des liaisons dans l'industrie automobile, permet de traiter sous une forme normalisée l'ensemble des problèmes posés par la gestion juridique des relations des constructeurs avec leurs fournisseurs, sous-traitants compris.

III. Les rites de la négociation sur les prix

Les négociations sur les prix se déroulent sur le marché de la sous-traitance selon des modalités particulières. Il ne s'agit pas de partir d'un prix prédéterminé pour aboutir à un prix de vente tenant compte de l'importance des quantités achetées et des diverses autres considérations justifiant des rabais ou des majorations. Le caractère spécifique des prestations de sous-traitance exige la détermination d'un prix particulier pour chaque fabrication. Le terrain est plus instable, surtout pour celui des deux protagonistes qui a le plus faible pouvoir de négociation. L'opacité du marché aggrave cet état d'instabilité ; elle rend difficile sinon impossible une observation objective des prix pratiqués pour un même type de travail. Le sous-traitant en est souvent réduit à tenir compte des affirmations du donneur d'ordres concernant les offres formulées par ses concurrents les moins disants. Mais ces offres ne sont peut-être pas assorties des mêmes garanties quant au respect de la qualité et des délais.

La référence au prix du marché peut laisser perplexe lorsqu'une consultation aboutit à des propositions variant d'une offre à l'autre dans des proportions considérables, ce qui n'est pas un cas exceptionnel. M. Schlegel fait état d'une enquête du Syndicat national du découpage et de l'emboutissage qui avait consulté trente entreprises sur un échantillon de quatre pièces types[1]. Il avait été constaté que certains prix étaient dans le rapport de 1 à 3. Les méthodes comptables employées n'étaient pas seules responsables de ces écarts. La conception de la fabrication, la nature des matériels et outillages utilisés, la compétence du personnel, l'organisation du travail, l'importance des frais généraux, les quantités de matières consommées peuvent aussi fournir des éléments d'explication.

La référence au prix de la concurrence française ou étrangère sert pourtant d'argument lorsqu'il s'agit de limiter à une sorte de minimum vital la rémunération des sous-traitants faisant effectuer des tâches banales par une main-d'œuvre peu payée. Mais il n'est pas rare non plus que cette référence soit utilisée en tant que moyen de pression dans le cadre de véritables négociations. Les comparaisons portent alors sur deux éléments : le nombre d'heures machines nécessitées par une opération déterminée et le taux horaire qui reflète le coût d'utilisation des matériels ayant servi.

Dans de telles négociations, le sous-traitant est obligé de fournir à l'acheteur et éventuellement aux auditeurs qui viennent visiter ses installations une description complète de ses conditions de travail.

1. *Méthodes et modèles de l'économie de sous-traitance, op. cit.*

S'il fait preuve d'une totale sincérité, il va se mettre à leur merci ou tout au moins rencontrer de grosses difficultés pour justifier ses demandes. Son profit dépendra en partie de son aptitude à faire en sorte que sa productivité soit sous-estimée ou certains de ses coûts surestimés, mais seulement dans une mesure raisonnable car son offre doit rester compétitive.

Le plus souvent, c'est sur les calculs de coûts et sur la fixation de la marge que l'essentiel de la négociation a tendance à se cristalliser. Dès lors, l'évaluation de ses prix de revient prend pour le sous-traitant une importance capitale. Très théologiquement, il estimera que, s'il y a un juste prix, c'est celui que justifie son prix de revient augmenté d'une marge suffisante pour lui permettre de poursuivre son activité dans des conditions acceptables.

De ce point de vue, la méthode de calcul apparemment la plus sécurisante est celle des prix de revient complets. Elle tend à récupérer tous les coûts y compris la quote-part des frais généraux imputables à la production en cause, ce qui semble être son très grand mérite. Le caractère forfaitaire des conventions qui servent à calculer cette quote-part peut paraître contestable ; mais, dans la mesure où une entreprise de sous-traitance est supposée avoir peu de frais généraux, il n'est pas très gênant que ces conventions conduisent à des appréciations ne correspondant pas tout à fait à la réalité. En conséquence, l'application de la méthode de calcul des prix de revient complets par les entreprises qui se sont dotées d'une comptabilité analytique a été considérée jusqu'à une date récente comme un progrès considérable par rapport à l'empirisme qui régnait habituellement dans les petits ateliers de sous-traitance. Les nouveaux perfectionnements de la comptabilité analytique liés au développement des techniques de contrôle budgétaire ont permis, en outre, de remédier à deux inconvénients majeurs de la méthode initiale d'évaluation des prix de revient : l'absence de distinction entre les frais fixes et les frais variables, la vision passéiste et par conséquent peu dynamique sur laquelle se fonde l'évaluation des différents coûts pris en compte. Ces perfectionnements rendent possible, en effet, l'établissement de coûts standard, ou normes de frais, correspondant au niveau d'activité prévisible ou souhaité pendant la période d'application. Ces normes servent à déterminer, soit le coût direct de l'heure machine qui est en fait, dans la plupart des cas, un prix de revient partiel comprenant une participation aux charges communes à un ensemble d'ateliers ou de machines : frais d'entretien, vapeur, fluides, etc. ; soit un coût normalisé (coût standard). Celui-ci tient compte du montant des frais fixes qui, en production normale et par le jeu d'une imputation rationnelle à l'activité considérée, doit être rajouté au coût direct. La fixation de normes permet de mesurer à dates régulières les écarts existant entre l'activité réelle et l'activité prévue. On peut ainsi en évaluer les conséquences et prendre des mesures correctrices, baisser les prix en cas de sous-charge ou les augmenter si un risque de surcharge apparaît.

En principe, la référence aux coûts complets permet d'écarter la tentation de brader les prix de facturation. Il suffit, en effet, que tous ces prix soient égaux ou supérieurs au coût complet calculé sur un exercice comptable pour que le résultat de cet exercice soit positif ou nul. Mais cette condition n'est pas nécessaire ; il peut y avoir des compensations entre les résultats des différentes opérations réalisées successivement ou simultanément. Une telle référence introduit donc dans la stratégie commerciale de l'entreprise un élément de rigidité pouvant avoir un effet inhibiteur.

Les méthodes fondées sur la prise en compte du prix de revient direct donnent une importance accrue à la partie de la négociation qui porte sur la fixation de la marge. Ce qui risque de rendre encore plus difficile la recherche d'une solution qui ne soit pas le simple résultat du rapport de forces en présence.

Les méthodes de calcul utilisées par la plupart des sous-traitants sont fonction des exigences de leurs principaux donneurs d'ordres, ceux qui sont en mesure de choisir le terrain sur lequel ils entendent engager les discussions technico-commerciales. C'est donc l'ensemble de la gestion du sous-traitant qui risque d'être jugée à travers la structure de coûts qui détermine le taux horaire. En particulier, les donneurs d'ordres ne manquent pas de vérifier que l'importance des frais généraux n'est pas excessive par rapport aux normes qui leur paraissent valables pour l'entreprise en cause. Les critères de contrôle devenant critère de choix, le jugement porté sur la gestion du sous-traitant tend à orienter dans un sens qui est conforme aux souhaits de ses donneurs d'ordres. Mais rien ne prouve que cette orientation soit aussi conforme à ses propres intérêts. Il ne faut pas faire pour autant le procès de l'analye des coûts. Elle est indispensable lorsque la référence au marché ne procure pas des bases de négociation ; elle est légitime dans la mesure où le donneur d'ordres a besoin de se rendre compte qu'il est en présence d'une offre de prix sérieuse. Mais le risque existe de voir cette analyse accorder une importance excessive à la relation existant entre gestion des recettes et gestion des dépenses. L'invocation de ces résultats ne doit pas être utilisée pour faire prévaloir une conception trop scolastique du juste prix. Il ne faut pas qu'elle procure aux négociateurs un confort intellectuel qui les dispense de faire intervenir des considérations d'ordre plus qualitatif et de se comporter en bons commerçants.

IV. Le problème du crédit inter-entreprises

Depuis plus de vingt ans, les organisations professionnelles qui assurent la défense des intérêts des sous-traitants dénoncent avec véhémence la longueur des délais de paiement imposés par les donneurs d'ordres, accusés d'être en grande partie responsables de la fragilité financière de nombreuses entreprises. Les excès et les abus imputables au développement du crédit fournisseur ont effectivement pour conséquence d'accroître considérablement la gravité des risques de non-paiement. Une entreprise qui détient sur un donneur d'ordres en difficulté des créances représentant une proportion notable de son chiffre d'affaires se trouve généralement en grand péril.

Les délais de paiement ne sont pas seulement trop longs. Ils sont aussi mal respectés. Les lacunes de la législation et le laxisme avec lequel elle est appliquée facilitent un usage immodéré de la traite, mode de paiement insolite dont la France a presque seule le privilège. Les acheteurs peuvent ainsi repousser trop aisément les dates d'échéance.

Dans une situation où la solvabilité d'une entreprise de sous-traitance ne peut s'apprécier qu'en tenant compte de la composition et de la qualité de son portefeuille clients, la division des risques devient donc une nécessité primordiale, même pour une très petite affaire. Mais, par une sorte d'effet dialectique, la diversification de la clientèle amène parfois le sous-traitant à inclure dans sa clientèle des donneurs d'ordres dont la solidité est plus ou moins certaine.

Les sous-traitants considèrent unanimement qu'il est anormal de les obliger à procurer à leurs donneurs d'ordres une part importante de leurs ressources de trésorerie alors qu'ils doivent eux-mêmes se financer à un taux nettement plus élevé. Transformés à leur corps défendant en banquiers, ils estiment qu'ils n'ont pas à pallier ainsi les insuffisances du système de distribution des crédits à court terme. Leur mécontentement est d'autant plus grand que le coût de l'argent prêté vient en déduction du prix nominal de leurs prestations. Or, il leur est de moins en moins facile de le récupérer en majorant leurs marges.

Toutes les fois qu'elle a eu lieu, l'annonce par un gros donneur d'ordres d'un allongement décidé unilatéralement de la durée de ses paiements a donc suscité de très vives réactions puisqu'elle obligeait les sous-traitants concernés à solliciter de leurs banques des concours supplémentaires qui leur étaient accordés plus ou moins aisément et moyennant des conditions qui n'avaient rien de philanthropique.

Les sous-traitants ont mis toutefois beaucoup de temps à se rendre compte que le problème du crédit inter-entreprises comporte des enjeux qui dépassent le cadre des relations entre donneurs et preneurs d'ordres. Peut-être parce que, se sentant très concernés, ils se croyaient les seules victimes. Il s'agit, en effet, d'un problème très général mais en même temps très spécifique. Le crédit inter-entreprises a pris en France une importance que l'on peut sans exagération qualifier de cancérigène. Une étude de la Centrale de bilan datée de décembre 1988 confirme que les délais de règlement sont les plus longs d'Europe et que le pourcentage des dettes commerciales (crédits fournisseurs + avances clients) dans le total du bilan est particulièrement élevé : 30 % pour l'ensemble des entreprises de l'industrie, du bâtiment, du génie civil et des services contre 16 % dans les autres grands pays occidentaux[2]. Cette étude constate notamment que « plus que le risque, le dynamisme ou l'ouverture sur les marchés extérieurs, la puissance économique paraît déterminer la situation d'une firme face aux crédits inter-entreprises ». Les P.M.E. sont donc placées dans tous les secteurs en situation défavorable. Inversement, les grands distributeurs à succursales multiples bénéficient de délais de règlement qui sont largement supérieurs à la durée de rotation de leurs stocks.

Ces constatations coïncident avec celles d'une étude de l'INSEE qui contient davantage de précisions par secteurs. Il en ressort notamment que, dans les classes d'entreprises de petite taille, la part des crédits clients dans les emplois équivaut en moyenne à 40 % de leur actif[3]. Elle n'atteint que 20 % en moyenne dans les plus grandes sociétés. Il apparaît aussi que la charge du crédit inter-entreprises pèse davantage sur les secteurs placés en amont de la chaîne de production-commercialisation que sur les secteurs plus proches de la consommation finale tels que l'agro-alimentaire et le commerce. Les premiers, comprenant notamment les industries productrices de biens intermédiaires et en particulier, celles qui sont spécialisées dans la sous-traitance, ont un ratio clients/actif nettement plus élevé que les seconds.

En ce qui concerne plus spécialement les relations entre donneurs et preneurs d'ordre, un rapport du Pr Michel DIETSCH[4] destiné à la Commission technique de la sous-traitance montre que l'augmentation des recours aux sous-traitants s'accompagne en règle générale d'un allongement des délais de paiement aux fournisseurs. Ils dépassent cent jours dès que le recours est supérieur à 10 % des achats. Les délais de paiement moyens consentis aux clients finals augmentent également, de sorte que les donneurs d'ordres seraient dans une situation nette de prêteurs et non d'emprunteurs de crédit inter-entreprises. L'allongement des délais de paiement serait donc bien à l'origine d'un transfert de fonds vers les clients finals plutôt que d'un transfert de fonds vers les donneurs d'ordres. Mais ce rapport confirme aussi que le recours au crédit inter-entreprises est particulièrement élevé dans le cas des entreprises dont les ventes sont relativement faibles. Les délais de paiement peuvent donc favoriser la propagation des difficultés financières et commerciales des vendeurs de produit finaux vers leurs sous-traitants.

Jusqu'à présent, ni les professions ni les pouvoirs publics n'ont envisagé sérieusement l'éventualité de mesures autoritaires. Au niveau du C.N.P.F. et dans la majorité des administrations, la crainte

2. Etude de D. BEAU, M. DELBREIL et J. HAUDY intitulée « la nouvelle donne du crédit inter-entreprises » dont un résumé a été publié dans la revue *Banque* n° 495 de juin 1989 et reproduit dans le rapport d'étape 1989 de la Commission technique de la sous-traitance, pages 51 à 61.

3. Le crédit inter-entreprises – INSEE – série E n° 103, novembre 1988, Rapport d'étape 1988 de la Commission technique de la sous-traitance, pages 65 à 78.

4. Synthèse publiée dans le Rapport d'étape 1989 de la Commission technique (pages 43 à 48).

est grande de déstabiliser par de telles mesures les entreprises qui tirent un profit particulièrement important du développement actuel du crédit inter-entreprises. On redoute notamment que ces mesures incitent les grandes chaînes de distribution à augmenter leurs prix pour compenser la réduction de leurs profits financiers. L'insistance du ministre de l'Industrie a conduit le gouvernement à demander au C.N.P.F. d'entreprendre une concertation. Celle-ci devrait en principe aboutir à un accord à la fin du premier semestre 1991. Mais les progrès réalisés seront-ils sensibles et effectifs ? S'il n'en était pas ainsi, les démarches des professions ou des catégories d'entreprises les plus lésées, et aussi la perspective de se voir imposer un effort de rapprochement intra-européen par les instances de la Communauté, pourraient inciter le gouvernement à intervenir par voie législative.

V. Sous-traitance et clauses de réserve de propriété

A défaut d'une réduction autoritaire ou amiable des délais de paiement, un autre moyen de limiter les risques de non-paiement pourrait être utilisé. Il consiste dans un aménagement du régime français des clauses de réserve de propriété. Cet aménagement n'est pas seulement proposé par les professionnels de la sous-traitance mais aussi par la Compagnie des Dirigeants d'Approvisionnement et Acheteurs de France, la C.D.A.F. Il offrirait en effet aux fournisseurs d'entreprises connaissant des difficultés temporaires des garanties suffisantes pour qu'ils puissent accepter de ne pas interrompre les relataions commerciales.

La thèse soutenue est que si la durée des paiements est beaucoup plus faible que dans la République fédérale qu'en France, le mérite en revient partiellement aux conceptions juridiques inspirant outre-Rhin le droit de la vente. L'exemple britannique qui a été aussi invoqué est moins concluant. En Grande-Bretagne, les clauses de réserve de propriété ont un caractère moins exceptionnel qu'en France. Mais les délais de paiement y sont également très longs.

Le droit allemand part du principe que la vente d'un bien mobilier n'entraîne pas immédiatement son transfert de propriété. Il autorise le vendeur à le faire dépendre du paiement intégral du prix. En outre, des clauses particulières peuvent étendre la portée de cette réserve de propriété. Certaines permettent de la faire jouer en cas de revente ou de transformation du bien vendu.

Le système français, institué par la loi Dubanchet du 12 mai 1980 dont les dispositions ont été reprises par l'article 121 de la loi du 25 janvier 1985, est loin d'avoir la même efficacité. La clause de réserve de propriété doit être acceptée par l'acheteur. Elle ne peut jouer en cas de déclenchement d'une procédure de redressement judiciaire que si la marchandise se retrouve en nature au moment de la revendication. Il faut que cette marchandise soit identifiable et qu'elle n'ait été ni transformée ni incorporée dans un ensemble. Ce système ne peut donc pas protéger les façonniers et les autres sous-traitants qui n'ont pas la qualité de vendeurs. Il protège mal les sous-traitants qui ont cette qualité car, dès qu'un travail modifie la nature du produit qu'ils ont vendu, ils perdent le droit à revendication.

Diverses propositions ont été présentées pour améliorer l'efficacité du système français. Les plus récentes ont été reprises dans le rapport d'étape 1989 de la Commission technique de la sous-traitance. Les unes ont pour objet de rapprocher ce système du système allemand, les autres de faire accepter par le Parlement des aménagements de portée plus limitée. De tels aménagements sont effectivement proposés dans une étude du Pr Ghestin et de M. Jamin publiée dans le rapport d'étape 1989 de cette Commission (pages 151 à 177). En permettant au vendeur de rester propriétaire jusqu'au paiement du prix, l'alignement sur le système allemand instituerait à son profit un véritable droit de suite au détriment des autres créanciers de l'acheteur. En tant que créanciers privilégiés, les banquiers n'ont pas manqué pour la plupart de se joindre aux défenseurs de la tradition juridique française pour s'opposer à une telle proposition. On ne saurait trahir l'héritage du droit coutumier au profit d'une conception venant du droit romain. De simples aménagements pourraient, par exemple, permettre l'utilisation de la réserve de propriété en cas de transformation de la marchandise vendue dès l'instant que la plus-value apportée par cette transformation est minime. L'évolution de la jurisprudence allant dans ce sens, ils seraient peut-être plus facile à faire accepter par le législateur. Ils amélioreraient la protection du vendeur victime d'un défaut de paiement ; mais ils n'auraient que peu d'influence sur la durée des paiements eux-mêmes.

VI. Partage ou transfert du risque économique

Il résulte de ce qui a été exposé au premier paragraphe que la commande et ses avenants éventuels constituent l'élément essentiel du contrat de sous-traitance. La commande précise, en effet, la nature du produit ou l'objet du travail à réaliser, le prix et ses modalités, les conditions de livraison et de règlement. Elle fait aussi référence aux divers documents décrivant les spécifications techniques, le conditionnement demandé et, le cas échéant, les obligations liées à l'assurance de la qualité. La commande est dite fermée si elle précise les quantités demandées et les délais de livraison. Elle est dite ouverte quand les quantités à livrer et les délais de livraison sont fixés par des ordres ultérieurs.

Dans le cadre habituel des relations de sous-traitance, les fabrications et travaux de caractère répétitif sont donc soumis au régime de la commande ouverte. Les indications de quantités fournies à intervalles réguliers par le donneur d'ordres sur l'importance prévisible des commandes n'ont donc pas valeur contraignante pour celui-ci. Certains donneurs d'ordres acceptent toutefois le principe d'une concertation avec leurs fournisseurs dans l'hypothèse où il serait nécessaire d'examiner les conséquences financières d'une modification importante des quantités prévues à l'origine. Il n'en reste pas moins que le système de la commande ouverte n'apporte par lui-même aucune assurance au sous-traitant sur les quantités à livrer au-delà du très court terme.

La conséquence la plus grave de cet état de choses est que le donneur d'ordres a la possibilité, si sa propre activité fléchit, de réduire plus que proportionnellement l'importance de ses achats. Il peut même les interrompre complètement pour éviter une sous-utilisation de ses propres équipements. Il peut aussi procéder au rapatriement pur et simple dans ses propres ateliers de fabrications qui étaient jusqu'alors sous-traitées. Il suffit pour cela que les moyens de production dont il dispose lui permettent d'effectuer cette opération sans difficultés techniques particulières et à un coût marginal inférieur à celui des économies réalisées en décidant de ne plus sous-traiter. Ce ne sont pas seulement les sous-traitances de pure capacité, destinées à fournir le complément d'une production intégrée, qui peuvent faire les frais d'un transfert sur l'amont du risque économique. Dès lors que les caractéristiques de la main-d'œuvre sont les mêmes et que certains équipements peuvent être utilisés dans des conditions acceptables, il pourra aussi être mis fin à une sous-traitance dite de spécialité.

Les donneurs d'ordres sont évidemment très attachés au système de la commande ouverte en raison de sa souplesse. Ils ne manquent pas d'arguments pour le défendre. Ils font état de l'incertitude qui les empêche de déterminer leur niveau d'activité prévisionnel et par conséquent leurs besoins exacts d'approvisionnement. Ils invoquent la nécessité de remettre en concurrence leurs sous-traitants habituels dès qu'une opportunité nouvelle se présente sur le marché. Ils essaient de faire admettre que les baisses de charge font partie des risques du métier de sous-traitant, celui-ci bénéficiant en compensation de rentes de situation qui peuvent être fort rémunératrices en période de bonne conjoncture.

L'importance réelle des mouvements de rapatriement est difficile à mesurer de façon objective, qu'ils soient provoqués par la dégradation de la conjoncture ou par des crises sectorielles. A titre indicatif, on peut signaler que, de 1959 à 1990, l'indice d'activité de la mécanique générale (sous-secteur sous-traitant) passe de 132 à 100 alors que celui de la construction de moteurs (sous-secteur donneur d'ordres) reste pratiquement stable à 100 contre 101 (Sallez et Schlegel, *La sous-traitance dans l'industrie*). En 1984, selon une enquête de l'*Usine nouvelle*, 60 % des sous-traitants interrogés s'estiment victimes d'un mouvement général de rapatriement.

En toute hypothèse, l'attitude des donneurs d'ordre ne peut être jugée qu'en tenant compte de la manière dont ils préviennent leurs sous-traitants de leurs décisions concernant la réduction ou l'interruption des achats et des délais qu'ils leur laissent pour les mettre en mesure d'en pallier les conséquences. Il semble bien, par exemple, que l'information des sous-traitants de l'industrie téléphonique sur les conséquences de l'adoption de la commutation électronique, changement technologique fondamental, ait été trop tardive. Les constructeurs de centraux eux-mêmes se sont plaints de ne pas avoir bénéficié de délais suffisants pour s'adapter à ce changement. A plus forte raison, les encouragements à s'équiper qui ont été donnés à des P.M.E. par certaines grandes entreprises, alors qu'elles se préparaient elles aussi à investir dans la même technologie, sans avertir qu'il s'agissait seulement de satisfaire des besoins intercalaires, révèlent un comportement irresponsable ou même peu scrupuleux.

Les sous-traitants qui vivent en permanence sous la menace d'opérations de rapatriement pouvant affecter sérieusement leur niveau d'activité ne sont probablement qu'une petite minorité. En revanche, ceux qui étaient condamnés à vivre dans la précarité parce que les éléments nécessaires pour établir des prévisions à moyen terme sur des bases solides leur faisaient défaut étaient encore très nombreux au début des années 1980. L'absence de garanties de charges n'est pas seulement facteur de précarité. Elle accroît la dépendance du sous-traitant vis-à-vis de ses principaux donneurs d'ordres et l'oblige à consentir au sacrifice de ses intérêts.

CHAPITRE V

LE DÉBAT

Entre partisans et adversaires du recours à la sous-traitance, il n'y a eu que très rarement des confrontations effectives mettant aux prises les auteurs d'opinions divergentes. Pourtant, les contradictions sont telles qu'il y a bien matière à un véritable débat et celui-ci semble se situer sur trois plans : économique, social, régional.

Le présent chapitre a été rédigé avec le souci de verser au dossier les pièces ou les informations les plus utiles pour éclairer le lecteur sans l'obliger à prendre parti. Ses appréciations ne peuvent, en effet, que dépendre de ses propres convictions. Au surplus, la quatrième partie de l'ouvrage s'efforce de proposer des issues qui devraient permettre de poser les problèmes abordés en termes nouveaux et, c'est du moins l'espoir formulé, permettre de dépassionner le débat.

I. L'aspect économique

L'élucidation des problèmes posés par les choix entre « faire ou acheter » et plus précisément par le dilemme « intégrer ou sous-traiter » a tenu, jusqu'à présent, peu de place dans l'enseignement français de l'économique d'entreprise. Faut-il trouver dans cette relative indifférence confirmation d'une tendance profonde conduisant à considérer que, d'une manière générale, les problèmes d'approvisionnement sont indignes de susciter des préoccupations de haute stratégie ? On peut aussi estimer que ce manque d'intérêt résulte de l'existence d'un rapport de forces systématiquement favorable aux partisans de l'intégration dans les entreprises où les responsables de la production sont longtemps restés en position de force.

Les thèses favorables à la sous-traitance.
Elles ont été soutenues principalement par trois universitaires :

1. Houssiaux et le concept de quasi-intégration

Dans deux articles publiés en 1957 dans la *Revue économique*, le Pr Houssiaux a proposé une théorie applicable à certaines catégories des relations inter-entreprises qui s'inspirait des travaux de François Perroux sur les phénomènes de domination[1].

Cette théorie se fonde sur le concept de « quasi-intégration » défini de la manière suivante : « Relation suivie des marchés conclus par des entreprises indépendantes situées à des stades de production différents. » Selon Houssiaux, la quasi-intégration crée une zone intermédiaire entre le marché et l'intégration. La situation décrite est proche de l'intégration dans la mesure où la stabilité des commandes amène l'entreprise d'amont à se comporter vis-à-vis de son client comme un simple atelier intégré. Des éléments de marché subsistent : indépendance juridique, négociations périodiques sur les prix et les quantités à livrer.

La notion de quasi-intégration dépasse le champ de la sous-traitance proprement dite. Elle englobe toutes les relations durables ayant un caractère structurel entre l'entreprise d'amont et l'entreprise d'aval, y compris celles qui portent sur des produits non spécifiques.

Quels sont les principaux effets de la quasi-intégration ? Houssiaux constate qu'ils peuvent être variables. Tantôt, la grande firme aura tendance à multiplier le nombre des fournisseurs ou sous-traitants possibles ; tantôt, le recours à la sous-traitance déterminera en amont un effet de spécialisation qui ne mettra plus en présence de cette grande firme qu'un petit nombre d'entreprises qualifiées pour répondre à ses besoins. Une collaboration durable pourra s'organiser avec de tels sous-traitants dès lors qu'ils auront atteint une dimension suffisante pour faire respecter leur autonomie.

Houssiaux ne porte pas de jugements de valeur sur la quasi-intégration. Il se contente d'observer que ses effets sont contradictoires. « Elle favorise et limite la croissance des entreprises, accélère et entrave la domination des grandes firmes et les pressions monopolistiques sur les différents marchés, transforme et conserve les industries qu'elle touche. » Tout en admettant que des mesures doivent être prises pour limiter les risques sociaux qu'une telle pratique peut comporter, Houssiaux n'en conclut pas moins que : « La philosophie actuelle des pays où les grandes firmes dominent convient à la quasi-intégration fondée sur la bonne foi et l'intérêt collectif des parties. »

1. *Revue économique* : 1) n° 2, mars 1957 : « Le concept de quasi-intégration et le rôle des sous-traitants ». 2) n° 3, mai 1957 : « Quasi-intégration, croissance des formes et structures industrielles. »

2. Pierre-Yves BARREYRE et le concept d'impartition

En 1968, Pierre-Yves BARREYRE, alors chargé d'un cours d'administration des entreprises à l'université de Grenoble, a proposé une théorie de l'impartition dont le champ d'application est beaucoup plus étendu que celui de la sous-traitance *stricto sensu*[2].

Néologisme, le terme d'impartition fut conçu pour jouer un rôle de concept unificateur entre les différentes formes de coopération fondées sur la confiance qui doit présider entre les partenaires et sur le partage. L'impartition consiste, en effet, à faire participer un autre – que l'entrepreneur principal – à une œuvre d'ensemble « en lui confiant la réalisation d'une partie des intrants (inputs) qui, avec d'autres, contribueront à la réalisation de la production finale, l'extrant (output) du maître d'œuvre ».

Pierre-Yves BARREYRE plaida avec d'autant plus de vigueur la cause de l'impartition qu'il se montrait très sensible aux inconvénients qui pouvaient résulter de l'accroissement de la taille des entreprises. Selon lui, « l'impartition a normalement pour justification l'amélioration de l'efficacité guidée par la recherche consciente de la rentabilité, mesurée par le calcul économique ». Elle peut n'être qu'une « mesure tactique isolée » visant à faire réaliser occasionnellement une économie de moyens ou à saisir une opportunité passagère de gain. En tant qu'effet d'une décision stratégique, elle est généralement au service d'une politique de croissance offensive, d'une conception dynamique de l'entreprise où l'accent est mis essentiellement sur les fonctions d'innovation et de commercialisation.

La sous-traitance est l'une des modalités caractéristiques de l'impartition. Mais Pierre-Yves BARREYRE inclut aussi dans cette notion beaucoup d'autres formes de coopération, y compris la cotraitance et la fourniture proprement dite. Les mobiles qui inspirent les décisions d'impartition des donneurs d'ordres se rattachent aux stratégies qu'ils mettent en œuvre sur le plan de la recherche et du développement, de la production, du financement, de l'expansion commerciale, de la gestion sociale.

Pierre-Yves BARREYRE est conscient des risques de domination résultant de l'écart de dimensions et de puissance financière existant entre les deux parties, notamment en cas de monopole. Mais les avantages de l'impartition lui paraissent tels que le plus puissant n'a pas le plus souvent intérêt à abuser de l'infériorité du plus faible. En effet, l'impartition « en tant qu'état d'esprit » est fondée sur l'idée que le partage et la confiance entre deux entités industrielles sont générateurs d'une synergie dont chacun doit tirer profit.

Dans des publications plus récentes, Pierre-Yves BARREYRE s'est efforcé de recenser les éléments qui jouent chez les grands donneurs

2. « L'impartition politique pour une entreprise compétitive », Hachette, 1968, *Définition du concept*, pages 22 à 24.

d'ordres un rôle important dans les choix entre produire ou acheter[3], et de préciser les conditions nécessaires à la mise en œuvre d'une politique d'impartition rationnelle[4]. Parmi les travaux universitaires qui ont été effectués sous la direction de Pierre-Yves BARREYRE, certains ont eu également pour objet d'expliciter les relations qui existent entre stratégies industrielles et recours à la sous-traitance.

3. Alain SALLEZ, le concept de polarisation et la notion d'optimum économique global

A partir de 1961, le CERESSEC, Centre de Recherche de l'ESSEC, a consacré une grande partie de son activité à l'étude des problèmes relatifs à la sous-traitance sous l'impulsion d'Alain SALLEZ assisté par Jacques SCHLEGEL et Jacques BAYLE-OTTENHEIM.

L'apport spécifique d'Alain SALLEZ a consisté principalement dans l'analyse des effets inducteurs au plan régional de l'implantation de grands établissements donneurs d'ordres (cf. III-1 ci-après). Il explique l'existence de ces phénomènes de polarisation géographique par le rôle que la sous-traitance est capable de jouer en tant qu'élément créateur d'un marché de biens intermédiaires, en général assez concentré du côté de la demande mais atomisé du côté de l'offre[5]. Il est fréquent que, sur un tel marché, la grande entreprise exerce une attraction considérable sur la petite.

En dépit des risques de domination qui peuvent en résulter, la sous-traitance présente des mérites incontestables. Des gains de productivité considérables peuvent découler d'un usage judicieux de cette pratique qui permet de bénéficier des nombreux avantages d'une structure économique souple.

Dans une étude publiée en 1975, Alain SALLEZ affirme que « le développement de la sous-traitance n'est pas un élément neutre, comme pourrait le laisser penser la théorie économique classique[6]. Celle-ci ne prend en compte que des situations de concurrence parfaite où la confrontation entre les producteurs se fait seulement sur les prix obtenus au stade de la consommation finale et ne dépend pas de la répartition des facteurs de production intermédiaires entre l'intégration et la sous-traitance. Mais le problème des

3. Pierre-Yves BARREYRE et Michel BOUCHE : *La décision de produire ou acheter et la pratique de l'impartition dans l'entreprise*, I.A.E. de Grenoble, publication de recherches, avril 1976.

4. Pierre-Yves BARREYRE : « La fonction d'approvisionnement dans la gestion d'entreprise », *Revue française de gestion*, janvier 1978.

Entre autres, deux thèses de doctorat d'Etat :

– Bernard CHAILLOU, *La sous-traitance, élément intégré de la politique de l'entreprise », Lyon, 1978.*

– Michel CARLE, Dynamique de l'impartition dans le développement de la firme industrielle, Paris-Dauphiné, novembre 1981.

5. Alain SALLEZ, *Polarisation et sous-traitance, condition du développement régional*, Eyrolles, Paris, 1972.

6. « Sous-traitance, productivité et croissance économique régionale », dans *Economie appliquée*, Archives de l'Institut de sciences mathématiques et économiques appliquées, librairie Droz-Genève.

consommations intermédiaires prend de l'importance dès lors que les marchés subissent des effets de domination dans les situations de concurrence imparfaite analysées par les économistes néo-classiques.

Alain SALLEZ ne conteste pas que « les vices liés à l'inégalité des rapports de force entre entreprises sont en partie à l'origine de l'image négative associée au terme de sous-traitance chez certains industriels ». Mais il n'en pense pas moins que ces vices « ne doivent pas masquer l'intérêt supérieur d'une sous-traitance bien comprise au niveau économique global ».

Les points de vue des sceptiques et des contestataires

Il semble que deux séries d'études méritent plus particulièrement de retenir l'attention :

1. Les travaux du C.R.E.S.A.L. sur la pratique de la sous-traitance dans l'industrie automobile

Bruno VENNIN et Etienne de BAINVILLE, du Centre de Recherches et d'Etudes Sociologiques Appliquées de la Loire (C.R.E.S.A.L.), ont réalisé en 1973 pour le Commissariat général du plan une étude intitulée « Pratiques et signification de la sous-traitance dans l'industrie automobile en France ».

Les auteurs partent de l'hypothèse que le recours à la sous-traitance traduit, dans le cas de la grande entreprise, la volonté d'utiliser au mieux ses ressources en capital et ses moyens d'investissement en vue d'obtenir le taux de profit maximum. Ils constatent que la complexité des problèmes d'organisation industrielle peut la conduire à acheter plus et à sous-traiter davantage. Ce qui a suscité au niveau du secteur automobile des formes très parcellaires de division du travail inter-entreprises, analogues à la répartition interne des tâches entre travailleurs telle qu'elle peut être observée au niveau de l'entreprise. Cette analyse aboutit à la conclusion suivante : le champ d'intervention de la grande entreprise dans le secteur automobile est un champ sectoriel imposant une gestion liée aux contraintes oligopolistiques du secteur et aux contraintes techniques de la production en chaîne. Les fournisseurs et les sous-traitants sont soumis également à ces deux sortes de contraintes.

Les rapports entre donneurs d'ordres et sous-traitants varient en fonction de la taille, mesurée par l'effectif de ces derniers. Les gros sous-traitants (plus de 1 000 salariés) ont une clientèle et par conséquent un univers pluri-sectoriel. Ils assurent la prise en charge d'une fonction du véhicule et bénéficient d'un cadre de négociation où le donneur d'ordres prend des décisions qui engagent le moyen terme. Les moyens sous-traitants (100 à 1 000 salariés) opèrent dans un univers technologique lié à la croissance du secteur automobile. La discussion avec le donneur d'ordres est au niveau du savoir-faire. Le recours à la sous-traitance se fonde sur l'appréciation de l'intérêt et de l'opportunité à cours terme de passer commande. Le moyen sous-traitant subit cette politique. Il n'en est pas le partenaire actif. Exception faite du cas des fabricants d'outillages, les petits sous-traitants (moins de 100 salariés) ont pour marché, non pas l'ensemble du secteur mais seulement certaines firmes avec lesquels ils ont des liens particuliers dus à des relations de proximité, des habitudes de travail, des phénomènes de sous-traitance en cascade.

L'autonomie relative des gros sous-traitants leur permet de pratiquer des stratégies de croissance et de diversification du type « grande industrie ». Il n'en va pas de même pour les sous-traitants moyens « dont la politique est vue de l'intérieur comme une extrapolation de leur situation actuelle » et encore moins pour les petits sous-traitants. Ceux-ci ne peuvent envisager de passer à une diversification industrielle. Ils sont condamnés à rester dans une situation de totale dépendance.

La sous-traitance permet ainsi aux grandes entreprises d'imposer aux plus petites leur conception de l'organisation du travail sans avoir à gérer directement l'ensemble de l'appareil de production. On se trouve en présence d'un processus de domination qui « permet d'assurer la situation oligopolistique des grands donneurs d'ordres du secteur, tout en évitant de détruire les bases sociales de cette situation ».

2. Les travaux du L.A.T.A.P.S.E.S. de Nice

Ce laboratoire a publié en 1983 une série d'études sur le thème « structures industrielles et sous-traitance »[7].

La plus engagée de ces études est celle de J.-B. GUICHARD qui s'intitule *La sous-traitance dans la production capitaliste*. L'auteur se propose de démontrer que la sous-traitance n'est pas seulement l'équivalent pour la grande industrie du travail à domicile pour la manufacture du type précapitaliste. La sous-traitance capitaliste est en réalité un mode d'articulation entre des formes de production hétérogènes à savoir « le grand capital » et le « petit capital ». Elle est fondée pour l'essentiel sur la différenciation des taux de profit. Eliminées des secteurs dans lesquels la tendance à la baisse des taux de profit entraîne la suppression de la concurrence, les petites entreprises où le capital individuel domine encore n'ont d'autres ressources que de s'intégrer dans des relations de sous-traitance. Elles se trouvent alors dans une situation de dépendance qui les contraint d'accepter un taux de profit inférieur à la moyenne du secteur en cause.

Le développement des relations de sous-traitance est, en outre, facilité par « l'approfondissement de la division technique du travail ». La concentration économique n'implique plus la croissance

7. Laboratoire n° 301 associé au C.N.R.S. ayant pour objet l'étude de « la transformation de l'appareil productif et de la structuration de l'espace social » : A. HANAUT : *Les entreprises sous-traitantes dans l'industrie française. Etude d'un échantillon d'entreprises.* – G. CHANEL-RAYNAUD : *Etude d'un échantillon d'entreprises donneuses d'ordres.* – J.-P. GUICHARD : *Sous-traitance et structure spatiale : quelques résultats et hypothèses de travail.*

de la taille des entreprises ou des unités de production ni la concentration spatiale de la production qui avait caractérisé la période antérieure. « Certaines opérations, jadis liées, sont désormais disjointes de sorte qu'il est possible d'en sous-traiter certaines. » Cette évolution implique la perte progressive de l'autonomie des entreprises sous-traitantes. Les rapports marchands auxquels donnent lieu les relations de sous-traitance n'expriment en fait que des liens de dépendance. Le développement de la sous-traitance capitaliste est lui-même lié dans certains secteurs à celui de la sous-traitance non capitaliste. Les P.M.E. sont très souvent donneuses d'ordres et constituent par conséquent une sorte de charnière entre les formes capitalistes les plus développées et la paysannerie (agro-alimentaire) ou l'artisanat.

Dans la dernière partie de son étude, J.-P. GUICHARD explique aussi le phénomène de la sous-traitance par les possibilités de différenciation dans l'utilisation de la force de travail. Son réquisitoire se place donc sur un terrain qui n'est pas seulement économique, mais social pour ne pas dire politique.

Dans le même recueil, A. LONGHI fait appel à la théorie des systèmes pour apporter sa « contribution à une analyse diachronique de la sous-traitance ». Par rapport au système d'information du donneur d'ordres, les sous-traitants se comportent comme des systèmes complémentaires placés à sa périphérie et destinés à absorber les perturbations qui peuvent affecter son équilibre de l'extérieur comme de l'intérieur. Il s'agit donc d'un mécanisme de régulation et d'adaptation, étant observé que la sous-traitance occasionnelle – ou conjoncturelle – est considérée comme une réponse aux perturbations observées alors que la sous-traitance permanente – ou structurelle – est perçue comme une réponse par anticipation à des perturbations prévues.

La publication du laboratoire de Nice comporte en outre trois études d'échantillons d'entreprises réalisées respectivement par A. HANAUT, G. CHANEL-RAYNAUD et J.-P. GUICHARD.

Ces études confirment notamment la faiblesse relative des taux de profit des sous-traitants, et surtout des façonniers, par rapport à ceux des donneurs d'ordres. Elles font aussi état des corrélations existant entre le niveau des salaires pratiqués par les donneurs d'ordres et l'importance du recours à la sous-traitance.

Le transfert du débat sur le terrain technologique

Il peut paraître surprenant que soit mise en cause la validité de l'un des arguments qui plaident le plus en faveur du développement de la sous-traitance industrielle : l'obligation pour les grandes entreprises ayant un fort potentiel technologique de réaliser constamment des transferts de connaissances au profit des PME qui leur apportent des concours.

Certains auteurs estiment pourtant que l'importance réelle de ces transferts est très surestimée. Ils vont même jusqu'à soutenir que la sous-traitance joue souvent un rôle inhibiteur susceptible de retarder la diffusion du progrès technique.

Dans une seconde étude intitulée « Sous-traitance et transferts technologiques », A. Longhi constate, par exemple, que le recours à des sous-traitants utilisant des techniques moins avancées mais moins capitalistiques et notamment à ceux qui sont situés dans des pays sous-développés, peut être la solution la plus rentable pour le donneur d'ordres. Celui-ci peut également pratiquer la rétention vis-à-vis de ses sous-traitants des technologies dont il tient à conserver le monopole.

De son côté, le sous-traitant peut considérer comme prohibitif le coût d'acquisition d'une technologie nouvelle ou redouter que le transfert ait pour conséquence d'accroître son état de dépendance vis-à-vis du donneur d'ordres. Il existe effectivement certaines raisons qui incitent à ne pas exagérer l'importance réelle des transferts technologiques, tout au moins dans le cadre de la sous-traitance traditionnelle. D'une part, les P.M.E. les plus concernées sont en majorité celles qui s'orientent vers l'utilisation des derniers développements des techniques avancées. Elles ne constituent qu'une élite assez restreinte. D'autre part, les transferts effectués par les grandes entreprises se produisent surtout dans les domaines où elles poursuivent leurs propres efforts d'innovation. Ces domaines ne sont pas ceux où un sous-traitant spécialisé dans des activités que n'exerce pas le donneur d'ordres est obligé d'innover. Enfin, la grande entreprise s'abstient généralement de transférer les procédés mis au point le plus récemment, pour protéger ses droits de propriété industrielle ou parce que des progrès sont encore à réaliser.

A toutes ces objections, on peut répondre en observant que l'effet d'entraînement technologique exercé par les grandes entreprises donneuses d'ordres s'apprécie aussi en faisant entrer en ligne de compte l'aide que ces grandes entreprises sont obligées d'apporter à la formation des cadres et des techniciens des P.M.E. dont elles s'assurent le concours et aussi que les enjeux techniques nécessitent l'organisation de courants d'échanges d'informations destinés à provoquer en permanence une mise à niveau.

Le recours à des formes de sous-traitance industrielle peu évoluées ne constitue pas un obstacle durable en progrès technique. Certes, la faculté de sous-traiter à des conditions particulièrement avantageuses des travaux de caractère banal peut exercer parfois des effets de freinage. Dans le secteur des industries de l'habillement, par exemple, l'automatisation se trouve dans une certaine mesure en concurrence avec la délocalisation des fabrications dans des pays du tiers-monde. Si les techniques d'insertion manuelle des composants électroniques conservent encore actuellement une place relativement importante, elles le doivent en partie au coût des équipements permettant l'insertion automatique. Mais le progrès technique finit presque toujours par avoir le dernier mot. L'intérêt de la substitution du capital au travail devient suffisant pour que s'accroisse sans cesse le nombre des pays qui se dotent d'équipements automatisés. La mise au point de matériels très flexibles abaisse le seuil de rentabilité des investissements réalisables et le niveau des salaires n'explique plus, dans bien des cas, le développement de la concurrence internationale.

On peut aussi se demander si l'orientation des activités de sous-traitance n'a pas conduit de nombreux industriels à se dispenser des efforts d'innovation auxquels ils auraient été contraints en tant que fabricants concepteurs. Une telle supposition ne semble pas tenir compte des conditions dans lesquelles ces dirigeants ont été amenés à fonder ou développer leurs entreprises. Le désir de se mettre à son compte ou de valoriser un savoir-faire est souvent à lui seul une motivation suffisante. Les entrepreneurs les plus dynamiques ne sont pas forcément seulement ceux qui ont les talents nécessaires pour concevoir et exploiter une innovation. Leur réussite peut aussi dépendre de leur aptitude à mettre en œuvre à bon escient des procédés déjà industrialisés.

II. L'aspect social

Les organisations d'employeurs qui se sont donné pour mission de soutenir l'image de marque de la sous-traitance industrielle font valoir que, dans la plupart des secteurs où elle est fortement représentée, elle offre de nombreux emplois susceptibles d'être exercés selon les meilleures traditions du compagnonnage au sein d'entreprises à l'échelle humaine.

A l'inverse, les syndicalistes et les sociologues ont tendance à formuler des critiques qui sont souvent très virulentes à l'égard de la sous-traitance. A leur avis, elle permet trop facilement aux entreprises donneuses d'ordres de maintenir leurs effectifs à un niveau artificiellement réduit grâce à l'utilisation par les sous-traitants d'une main-d'œuvre mal protégée et médiocrement rémunérée. La sous-traitance serait l'une des principales causes de « l'éclatement de la communauté de travail »[8].

Les critiques les plus virulentes s'appliquent surtout aux prestations effectuées sur les sites d'établissements du donneur d'ordres. Dans l'ensemble, les syndicalistes ont à l'égard de la sous-traitance industrielle une position plus nuancée et ils ne remettent pas tous en cause les évolutions qui favorisent l'émergence d'une sous-traitance de haute technicité. Mais ils n'en sont pas moins, pour la plupart, d'ardents partisans de l'intégration pour les productions nouvelles et ne manquent pas, en cas d'accroissement du volume des travaux sous-traités au détriment de l'activité interne de leur entreprise, de mettre en accusation ce qui constitue à leurs yeux un véritable démantèlement.

8. J. MAGRAND, « L'éclatement juridique de la collectivité de travail », *Droit social*, n° 12 (1975), p. 525. L'émergence de « l'entreprise éclatée » constitue aussi le thème de l'article de Th. Billet, J. Métais et Cl. Triomphe (membres de l'Association Villermé), « Le droit du travail et les nouvelles règles du jeu social », *Le Monde* (suppl. Initiatives, II), 22 mai 1991.

Sous-traitance et économie souterraine

Economie souterraine ou économie immergée : ces deux expressions permettent de caractériser la partie de l'iceberg économique qui fonctionne dans des conditions d'opacité plus ou moins complètes de telle sorte qu'elle peut éluder la plupart des charges et des contraintes légales ou réglementaires de droit commun. Les degrés d'immersion sont variables. Le passage se fait par transitions à partir de certaines formes d'activités respectant la légalité, mais pouvant bénéficier de certaines souplesses ou d'assez larges tolérances. Le travail clandestin proprement dit constitue l'aboutissement. Le travail à domicile, dont on a pu dire qu'il relevait de la même logique que la sous-traitance et qu'il en est parfois une forme particulière, est soumis à une réglementation protectrice rigoureuse, mais l'application des textes en vigueur est dans la pratique difficile à contrôler[9]. L'emploi de travailleurs clandestins ou le recours au travail à domicile peuvent effectivement permettre à certaines entreprises de sous-traitance d'avoir des coûts salariaux très bas ou d'échapper aux limitations concernant les horaires légaux.

Les méfaits commis dans le secteur « Bâtiment et travaux publics » et dans certaines industries lourdes par la fausse sous-traitance, c'est-à-dire le louage de main-d'œuvre effectué dans des conditions illicites, ont été souvent dénoncés[10] et[11]. Il suffit de lire *Tête de Turc*, le célèbre ouvrage du journaliste allemand Günter Wallraf, pour se rendre compte que ces pratiques ne sont pas des spécialités françaises[12].

Néanmoins, dans le domaine de la sous-traitance industrielle, on rencontre surtout des activités qui se situent à la limite de la notion d'économie immergée. Le cas de la confection du Sentier est, à cet égard, très typique. Il est possible de donner sa souplesse de fonctionnement en exemple. Mais, simultanément, il peut apparaître comme un objet de réprobation, même si le quartier similaire de NEW YORK atteste la supériorité américaine en matière de « sweat system »[13]. On peut aussi constater l'existence de petits ateliers

9. « Le travail à domicile en 1981 », Bruno GOURAULT, *Cahiers du Centre d'études de l'emploi*, les différences de statuts juridiques n'empêchent pas que le travail confié, soit au sous-traitant, soit au travailleur à domicile puissent être de même nature.

10. « Les chantiers qui tuent rendent SOISSON soucieux », François WENZ-DUMAS, *Libération*, 7 février 1990.

11. « Série noire dans la sidérurgie », *Libération*, 10 février 1990.

12. Günter WALRAF, *Tête de Turc*, traduction aux Editions de la Découverte, 1986.

13. *Nouvel Observateur* du 16 août 1990 : « Confection : les damnés de New York » par Dominique NORA et « Le sentier parisien : le tiers-monde à domicile ». Entretien avec Mme MONTAGNE-VILLETTE, Propos recueillis par Claude FRANÇOIS-JULLIEN.

électroniques qui « bricolent entre le noir et l'officiel des fabrications assez évoluées »[14].

La sous-traitance, facteur de sous-rémunération

D'une manière générale, les comparaisons de salaires entre donneurs et preneurs d'ordres sont assez probantes dans les cas relevant de la sous-traitance de capacité et plus aléatoires s'il s'agit de sous-traitances de spécialité. Dans cette seconde hypothèse, des comparaisons valables ne peuvent pas s'appliquer à des qualifications identiques mais à des qualifications de même niveau, ce qui exige de grandes précautions.

Il existe à l'heure actuelle peu de sources statistiques permettant de mesurer avec précision l'écart existant entre les rémunérations pratiquées respectivement par les donneurs et les preneurs d'ordres. Les données les plus fiables sont celles qui figurent dans les résultats de quelques enquêtes effectuées par des directions régionales de l'I.N.S.E.E. Pour la construction navale, l'écart constaté en Provence-Alpes-Côtes-d'Azur était de 15 %. Pour la construction aéronautique, il atteignait plus de 51 % dans cette région et 47 % en Midi-Pyrénées.

Il ne faut pas toutefois tirer de ces comparaisons des conclusions trop hâtives. Les écarts constatés paraissent résulter de la différence de taille des établissements considérés plutôt que de leurs statuts de donneurs ou de preneurs d'ordres. Dans la métallurgie, il n'est pas sûr que les P.M.E. travaillant exclusivement ou principalement en sous-traitance versent plus que les autres des salaires particulièrement bas.

La localisation des établissements des sous-traitants peut, dans certains cas, expliquer en partie l'importance de fortes disparités de salaires. La possibilité d'utiliser une main-d'œuvre peu coûteuse pour des travaux exigeant surtout de la force physique ou de l'habileté manuelle a été largement exploitée dans certaines régions rurales de la France (cf. III ci-après). En revanche, sur des marchés du travail relativement homogènes comme celui de l'Ile-de-France, il n'est pas rare que, pour certaines catégories de professionnels ou de techniciens très qualifiés, tous les employeurs soient obligés de s'aligner sur les mêmes niveaux de salaires. En outre, les dirigeants de P.M.E. sont portés à utiliser au maximum les souplesses offertes par le jeu des heures supplémentaires. Les mesures d'écarts ne sont tout à fait significatives que si elles peuvent être faites à horaires égaux.

Pour être valables, les comparaisons doivent aussi porter sur la qualité des dialogues sociaux existant dans les différentes sortes d'établissements.

Il est admis généralement que les salariés des sous-traitants ne sont pas soumis aux mêmes pesanteurs que les travailleurs em-

14. *Le Monde*, supplément du 20 mars 1983. « L'usine à la cave », Marie-Claude BEITBEDER.

ployés dans des organisations plus hiérarchisées. Par contre, en raison de l'absence ou de la faiblesse de la représentation syndicale ils paraissent davantage exposés aux abus possibles de l'autorité patronale. En fait, il faut tenir compte de la très grande diversité des modes de gestion des ressources humaines. Les cadres, les agents de maîtrise ou les techniciens qui ont créé leurs entreprises il y a vingt ou trente ans ont pour la plupart une conception encore traditionnelle des relations du travail. Ce n'est plus tout à fait celle de leurs confrères moins âgés. Le dialogue social ne saurait être le même dans les entreprises réalisant des usinages qui nécessitent l'emploi de professionnels possédant une forte culture technologique et dans celles qui se consacrent à des tâches susceptibles d'être confiées à des travailleurs ou des travailleuses peu qualifiés.

A plus forte raison, les entreprises de sous-traitance qui se sont créées dans certaines industries de pointe avec le concours, dans une forte proportion, de personnels de haut niveau technique sont en mesure ou même se trouvent dans l'obligation de pratiquer des formes de convivialité qui sont encore exceptionnelles.

La sous-traitance, source d'emploi précaire

La sous-traitance industrielle n'échappe pas plus que la sous-traitance générale à un autre reproche : celui d'être un facteur d'emploi précaire. Ce reproche s'adresse surtout à la sous-traitance de capacité puisque celle-ci permet aux donneurs d'ordres de reporter sur d'autres agents économiques l'effet sur l'emploi des variations de la conjoncture. Mais, les entreprises qui pratiquent la sous-traitance de spécialité peuvent également se trouver dans une situation difficile lorsque des mutations technologiques ou des crises structurelles affectent l'activité de leurs donneurs d'ordres.

La survie d'une P.M.E. sous-traitante et l'emploi de ses salariés se trouvent immédiatement menacés par une réduction brutale de son carnet de commandes. Il en va différemment pour la grande entreprise. Celle-ci dispose généralement d'appuis divers (concours de ses actionnaires et de ses banquiers, éventuellement soutien de l'Etat) qui lui permettent, si les difficultés ne sont pas irrémédiables, de rester en activité et de ne pas débaucher massivement en attendant l'arrivée de jours meilleurs. La petite entreprise n'a pas les mêmes chances de survie. Il en résulte que les P.M.E. supportent très difficilement les conséquuences des dépôts de bilans de leurs principaux clients ou des fermetures de gros établissements donneurs d'ordres. En l'absence de protections juridiques efficaces, la disparition d'une grande ou même d'une moyenne entreprise est de nature à provoquer une série de défaillances affectant gravement le bassin d'emploi où elle est implantée. L'histoire économique récente en donne de nombreux exemples. A elle seule, la disparition de Creusot Loire a mis en péril ou en difficulté cinq mille fournisseurs, sous-traitants et prestataires de services environ. Or, il est facile de constater que les personnels des donneurs d'ordres et ceux des sous-traitants sont généralement dans une situation bien différente au regard des mesures prises pour pallier les effets des licenciements collectifs. Les premiers bénéficient de garanties appréciables de ressources temporaires ou définitives et de diverses mesures prises dans le cadre de plans sociaux en vue de faciliter leur reclassement. Les seconds ne jouissent que des protections sociales accordées par la législation en vigueur. Pour se reclasser, ils n'ont d'autres ressources que d'attendre les offres de l'agence pour l'emploi.

Pour toutes ces raisons, la sous-traitance a été souvent considérée comme une source d'emploi précaire. Mais cette mise en accusation n'est peut-être pas aussi justifiée qu'il peut sembler au premier abord. Il est évident que les entreprises réalisant des travaux banals et celles dont les clientèles sont peu diversifiées sont très exposées. Il existe en revanche une sous-traitance de haut de gamme qui est capable d'offrir, en temps normal, des emplois très stables.

La sous-traitance peut-elle être accusée de favoriser le développement d'autres formes d'emplois précaires ? Il est indéniable que de nombreuses entreprises sous-traitantes utilisent dans une forte proportion les souplesses offertes par la conclusion de contrats à durée déterminée et, à un moindre degré, par le recours au travail temporaire. La pratique des contrats à durée déterminée est largement répandue dans la plupart des entreprises de sous-traitance de taille moyenne (50 à 200 salariés). En 1981, sur 36 établissements de la région CENTRE faisant l'objet d'une enquête du Centre d'études de l'Emploi, 26 recourent à la formule des contrats à durée déterminée dont 22 de façon habituelle. 22 établissements faisaient appel au travail temporaire mais seulement à titre exceptionnel dans les deux tiers des cas. Les contrats à durée déterminée sont moins utilisés par les petits établissements ; mais ceux-ci, en revanche, font davantage appel à l'intérim, notamment pour éviter de dépasser le seuil de cinquante salariés. Toutefois, le travail intérimaire n'est pas seulement le fait des petits établissements. A l'occasion de l'introduction de ses actions sur le second marché, une firme comme LATECOERE considérait que « du point de vue de la gestion des effectifs, sa situation est saine, l'entreprise utilisant en permanence 20 % d'emplois intérimaires »[15].

III. L'aspect régional

Si l'on en croit les partisans les plus convaincus de son développement, la sous-traitance est capable de produire dans l'espace des effets structurants propres à favoriser une répartition géographique équilibrée des activités de production. Il existe effectivement une théorie de la polarisation de ces activités qui paraît justifier la mise en œuvre de politiques d'aménagement faisant appel aux vertus supposées de la sous-traitance. Mais il est permis de s'interroger

15. *Le Monde*, 17 septembre 1985, page 44.

sur la validité actuelle de cette théorie. Une autre question paraît aussi se poser : dans quelle mesure l'évolution des relations de sous-traitance est-elle compatible avec le maintien dans leurs localisations actuelles des industries qui se sont établies dans des zones faiblement ou non urbanisées ?

La sous-traitance facteur de polarisation

En matière d'aménagement du territoire, le mot « polarisation » prend une signification qui n'est pas celle que lui attribuent les physiciens. Les phénomènes de polarisation dont il est question ne consistent pas dans l'orientation des flux économiques dans un sens déterminé mais dans le regroupement des activités autour d'un noyau central constitué par un ou plusieurs organismes exerçant un rôle moteur : gros établissements industriels, établissements publics importants, arsenaux, chantiers navals, etc. Il s'agit donc d'une impropriété d'emploi qui ne peut être admise que pour la commodité de l'exposé.

1. La théorie initiale de la polaristion

Cette théorie a été énoncée notamment par François PERROUX, spécialiste de l'étude des phénomènes de domination[16]. Elle a bénéficié pour sa diffusion de l'expérience italienne d'aménagement du pôle de BARI-TARENTE où l'implantation d'unités motrices était censée entraîner la création progressive d'unités auxiliaires remplissant des fonctions de maintenance et d'unités subsidiaires faisant office de sous-traitants. En France, l'étude des phénomènes de polarisation engendrés par la pratique de la sous-traitance a été menée principalement par Alain SALLEZ dont l'ouvrage de référence *Polarisation et sous-traitance, conditions du développement régional* fait encore autorité[17]. Dans le cadre de cet ouvrage et dans celui d'une étude de l'I.A.U.R.P.[18] sur les pôles industriels qui a été menée en 1975, la théorie de la polarisation se fonde sur la constatation des effets d'attraction géographique produits par l'implantation d'un grand établissement non seulement sur les activités de service nécessaires à son fonctionnement mais aussi sur les activités de ses fournisseurs et sous-traitants[19]. L'intensité de cette attraction dépend du degré d'intégration de la production réalisée par le donneur d'ordres, du caractère plus ou moins complexe du processus mis en œuvre, du poids des contraintes techniques de proximité, de l'existence ou de l'absence d'un système d'achat décentralisé.

Partant de cette constatation, la théorie de la polarisation conduit à proposer des politiques d'industrialisation volontaristes destinées à provoquer des réactions cumulatives. L'implantation

16. F. PERROUX, *La firme motrice dans une région motrice dans l'économie du XXe siècle*, P.U.F., 1965, p. 91 à 216.
17. Editions EYROLLES, Paris, 1972.
18. Institut d'Aménagement et d'Urbanisation de la Région Parisienne.
19. *Les pôles industriels*, Cahiers de l'Institut d'aménagement et d'urbanisme de la région parisienne, volumes 40 et 41.

d'un établissement important possédant une forte capacité d'attraction doit susciter dans son proche environnement la création d'activités induites par des entreprises locales existantes ou fondées par de nouveaux entrepreneurs. Cette implantation peut justifier aussi la réalisation d'opérations de décentralisation totales ou partielles réalisées par des sous-traitants liés à l'entreprise motrice qui trouveront intérêt à l'accompagner dans son transfert d'activité. Ainsi se constituera un tissu de P.M.I. avec formation de nouvelles solidarités inter-industrielles, ce qui produira un effet d'attraction sur d'autres donneurs d'ordres et permettra de desserrer les liens de dépendance existant à l'égard de la firme qui avait réalisé la première grosse implantation.

Les exemples de grands établissements ayant joué un rôle moteur dans la constitution de pôles industriels ne manquaient pas.

Le plus remarquable avait été fourni par l'implantation en 1964 d'IBM à Montpellier qui permit de créer en dix ans plus de deux mille emplois induits grâce à la sous-traitance dans la région du Languedoc-Roussillon[20]. On pouvait en déduire que les localisations de grands établissements devront être choisies – et aidées par les pouvoirs publics – en fonction du « pouvoir polarisant » des activités considérées. La théorie de la polarisation conduisait à privilégier des zones disposant déjà de ce que Alain SALLEZ appelle une structure industrielle de base, c'est-à-dire un milieu industriel susceptible de procurer assez rapidement au nouvel établissement les sous-traitants et les fournisseurs dont le concours est nécessaire à son fonctionnement.

La théorie de la polarisation n'a pas exercé une influence déterminante sur toutes les grandes décisions de localisation des années 1970 ; mais elle a influencé certains choix. Elle a justifié notamment l'édification du complexe sidérurgique de FOS, et l'orientation vers l'Ouest ou le Sud-Ouest des activités suscitées par le développement de l'électronique et de la téléphonie ainsi que la construction de plusieurs usines automobiles dans le Nord-Pas-de-Calais. Les résultats obtenus ont été variables. L'effet de polarisation a plus ou moins joué selon les cas. Les confirmations ont alterné avec les déceptions. En ce qui concerne plus particulièrement l'aménagement du complexe de FOS, les effets d'induction qui étaient attendus auraient dû consister dans la création d'activités de transformation situées en aval de la production sidérurgique. En fait, l'édification du complexe favorisa seulement le développement des activités nécessitées par la maintenance, l'entretien et la réalisation de travaux neufs. Les transferts et les développements d'activités de l'industrie automobile qui ont été réalisés en Seine-Maritime, puis dans l'Ouest, le Nord-Pas-de-Calais et la Lorraine n'ont pas eu pour conséquence immédiate un accroissement notable du potentiel de sous-traitance des régions bénéficiaires. Le faible déve-

20. Effets d'entraînement d'un établissement industriel de grande taille : IBM Montpellier, Bureau d'industrialisation du Languedoc-Roussillon, 1966, *Un type nouveau d'économie : l'économie de sous-traitance.*

loppement ou l'inadaptation des industries mécaniques situées à proximité des zones d'implantation ne suffisent pas à expliquer cet état de choses. L'organisation centralisée des systèmes d'achat des constructeurs a eu sa part de responsabilités dans la mesure où elle a favorisé le maintien des liaisons avec les sous-traitants implantés dans l'agglomération parisienne. Il est possible également que l'importance des aides offertes pour les créations d'emplois ait incité les constructeurs à réintégrer des travaux qui étaient antérieurement sous-traités. L'effet de polarisation n'est devenu plus sensible qu'à partir du moment où les techniques de production en flux tendus ont commencé à se généraliser (cf. chapitre XII-II).

2. Sous-traitance et nouveaux pôles de développement

La stratégie qui s'efforçait de jouer sur les phénomènes d'induction mentionnés ci-dessus est très rapidement devenue obsolète à partir du moment où les dépôts de bilan de gros donneurs d'ordres, suivis de cessations définitives d'activités, se sont multipliés. Des exemples comme ceux de L.I.P.P., des Ateliers du Nord de la France, de DUNLOP, de CREUSOT-LOIRE ou de NORMED ont fait admettre que la médaille de la polarisation avait son revers. A plus forte raison, les crises sectorielles qui ont affecté les bassins sidérurgiques et les principales zones textiles ont obligé les responsables de la politique d'aménagement du territoire à donner la priorité aux opérations de conversion. La reprise de l'activité économique générale constatée à partir de 1986 a permis de favoriser la croissance de nouveaux pôles de développement. Mais l'objectif est désormais de regrouper des activités assez diversifiées pour éviter toute réaction en chaîne. Cela ne signifie pas que ces « pôles d'excellence » doivent renoncer à l'affichage d'une vocation propre à faciliter les synergies, valoriser les ressources humaines disponibles et promouvoir une image de marque spécifique. Cette vocation se fonde sur la présence d'écoles d'ingénieurs, d'institutions universitaires, d'organismes de recherche et d'entreprises à fort potentiel de matière grise.

Leurs efforts doivent se conjuguer pour valoriser une technologie dite transversale en raison de la variété des applications multisectorielles qu'elle peut comporter. La cohérence n'exclut pas la diversité, facteur de division des risques.

Dès lors, le débat régional devrait surtout porter sur la place que la sous-traitance peut se voir réserver dans les nouveaux pôles à dominante technologique. A première vue, il semble que cette place devrait être occupée principalement par des entreprises capables de participer à la mise en œuvre des technologies transversales qui jouent un rôle prédominant dans le processus de croissance. On conçoit, par exemple, que des découpeurs-emboutisseurs maîtrisant les techniques d'usinage par laser s'efforcent d'établir des liaisons privilégiées avec des laboratoires ou des centres de recherches également spécialisés. C'est ainsi que, en 1982, le rapport de la Commission technique de la sous-traitance sur l'accès des sous-traitants aux technologies avancées recommandait la création de lieux de rencontres entre spécialistes des lasers et utilisateurs. Mais il faudrait aussi offrir aux entreprises nouvelles qui se créeront dans le cadre de ces technopoles la possibilité de s'adresser à des sous-traitants capables de leur rendre des services de haute qualité. Une sous-traitance de proximité est donc souhaitable. En revanche, les caractéristiques sociologiques de ces nouveaux complexes (niveau technologique élevé, forte tertiarisation, exclusion des activités gênantes ou polluantes, coûts d'occupation et d'utilisation des sols) sont tels que certaines catégories d'activités de sous-traitance ne pourront y avoir leur place et devront rechercher d'autres types de localisations.

Sous-traitance et industrialisation en milieu rural

Depuis 1954, date de son lancement, la politique française d'aménagement du territoire a essayé d'établir un compromis entre deux objectifs difficiles à concilier.

Le premier de ces objectifs a été de créer, renforcer ou restructurer des pôles d'activités en les rendant suffisamment attractifs pour contrebalancer l'attirance parisienne. La recherche des économies d'échelle, la nécessité d'atteindre une certaine masse critique, l'idée qu'il fallait jouer sur les effets de polarisation ou de synergie ont justifié cette stratégie de concentration dont l'application a connu toutefois certaines limites. Il convenait, en effet, de ne pas provoquer par de nouveaux excès la substitution à l'antagonisme opposant Paris au désert français de nouveaux antagonismes mettant aux prises, par exemple, Rennes et un désert breton ou Clermont-Ferrand et un désert auvergnat.

Le deuxième objectif a été en conséquence d'organiser une répartition équilibrée des activités productrices sur l'ensemble du territoire. Il fallait pallier les conséquences de l'exode rural, permettre aux travailleurs des régions les moins développées de « vivre au pays », éviter que ces régions ne puissent subsister que grâce à l'assistance de la communauté nationale. En poussant le raisonnement à l'extrême, il n'aurait pas été aberrant d'orienter les grands projets industriels vers des zones à forte densité démographique, de favoriser l'épanouissement des moyennes entreprises dans des agglomérations de taille intermédiaire, donc au niveau des sous-préfectures, d'installer les petits ateliers dans de modestes chefs-lieux de cantons...

Une telle démarche peut paraître technocratique. Elle n'est pourtant pas totalement irréaliste. De nombreuses activités productrices exercées par des P.M.I. ont réussi sans trop de difficultés à s'accommoder d'une implantation en zone rurale servant de point de fixation pour la main-d'œuvre disponible.

Parmi ces activités, beaucoup se sont développées grâce à la présence d'une main-d'œuvre, souvent féminine, peu qualifiée mais possédant la dextérité manuelle nécessaire pour s'adapter facilement à des tâches répétitives. Dans cette première catégorie, on trouve notamment de nombreux façonniers qui travaillent dans le cadre des industries de l'habillement et beaucoup d'entreprises de sous-traitance électronique de première génération.

Les trois quarts des façonniers du secteur de l'habillement gèrent des établissements situés dans des zones peu urbanisées, notamment dans le Choletais et la Vendée, certaines parties de la région Centre et de Midi-Pyrénées. En 1984, l'ensemble Choletais-Vendée représentait à lui seul une centaine d'entreprises et plus de six mille salariés avec une proportion de 80 % d'emplois féminins. Les entreprises se sont implantées en majorité dans des communes de 2 à 3 000 habitants à raison d'une ou deux par localité. Elles disposent d'un point d'appui multi-services : le groupement des industries de l'habillement du Choletais qui joue un rôle important en matière de conseil et de prospection et a organisé une bourse de sous-traitance. Les industries de l'habillement fondées sur le façonnage restent pour l'essentiel des industries de main-d'œuvre bien que l'automatisation de certaines tâches devienne d'usage courant. Mais cette évolution ne paraît pas susceptible de créer des contraintes pouvant avoir pour effet la remise en cause des localisations actuelles.

Il en va autrement dans le cas de la sous-traitance électronique. L'évolution des techniques et les exigences du partenariat obligent à s'interroger sur les possibilités de survie des établissements situés en zone rurale. Il a été déjà signalé que, dans un premier temps, le développement de cette sous-traitance a été surtout dû à la création ou la croissance rapide d'entreprises spécialisées dans des activités n'imposant pas l'appel à une main-d'œuvre hautement qualifiée. Elle s'est donc implantée de préférence en fonction de la localisation des grands établissements donneurs d'ordres dont beaucoup avaient été créés dans des régions peu industrialisées mais disposant d'importantes réserves de main-d'œuvre. Ces nouveaux établissements spécialisés dans la sous-traitance électronique furent donc les bienvenus pour les localités d'accueil. Les municipalités firent généralement tout ce qui était en leur pouvoir pour faciliter leur implantation. On vit ainsi une salle des fêtes aménagée en atelier provisoire dans un village du Massif Central. Dans d'autres cas, comme celui de SAINT-MARTIN-DE-TRÉGUIER dans l'Hérault, une grande partie de la population devint actionnaire de l'entreprise qui venait créer des emplois.

La poursuite en milieu rural des activités de cette nature se heurte maintenant à des difficultés particulières. L'introduction de nouvelles technologies impose le recrutement d'une main-d'œuvre possédant ou pouvant acquérir un niveau culturel et technique relativement élevé. Or les moyens de formation localement disponibles sont souvent insuffisants.

A plus forte raison, le développement du partenariat oblige les sous-traitants électroniciens à embaucher des collaborateurs capables de participer de manière active à la conception des produits et à la gestion de la qualité. Ces personnels ne peuvent être recrutés et conservés que dans la mesure où les employeurs sont capables de leur offrir ainsi qu'à leur famille des conditions d'existence qui leur permette de profiter des agréments de la vie à la campagne sans avoir à en subir trop les inconvénients.

Plus généralement, la tendance qui oblige les sous-traitants à réaliser des produits de plus en plus complexes remet en cause l'existence des petits établissements conçus pour l'exécution de tâches très parcellisées. Dans le cas des ateliers de Savoie, par exemple, il a fallu procéder au regroupement des activités sur deux sites. Il apparaît de plus en plus qu'une masse critique est nécessaire pour être crédible vis-à-vis des donneurs d'ordres.

D'autres activités de sous-traitance se sont développées dans des milieux ruraux ou dans les alentours de petites villes pour tirer parti de spécialisations qui prédisposent la main-d'œuvre locale à l'exercice de certains métiers. Ces activités sont situées très souvent dans des micro-régions, d'anciens « pays », où les traditions manufacturières et le développement de l'enseignement technique ou de l'apprentissage facilitent l'acquisition des connaissances et de la pratique nécessaires. Elles coexistent avec des activités de production finale mais elles en sont de moins en moins tributaires. Parmi les exemples les plus caractéristiques, il y a lieu certainement de citer ceux de la vallée de l'Arve pour le décollage, d'OYONNAX et de ses environs pour la transformation des matières plastiques, de la zone de FLERS-TINCHEBRAY dans l'Orne où coexistent des mécaniciens, des découpeurs-emboutisseurs et des producteurs d'outillage agricole, de la région du Vimeu en Picardie occidentale où les activités de sous-traitance sont liées aux fabrications de serrurerie et de robinetterie.

Dans ces pôles industriels ruraux ou semi-ruraux, le risque d'assister à une remise en cause des activités en sous-traitance est moins grand que dans le cas des localisations dispersées. Le niveau moyen de qualification professionnelle est généralement plus élevé. Néanmoins, l'avenir de ces pôles dépendra lui aussi de l'aptitude des industriels présents à répondre aux nouvelles exigences des donneurs d'ordres.

En toute hypothèse, il n'y a plus lieu de voir dans l'implantation d'industries de sous-traitance peu capitalistiques et d'un faible niveau de technicité un moyen d'aménagement de l'espace rural. Désormais, cet aménagement conditionne au contraire le maintien des activités existantes et, à plus forte raison, le lancement de nouvelles activités. Pour assurer une répartition équilibrée du potentiel disponible entre les principaux pôles de développement et le reste du territoire, il est indispensable que les zones éloignées des grandes métropoles jouissent de bonnes facilités de communication, possèdent une densité suffisante d'équipements structurants, ne soient pas dépourvues de moyens d'enseignement. Il faut qu'elles offrent une qualité de vie propre à retenir ou attirer les talents créatifs.

II

Actions
et
politiques correctives

CHAPITRE VI

DÉONTOLOGIE OU ANGÉLISME ?

L'opportunité d'établir une déontologie de la sous-traitance n'est évidente que pour ceux qui estiment qu'une règle du jeu a toujours le mérite d'exister même en l'absence de sanctions effectives. L'utilité d'une telle entreprise peut donc être considérée avec scepticisme sans faire preuve de mauvais esprit bien que, à première vue, toute tentative de moraliser les relations de sous-traitance paraisse digne d'être encouragée.

Moraliser, c'est faire apparaître le caractère condamnable des abus ou des excès les plus flagrants. C'est aussi mettre l'accent sur les bons usages, ceux qui permettent d'optimiser la gestion des rapports sociaux pour le bien réciproque des parties concernées. Il n'est pas tout à fait utopique d'espérer que les intérêts bien compris des donneurs et preneurs d'ordres sont suffisants pour les inciter à respecter les prescriptions qu'ils auront fixées d'un commun accord. L'intérêt des donneurs d'ordres n'est-il pas de ménager les sous-traitants pour en obtenir une collaboration plus efficace ? Celui des sous-traitants n'est-il pas d'être protégé contre toutes pratiques arbitraires ou toutes mesures unilatérales ? Il est aussi de faire en sorte que les limites de leurs obligations soient bien précisées. On peut même se demander si cette convergence d'intérêts, créatrice d'ardentes obligations, ne rend pas sans objet l'établissement de textes normatifs dont la négociation risque de durcir les positions en présence au lieu de les concilier. Mais on peut aussi penser qu'il faut toujours encourager les entreprises lésées à réagir, au besoin en allant en justice. Il convient alors qu'elles puissent se référer à un document susceptible d'éclairer les tribunaux même s'il n'a pas de force juridique propre.

En toute hypothèse, l'instauration de sanctions spécifiques ne peut être envisagée qu'avec beaucoup de prudence. Elle doit même être exclue si l'on estime qu'elle aurait pour première conséquence d'inciter les donneurs d'ordres à produire eux-mêmes plutôt qu'à sous-traiter. En l'absence de telles sanctions, la nature humaine est ainsi faite que l'entreprise la plus puissante est facilement tentée de profiter au maximum de sa supériorité. La force des considérations à long terme n'est pas toujours suffisante pour l'en empêcher. En particulier, toute acheteur jugé seulement sur sa capacité d'obtenir des rabais et sur son aptitude à gérer au mieux son budget a tendance à se persuader que l'art de ses négociations est le contraire de l'art de l'escrime enseigné à M. JOURDAIN : « Recevoir et ne point donner ». Dès lors, la démarche déontologique risque de tourner à l'angélisme. Elle ne peut aboutir qu'à des compromis portant sur des généralités, ne réglant pas les questions les plus délicates ou les réglant dans un sens trop conforme aux seuls intérêts des donneurs d'ordres. Générateurs de faux consensus, ces compromis peuvent servir d'alibis mais ne résolvent pas les problèmes de fond.

Il n'en est pas moins utile d'exposer dans quelles conditions des tentatives de normalisation ou de moralisation ont été menées sous des formes diverses. Leurs résultats sont difficiles à apprécier, ce qui ne permet guère de prendre parti entre ceux qui croient aux vertus de la déontologie et ceux qui n'y croient pas. Mais la suite de cet ouvrage permettra de constater que, compte tenu de l'extension du partenariat, de l'émergence de nouvelles catégories de donneurs d'ordres et du développement de la sous-traitance en chaîne, il semble bien qu'une relance de l'action déontologique devient une impérieuse nécessité.

Le rappel des principales initiatives prises par les organisations professionnelles de sous-traitants sera suivi d'un bilan de l'œuvre accomplie en la matière par la Compagnie des dirigeants d'approvisionnent et acheteurs de France.

I. Les initiatives des organisations professionnelles

Selon leur nature, ces initiatives sont à classer en trois catégories :

- établissement de chartes ou documents assimilables ;
- élaboration de contrats-types ou de guides contractuels ;
- actions de formation.

Les chartes ou documents assimilables, codes de bonne conduite

Dès 1967, la Fédération des Industries Mécaniques et Transformatrices des Métaux (F.I.M.T.M.) avait publié un document en forme de manifeste intitulé « Pour une sous-traitance productive »[1]. La deuxième partie de ce document traitait des règles de conduite et des règles de gestion à respecter. Il était affirmé no-

1. Supplément au n° 710 du 8 juin 1967 de la revue *Industries mécaniques*.

tamment que « le sous-traitant est en droit d'attendre une rentabilité normale, contrepartie du service rendu, du risque et de l'effort de trésorerie qu'il supporte ». Le donneur d'ordres devrait en outre adopter vis-à-vis du sous-traitant « une attitude de fidélité qui lui permette d'organiser son entreprise en conséquence et d'accroître sa productivité ». Il devrait aussi s'abstenir de créer des ateliers intégrés dans des spécialités où il y a déjà un grand nombre de sous-traitants suréquipés. Ce qui montre à quel point l'idée est restée longtemps enracinée, que la constatation d'un suréquipement suffisait à justifier l'arrêt total des investissements, même de modernisation, dans la branche concernée.

En 1970, une démarche d'une portée plus large fut entreprise par la F.I.M.T.M. Soutenue par le secrétaire d'Etat à la Moyenne et Petite Industrie et à l'Artisanat, elle rendit possible la création du Centre National de la Sous-Traitance (C.E.N.A.S.T.) et l'élaboration par cet organisme de la charte de la sous-traitance qui fut publiée en 1972[2].

La mission du C.E.N.A.S.T., structure associative extrêmement légère, est de coordonner et d'animer les actions lancées par les professions en vue de promouvoir la sous-traitance « dans un sens commun aux intérêts des sous-traitants et des donneurs d'ordres ». Ses membres actifs sont la F.I.M.T.M. et un certain nombre de syndicats représentatifs des industries de sous-traitance, affiliés ou non à la F.I.M.T.M. Les membres associés sont des organisations syndicales représentant des professions donneuses d'ordres ou simultanément donneuses et preneuses d'ordres. Quelques autres organismes dont les activités sont également liées au développement de la sous-traitance figurent aussi parmi les membres associés.

La charte de la sous-traitance comprend cinq parties. Les trois premières ont pour objet de souligner l'importance de la « fonction sous-traitance » dans l'entreprise et, plus généralement, dans l'économie industrielle moderne. Une très courte cinquième partie précise que la charte peut servir de plate-forme commune à la recherche de solutions adaptées aux besoins divers de chaque type d'activité. Elle rappelle aussi que « la sous-traitance doit demeurer un système de relations fondées sur la concurrence sous la seule responsabilité des chefs d'entreprises quant au choix de leurs objectifs de gestion ». Seule, la quatrième partie constitue un vrai recueil de prescriptions déontologiques.

Cette charte de la sous-traitance ne méconnaît pas l'intérêt économique que peuvent présenter certaines formes de relations à caractère purement épisodique. Mais son objectif essentiel est de promouvoir une sous-traitance de spécialité exigeant la mise en œuvre par les donneurs d'ordres et les sous-traitants d'une véritable politique de coopération. Cette politique doit tendre à « l'établissement d'un climat de confiance réciproque et d'une sorte de contrat de fidélité dans une recherche en commun de l'amélioration

2. C.E.N.A.S.T., *Guide contractuel des relations de sous-traitance* (1975), Guide *Faire ou faire faire* (1979), *La promotion des relations de sous-traitance* (1983).

du rapport qualité-prix ». Le « juste prix » doit assurer aux partenaires un traitement équitable en fonction de leurs concours respectifs pour une qualité qui doit être la meilleure possible, compte tenu de l'affectation donnée au produit. Les donneurs d'ordres éviteront de faire subir aux sous-traitants des variations de production plus importantes que celles qu'ils supportent eux-mêmes. Ils les informeront en temps opportun des modifications éventuelles des programmes. De leur côté, les sous-traitants ont le devoir de respecter scrupuleusement les engagements pris dans tous les domaines, de prévenir les clients des retards dus à des incidents imprévus, de refuser toutes les commandes pour lesquelles ils sont mal placés techniquement, financièrement ou au regard des quantités et délais demandés. Ils se tiendront au courant de l'évolution des techniques et mèneront une action commerciale dynamique en s'inspirant de méthodes modernes. Donneurs d'ordres et sous-traitants ont aussi des obligations communes, en particulier : se concerter sur leurs projets d'investissements ; établir leurs relations sur une base d'indépendance, d'équilibre et de sécurité en diversifiant risques commerciaux et sources d'approvisionnement ; éviter, si leur coopération débouche occasionnellement sur des concours financiers, qu'il n'en résulte aucune sujétion pour l'un ou l'autre des partenaires.

Les principes édictés par la charte de la sous-traitance ont été rappelés dans les autres documents publiés ultérieurement par le C.E.N.A.S.T.. Le plus récent traite de la promotion des relations de sous-traitance. Il insiste sur la nécessité d'établir des rapports à long terme dès que le donneur d'ordres se pose la question d'investir ou de sous-traiter. On y trouve un inventaire plus précis que dans la charte de la sous-traitance des obligations respectives du donneur d'ordres et du sous-traitant. Celui-ci ne doit pas abuser des rentes de situations. Il doit jouer pleinement son rôle de conseil auprès du donneur d'ordres. Il n'est pas seulement tenu de respecter les prix, les délais de livraison et la qualité demandée. Il doit aussi offrir la souplesse et l'adaptabilité souhaitées. La recherche d'un juste prix permanent est difficile ; mais, en toute hypothèse, trois points conditionnent le développement de rapports durables : un prix fondé sur des comparaisons saines, c'est-à-dire objectives portant plutôt sur des rentabilités que sur des prix de revient, une prise en compte du risque d'échecs, des réajustements de prix justifiés par l'évolution de la structure des coûts et permettant de réaliser un partage équitable des gains de productivité.

A plusieurs reprises, il a été question d'actualiser et de compléter la charte de la sous-traitance. Ce fut notamment l'objet de l'une des premières propositions de la Commission technique de la sous-traitance. En 1983, M. Laurent FABIUS, alors ministre de l'Industrie et de la Recherche, prit officiellement position en faveur de l'établissement d'une nouvelle charte plus complète que celle de 1972. Dans l'esprit de ses partisans, une initiative de cette nature aurait permis de rappeler aux donneurs et aux preneurs d'ordres l'existence d'un certain nombre de principes fondamentaux et de traiter des problèmes qui, en 1972, n'avaient pas encore l'importance qu'ils ont pris par la suite. Pour des raisons tenant aussi bien à l'état de la conjoncture qu'à l'évolution des relations de sous-traitance, ces propositions d'actualisation n'ont pas abouti. L'effort des professionnels a surtout porté sur l'établissement d'une doctrine du partenariat (cf. chapitre X).

Certaines professions non adhérentes au C.E.N.A.S.T. ont également mis au point des chartes qui, dans leurs domaines respectifs, tendent à rationaliser les rapports entre donneurs et preneurs d'ordres. Ces documents tiennent compte de la nature des activités et des usages particuliers des industries en cause.

C'est le cas notamment des chartes élaborées par l'Union des industries de la maille et par la Fédération française des industries de l'habillement qui concernent le travail à façon. Ces deux chartes précisent que, sauf dispositions particulières, le paiement doit être fait au comptant et que, en cas de défaut de paiement, le sous-traitant bénéficiera d'un droit de rétention sur les marchandises en sa possession.

La Charte du conditionnement à façon fait obligation au donneur d'ordres de fournir au sous-traitant toutes informations sur les toxicités éventuelles ou sur les dangers que pourraient représenter certaines substances qu'il donne à conditionner. De son côté, le conditionneur a l'obligation de porter à la connaissance du donneur d'ordres les risques de non-conformité ou de défectuosité susceptibles de découler de tout cahier des charges édictant des prescriptions notoirement inconciliables avec la technique et les procédés mis en œuvre.

L'Union Nationale des Industries de la Communauté Européenne (U.N.I.C.E.) a publié en février 1983 un memorandum qui porte sur certains éléments des accords de sous-traitance. Ce document ne prétend pas à l'exhaustivité. Il traite néanmoins de la plupart des points importants pour la gestion des relations de sous-traitance. Il propose des règles concrètes et condamne de nombreuses pratiques injustifiées telles que : modalités abusives de fixation des prix, application unilatérale de suppléments ou d'abattements de prix exigés *a posteriori*, autres modifications arbitraires des conditions de paiement, refus de payer une indemnité en cas de paiement tardif, chèques antidatés ou post-datés.

Guides contractuels et contrats-types

Le Guide contractuel des relations de sous-traitance publié par le C.E.N.A.S.T. en 1975 a été élaboré avec le concours d'une douzaine de fédérations ou de syndicats professionnels et de plusieurs autres organismes représentatifs. Ce guide comprend un document de base intitulé *Principes et méthodes des contrats de sous-traitance* et deux annexes : un catalogue des questions à régler lors de l'élaboration d'un contrat de sous-traitance, un cadre type d'appel d'offres ou de commande. Les auteurs de ce guide ont considéré que l'établissement d'un modèle type de contrat ne pouvait pas être envisagé sur un plan professionnel en raison notamment de la diversité des cas à envisager. Ils ont peut-être craint aussi de voir les représentants des donneurs d'ordres s'en tenir, entre plusieurs rédactions possibles, au texte qui aurait réduit au minimum les obligations de leurs mandataires, c'est-à-dire à ce qui aurait été en fait le clause du sous-traitant le plus défavorisé.

Le document de base se compose de trois parties. La première est consacrée à l'organisation de la production. Il y est proposé l'institution d'une double concertation : sur les investissements des contractants et sur l'ordonnancement prévisionnel des programmes de fabrication. La deuxième partie traite de la concertation technique qui est, elle aussi, indispensable. Il faut, en effet, définir le contenu du contrat, déterminer ses modalités d'exécution, faire en sorte que la solution choisie, après utilisation éventuelle de l'analyse de la valeur, simplifie les fonctions du produit et lui confère sa meilleure valeur d'usage. Le partage des fruits de l'innovation doit se réaliser sur des bases équilibrées. Le donneur d'ordres peut se reverser contractuellement les études spéciales du sous-traitant, mais moyennant rémunération. A défaut, il est naturel qu'il accorde à celui-ci la majeure partie des commandes en cause sinon la totalité. Il est également appelé, en toute équité, à le faire bénéficier d'une partie des économies ou des avantages qu'il retire de ces études. Il ne peut utiliser ou divulguer les propositions du sous-traitant sans son accord. En contrepartie, le sous-traitant se doit d'offrir au donneur d'ordres la possibilité de procéder en commun à des dépôts de brevets ou de modèles couvrant les innovations dont bénéficie le produit sous-traité. La troisième partie s'efforce de délimiter les droits et obligations respectifs des participants à la relation contractuelle. Cette délimitation est particulièrement importante en ce qui concerne la conception du produit, l'organisation et la répartition du coût des essais et contrôles. L'octroi des garanties, la réparation des produits non conformes ou le remboursement de leur prix, le respect des délais, le régime juridique des outillages de fabrication. Il est précisé que les conditions de paiement ne doivent pas avoir pour effet d'imposer au sous-traitant une charge financière inconciliable avec sa fonction économique et son statut propre. Elles doivent au contraire faciliter la mobilisation des créances.

Ce guide n'est donc pas seulement un encouragement à la conclusion de contrats bien rédigés. Il traite de tous les points qu'il importe de ne pas laisser dans l'ombre et à ce titre, il a rendu de grands services à de nombreux professionnels. Il constitue aussi un recueil d'usages recommandés, propres à favoriser la construction de relations équilibrées. Par certaines de ses propositions. Il représentait lors de sa publication une avancée réelle vers le partenariat. Mais la portée effective du guide contractuel est d'autant plus difficile à évaluer qu'elle ne peut être appréciée intrinsèquement. Il faut tenir compte du fait que le catalogue des questions à régler a été reproduit en annexe au rapport de la Commission technique de la sous-traitance présenté en 1982 sur les conventions de stabilité.

Plus récemment, au même titre qu'un document similaire établi par l'office allemand de rationalisation économique, le guide contractuel du C.E.N.A.S.T. a fait la preuve de son utilité à l'occasion de la préparation sous l'égide de la Commission des communautés européennes d'un guide pratique sur les aspects juridiques des contrats de sous-traitance industrielle.

Les actions de formation de l'I.N.S.T.A.T.

L'Institut National pour la Sous-Traitance et l'Assistance Technique a été créé en 1970 sous la forme d'une association régie par la loi de 1901 à la suite du succès rencontré par une opération pilote réalisée par l'Union des Industries Métallurgiques et Connexes de l'Isère (U.D.I.M.E.C.). Cet organisme bénéficiait à l'origine du soutien de la F.I.M.T.M. et de l'Union des industries métallurgiques et minières. Son conseil d'administration comprenait aussi des représentants de divers organismes régionaux, notamment de plusieurs Chambres de commerce et d'industrie. Des subventions dégressives furent accordées à l'I.N.S.T.A.T. par le ministère de l'Industrie jusqu'en 1973.

Les actions de l'I.N.S.T.A.T. se fondaient sur une doctrine qui considérait la sous-traitance comme une fonction économique d'une importance primordiale pour certaines catégories d'entreprises. Il était affirmé que cette fonction ne pouvait être gérée convenablement sans l'établissement d'un langage commun entre donneurs et preneurs d'ordres. C'est précisément ce langage commun que l'I.N.S.T.A.T. se proposait d'enseigner. Les cycles de formation en groupes, de dix à quinze stagiaires, réunissaient, soit des chefs d'entreprises sous-traitantes et leurs plus proches collaborateurs, soit des cadres d'entreprises donneuses d'ordres. A l'issue de ces cycles d'initiation, des réunions d'évaluation communes aux deux catégories de stagiaires étaient organisées. Un résumé de leurs conclusions devait assurer la remontée de l'information et la prise en compte des réactions venant des professionnels. Quatre thèmes principaux étaient traités : les prix (avec proposition d'une méthode de calcul des prix de revient), la qualité, les délais (avec exemples d'organisation de planning), la gestion. La concertation des investissements, les choix « Faire ou faire faire », le contrôle des coûts et la surveillance des marges figuraient parmi les principaux points traités sous cette dernière rubrique. Pour satisfaire des besoins d'approfondissement, des sessions de complément pouvaient être organisées mais elles ne connurent pas un grand succès. Les actions de formation devaient être complétées par des interventions dans les entreprises ayant besoin d'une assistance particulière. En outre, des études économiques devaient être publiées dans une revue intitulée *Les Ponts*, créée pour informer les industriels et favoriser leurs rapprochements.

Dans un premier temps, l'I.N.S.T.A.T. réussit à développer d'une manière assez spectaculaire ses activités. Le concours d'une dizaine d'animateurs lui permit d'opérer dans la plupart des régions. En trois ans, ses interventions touchèrent plus de mille cinq cents entreprises. Mais il apparut, à partir de 1973 qu'il éprouvait des difficultés croissantes à recruter de nouveaux stagiaires. Il se trouvait aussi que ses propositions d'assistance technique soulevaient des problèmes de clientélisme avec plusieurs des organismes régionaux qui l'avaient accueilli. Les avis des industriels sur la validité de l'enseignement étaient partagés. Certains le jugeaient trop ambitieux, d'autres trop sommaire. Le caractère monolithique de la doctrine attirait les critiques. En 1974, la cessation des concours du ministère de l'Industrie et l'impossibilité de trouver de nouvelles sources de financement obligèrent l'I.N.S.T.A.T. à interrompre ses activités. Certains de ses collaborateurs réussirent toutefois à poursuivre une activité de même nature dans le cadre des Chambres de commerce et d'industrie où ils avaient réussi à s'intégrer. L'U.D.I.M.E.C., de son côté, continue à jouer un rôle important dans le développement des activités de sous-traitance dans le département de l'Isère.

II. La contribution de la C.D.A.F. à l'établissement d'une déontologie de la sous-traitance

Créée en 1946, la Compagnie des dirigeants d'approvisionnement et acheteurs de France s'est d'abord donné pour mission de resserrer les liaisons entre les professionnels qu'elle regroupe, de défendre leurs intérêts moraux et de donner de leur métier une image valorisante. Très rapidement, les dirigeants de cet organisme se sont efforcés d'assurer la promotion de la fonction d'approvisionnement. Pour atteindre cet objectif, la C.D.A.F. utilise des moyens variés qui vont de la création d'un jury d'honneur à l'organisation de rencontres et manifestations diverses. De 1986 à 1989, un « salon à l'envers » dénommé « FRANCE ACHAT » puis « EUROPE ACHATS » a permis aux entreprises participantes de donner connaissance de leurs besoins aux fournisseurs éventuels (*cf.*, chapitre VII, par. V.). L'information par l'intermédiaire de la revue *Acheteurs* et surtout la formation continue occupent une place prédominante dans les activités de la C.D.A.F.. Elle gère depuis 1949 une Ecole supérieure d'approvisionnement dont le but est de permettre aux collaborateurs des services concernés d'améliorer leur niveau technique et leur culture générale. Plus de six mille personnes ont suivi à PARIS ou dans des centres régionaux cet enseignement.

Au niveau de l'enseignement supérieur, la C.D.A.F. a organisé en collaboration avec l'Institut d'administration de Grenoble dirigé par le professeur Pierre-Yves BARREYRE un cycle de gestion et de management de l'approvisionnement (C.Y.G.M.A.). Ce cycle d'une année privilégiée le travail en séminaires. Il peut être prolongé par un cyle complémentaire intitulé OMEGA qui est sanctionné par la délivrance par l'université de GRENOBLE d'un diplôme d'études supérieures spécialisées de la fonction « Achat ».

Dans ces divers enseignements, l'accent est mis sur la conception du rôle de l'acheteur. Dépassant celui d'un exécutant, ce rôle justifie une part active à l'élaboration de la stratégie de l'entreprise. Les négociations avec les fournisseurs ne sauraient donc se réduire à de simples marchandages et, moins encore, à des jeux à somme nulle. L'objet est d'assurer à l'entreprise les biens et services qu'elle peut se procurer au meilleur rapport qualité-fiabilité-prix. Pour obtenir la confiance de ses interlocuteurs et créer un climat de coopération, l'acheteur doit faire preuve de qualités psychologiques réelles, d'un très grand respect humain et d'une parfaite loyauté. Cette attitude exclut cependant toute compromission. Elle ne dispense pas l'acheteur de faire preuve de fermeté et n'implique nullement renonciation à la mise en concurrence des sources d'approvisionnement possibles.

Ces thèmes ont été développés dans de nombreux éditoriaux et articles publiés dans la revue *Acheteurs*. La C.D.A.F. n'a pas essayé de faire prévaloir une déontologie particulière en matière de sous-traitance. Mais les prises de position de ses représentants, notamment dans ses rapports avec les représentants des preneurs d'ordres et avec les pouvoirs publics, ont toujours été conformes à sa doctrine.

L'action de la C.D.A.F. a exercé des effets sensibles sur le comportement d'un grand nombre de professionnels de l'achat. Il est évident qu'elle touche moins les autres catégories de cadres qui participent à la formation et à la gestion des relations avec les fournisseurs. Elle s'est longtemps heurtée à des résistances dues au fait que la nécessité du changement ne pouvait être admise aisément par des acheteurs qui n'étaient pas disposés à modifier leur manière d'opérer, craignant de perdre une partie de l'autorité exercée sur les fournisseurs et de ne plus pouvoir leur imposer le maximum de concessions. Et malgré tous les progrès accomplis, force est de reconnaître que les mutations préconisées par la C.D.A.F. ne sont pas complètement réalisées. Le débat entre les partisans de la « théorie X » et ceux de la « théorie Y » dont les contenus respectifs font l'objet de l'annexe IV n'est pas près d'être clos.

CHAPITRE VII

LE SALUT PAR L'ACTION COMMERCIALE

Une entreprise de sous-traitance de taille modeste peut être en position de force vis-à-vis de ses donneurs d'ordres si elle a réussi à diversifier convenablement sa clientèle. Une bonne répartition des risques doit, autant que possible, être telle que la perte d'un courant d'affaires déterminé n'entraîne pas des conséquences irrémédiables. Elle permet de négocier d'une toute autre façon que dans l'hypothèse où un seul donneur d'ordres assure une très forte proportion du chiffre d'affaires. Bien entendu, ce n'est pas la seule raison qui doit inciter les sous-traitants à considérer l'élargissement de leurs débouchés comme une nécessité vitale. L'expansion commerciale est la condition de leur survie dans toutes les branches où la concurrence élimine impitoyablement les entreprises qui ne réussissent pas à se spécialiser, innover et investir, faute de réaliser un chiffre d'affaires suffisant. Sous l'effet de cette pression concurrentielle, des progrès considérables ont été réalisés et l'on ne peut plus considérer que, dans son ensemble, la sous-traitance industrielle constitue une zone de moindre effort commercial. Mais cet effort se développe selon des modalités particulières. Il ne s'agit pas de vendre des produits déjà élaborés mais de proposer ce que les juristes appellent des choses futures. Cette particularité influe beaucoup sur la nature et les conditions d'emploi des moyens de prospection mis en œuvre ainsi que sur les modalités d'une assistance technico-commerciale qui, depuis la création en 1960 des premières bourses de sous-traitance, a pris les formes les plus diverses.

I. Une évolution spectaculaire

Selon Jean-Paul GENESTE, auteur d'un guide commercial du sous-traitant, les sous-traitants, comme les autres P.M.I., n'avaient jusqu'au début des années 1970 qu'un seul impératif : « produire »[1]. En effet, en période de forte croissance, les capacités de production de biens et de services susceptibles d'être sous-traités suivaient difficilement la progression de la demande. Les problèmes de débouchés ne se posaient que pendant de courtes phases de récession. Certes le sous-traitant a toujours été obligé de faire preuve des qualités psychologiques nécessaires pour avoir de bons rapports avec sa clientèle. Mais, pour l'essentiel, il lui appartenait d'offrir un service de proximité sur un marché encore peu étendu où les possibilités de recrutement d'une nouvelle clientèle étaient réduites. Dispensé de fournir des efforts sérieux de publicité et de prospection, n'ayant pas la charge d'animer un réseau commercial, ce dirigeant d'un type particulier de P.M.E. pouvait consacrer la quasi-totalité du temps disponible à la gestion de son outil de production. Ce qui convenait parfaitement à des entrepreneurs qui, pour la plupart, étaient issus, soit de milieux artisanaux, soit d'établissements où ils avaient fait leurs classes en qualité de techniciens ou d'ouvriers professionnels. De leur côté, les entreprises d'une certaine dimension qui sont devenues sous-traitantes après avoir abandonné leurs activités initiales ont encore, pour l'essentiel, une clientèle composée des constructeurs qui ont pu rester sur le marché où elles ont cessé d'être présentes.

Trois facteurs décisifs ont provoqué une évolution qui n'a cessé de s'accélérer depuis une vingtaine d'années : l'obligation d'acquérir des équipements de plus en plus onéreux, la prise de conscience des risques de la monoclientèle, le développement de l'esprit d'entreprise.

Dans les industries mécaniques, en particulier, la tendance à la spécialisation s'accompagne d'un renchérissement constant du coût des équipements de haut niveau technique : installations d'électro-érosion, machines à commande numérique, centres d'usinage, cellules et ateliers flexibles, lasers. Dans les autres industries de sous-traitance, l'automatisation et l'informatisation ont provoqué des changements d'échelle similaires. Dès lors, le donneur d'ordres doit rechercher les sous-traitants les plus qualifiés sur des zones de plus en plus étendues. De son côté, le sous-traitant ne peut plus se contenter de « faire rentrer une machine » pour satisfaire une commande. La capacité de production et le coût des matériels les plus récents sont tels qu'il est indispensable de ne pas prendre des décisions d'achat sans qu'il existe une très haute probabilité d'amortissement rapide.

1. Le guide commercial du sout-traitant a été publié en 1979, aux Editions d'Organisation. La citation constitue la première phrase de l'introduction de cet ouvrage qui contient de nombreuses informations ou recommandations, concernant notamment les erreurs à ne pas commettre, qui sont encore d'actualité.

La contrainte de diversification renforce l'effet de la contrainte de spécialisation. En 1970, peu de donneurs d'ordres étaient conscients de la nécessité d'imposer à leurs engagements sur un sous-traitant déterminé une limite calculée en pourcentage de son chiffre d'affaires, limite fixée à 25 % dans le cas d'IBM France et à 30 % au total pour l'ensemble des implantations européennes d'IBM. Après le premier choc pétrolier, l'entrée de l'économie industrielle française dans une zone de turbulences accroît considérablement la gravité des risques résultant de la non-diversification de la clientèle. De nombreux sous-traitants furent contraints de déposer leurs bilans parce qu'ils étaient restés trop tributaires de l'activité d'un seul secteur ou s'étaient laissés surprendre par les difficultés d'un gros client. Les directions des grandes entreprises elles-mêmes voulurent être moins responsables du destin de leurs fournisseurs. Elles acceptèrent plus facilement qu'ils traitent avec d'autres firmes, mêmes concurrentes, et parfois les y encouragèrent.

Parmi les sous-traitants qui ont manifesté des comportements commerciaux dynamiques, beaucoup n'ont pas seulement agi pour échapper aux risques de la monoclientèle. Les vingt dernières années ont été marquées par un renforcement très marqué de l'esprit d'entreprise dans les milieux P.M.I. français, les difficultés économiques agissant comme un défi et exerçant une stimulation. Ainsi s'est creusé l'écart entre les entreprises qui méritent le qualificatif de performantes et les retardataires qui défendent tant bien que mal des positions très menacées.

Conséquence de ce changement de comportement, la réalisation d'opérations de sous-traitance pour le compte de donneurs d'ordres étrangers ne constitue plus un exploit exceptionnel. L'obstacle de la langue est de moins en moins redoutable. L'amélioration des moyens de communication et les progrès de la construction européenne, notamment l'harmonisation des normes techniques, facilitent déjà dans une mesure considérable la prospection des acheteurs étrangers.

Selon l'étude C.E.R.E.Q.-C.E.E.-C.R.E.S.P. présentée dans le rapport 1989 de la Commission technique de la sous-traitance, près des deux tiers des entreprises interrogées auraient cinquante clients et plus ; 15 % seulement auraient vingt clients ou moins[2]. Le premier client représente au plus 20 % du chiffre d'affaires dans plus de la moitié de l'échantillon et au plus de 30 % dans les trois quarts. Une très forte majorité d'entreprises a entre un et dix clients considérés comme importants. Pour la moitié des firmes interrogées, ces clients importants assurent plus de 50 % du chiffre d'affaires. La situation financière de ces entreprises reste donc vulnérable.

2. *Gestion de l'emploi et de la formation chez les sous-traitants : résultats provisoires.* Etude réalisée par le Centre de recherche sur l'emploi et les qualifications, le Centre de l'emploi et le Centre de recherche sur l'emploi et la production. Rapport C.T.S.T. 1989, page 96-96.

II. Les organismes de promotion régionaux

On peut classer ces organismes en trois catégories : les bourses de sous-traitance, les services consulaires ou interprofessionnels les associations et groupements d'industriels.

Les bourses de sous-traitance

Le début des années 1960 fut marqué en France par un essor assez remarquable des bourses de sous-traitance. Le premier de ces organismes avait été créé à Bordeaux fin 1959 avec l'aide du Commissariat général de la productivité et le concours d'un cabinet de conseil en organisation, la C.O.F.R.O.R., animé par M. HOLTZ. En 1964, on ne recensait pas moins de vingt-quatre bourses de sous-traitance. Elles constituèrent en 1965 l'A.N.O.R.S.T., Association Nationale pour l'Organisation Rationelle de la Sous-Traitance.

Le principe de fonctionnement du système était simple. La bourse procédait périodiquement à la collecte et à la publication des informations fournies par ses adhérents sur les capacités de production de leurs machines disponibles. Ceux des donneurs d'ordres éventuels qui étaient touchés par cette publicité pouvaient connaître l'identité des sous-traitants aptes à effectuer une opération déterminée en prenant contact avec les responsables de la bourse. Le but recherché, pour l'essentiel, était donc de faciliter le développement de la sous-traitance de capacité en incitant les donneurs d'ordres locaux ou relativement proches à utiliser les ressources inemployées des P.M.E. situées dans le ressort territorial de l'organisme concerné.

Le financement du système était assuré par l'octroi de subventions, le versement des cotisations et le paiement des redevances dues par les demandeurs d'informations.

Après avoir connu des succès initiaux très encourageants, ces bourses furent presque toutes obligées de cesser leurs activités, leurs ressources ne permettant plus de couvrir leurs frais de fonctionnement. Seules subsistèrent la bourse de sous-traitance de l'Est située à Nancy dont l'animateur, M. Claude CUNY, s'était montré particulièrement actif, et la bourse du Centre et de l'Ouest de la France installée à Tours. Deux autres organismes remplirent le rôle de bourse de façon moins officielle : le service sous-traitance de la Métallurgie lyonnaise et surtout celui de la Chambre syndicale de la métallurgie de Lille-Roubaix-Tourcoing qui, après un essai malheureux, en 1976, de création d'une bourse couvrant l'ensemble du Nord-Pas-de-Calais, poursuit ses activités sous le nom de Nord Sous-traitance.

La disparition des autres bourses de sous-traitance françaises peut être attribuée à plusieurs causes. Dans la majorité des cas, leurs assises géographiques étaient trop petites. Elles ne purent recueillir un flux d'informations assez nombreuses et variées pour procéder valablement à l'ajustement des offres et des demandes de prestations. Le nombre d'adhérents ayant réellement intérêt à cotiser était trop faible. Ce nombre lui-même ne pouvait que diminuer dans la mesure où les industriels eurent une meilleure connaissance de leurs possibilités et de leurs besoins respectifs. L'intervention de la bourse ne resta utile que pour la création de courants d'affaires réellement nouveaux. Pour subsister, certaines bourses tentèrent de conserver leur clientèle en leur proposant une série d'autres services allant de l'information technologique au conseil en gestion et à la publicité relative aux ventes et achats de matériels d'occasion. Mais, ce faisant, elles s'attirèrent souvent l'hostilité des autres catégories d'organismes locaux ou nationaux capables d'offrir des prestations similaires. Et surtout les syndicats professionnels supportèrent mal que les bourses facilitent la tâche d'entreprises intervenant sur le marché à titre occasionnel en pratiquant des tarifs manifestement fondés sur leurs prix de revient marginaux.

Les services de promotion consulaires

Créés pour la plupart entre 1970 et 1975, ces dispositifs d'assistance technico-commerciale de seconde génération fonctionnent presque tous dans le cadre de Chambres de commerce et d'industrie régionales ou locales. Les compagnies consulaires ont pris des initiatives très variées dans le domaine de la sous-traitance. Beaucoup se sont limitées à la confection d'annuaires de sous-traitance et à l'organisation de participations collectives au M.I.D.E.S.T. ou à d'autres salons (cf. IV *infra*). Certaines sont allées plus loin et se sont assuré le concours d'animateurs spécialisés. Quelques-unes ont même créé des structures d'intervention particulières. Elles sont situées presque toutes dans l'Ouest et le Midi, dans des régions où les adhérents aux syndicats professionnels sont moins nombreux qu'au nord de la France. Les concours proposés aux sous-traitants dépendent de l'importance et des caractéristiques des industries existant dans les circonscriptions en cause. Mais ils peuvent être aussi fonction de l'intérêt des élus politiques et consulaires pour la promotion de certaines villes ou de certaines activités. Les compétences que possèdent les permanents les amènent en outre à privilégier plus spécialement tel ou tel type d'actions. Ces permanents jouent, en effet, un rôle qui ne se limite pas à l'établissement de fichiers ou d'annuaires et s'étend à l'organisation de la prospection des sous-traitants en France et, de plus en plus souvent, à l'étranger : mise en contact avec les services d'achat de grands groupes, visites organisées d'entreprises preneuses d'ordres, missions dans d'autres pays européens, participation à des manifestations diverses. Ils subissent donc une forte incitation à se comporter en conseils en gestion et même en technologie, ce qui a été parfois une source de conflit avec d'autres organismes ayant également vocation à conseiller les industriels. Les responsables de ces points d'appui régionaux se doivent d'observer une déontologie rigoureuse. Il est indispensable, en effet, que tous les industriels de la circonscription puissent avoir accès sans discrimination aux prestations financées par l'imposition perçue au profit des compagnies consulaires, donc par des deniers publics. Il faut, quand des sélections doivent être opérées ou quand des conditions doivent être mises à l'octroi de certaines facilités, que les décisions soient prises objectivement. Les intervenants doivent être attentifs à ne pas se montrer trop directifs et s'abstenir d'effectuer des démarches que le sous-traitant a seul qualité pour entreprendre.

Les autres organismes régionaux : associations et groupements d'industriels

Certains organismes indépendants des institutions consulaires offrent les mêmes types de services. C'est le cas de plusieurs unions patronales telles que la Chambre syndicale de la métallurgie du Rhône ou, dans l'Isère, de l'U.D.I.M.E.C. héritière de l'I.N.S.T.A.T., et de l'U.N.I.M.E.S.T. (rattachée à la C.G.P.M.E.). Dans d'autres régions, les comités d'expansion se sont efforcés d'organiser cette promotion, soit directement comme ce fut le cas dans le Doubs, soit en devenant le support logistique d'associations ou de groupements d'industriels. Ces initiatives ont connu des succès plus ou moins durables. La réussite la plus incontestable est celle de la SOTRABAN (Association des sous-traitants de Basse-Normandie), fondée en 1972, qui regroupe actuellement plus de cinquante adhérents. Cette réussite est due au fait que les membres de la SOTRABAN ont toujours participé activement à sa gestion et qu'elle s'est efforcée de rechercher systématiquement toutes les synergies qui peuvent permettre aux adhérents de coopérer.

Néanmoins, force est de constater que les sous-traitants français ne peuvent pas compter comme leurs homologues allemands sur le concours de cabinets spécialisés dans la réalisation de rapprochements entre donneurs et preneurs d'ordres. Il n'en existe malheureusement qu'un très petit nombre à l'heure actuelle. L'un des meilleurs exemples en est fourni par le Groupement des Entreprises de Sous-traitance Omni-Habillement (G.E.S.T.O.H.) qui offre à ses quatre-vingts entreprises une panoplie de services extrêmement variés et leur apporte de nombreuses informations utiles pour l'orientation de leurs activités. Quels que soient leurs mérites, les initiatives prises par des organismes ayant un caractère officiel ne peuvent pas remplir cette fonction d'intermédiation.

III. Annuaires, messageries et banques de données

Le moyen qui fut longtemps le plus couramment employé pour faire connaître l'existence et les ressources des entreprises aptes à prendre des commandes en sous-traitance a consisté dans la mise à la disposition des donneurs d'ordres d'annuaires descriptifs. La diffusion de listes d'informations peut aussi faciliter le développement des échanges. Plus récemment, on a vu se créer avec des succès plus ou moins durables des systèmes de collecte et d'échange de données télématiques.

Les annuaires

L'établissement d'annuaires de sous-traitance est dû presque exclusivement à des initiatives se situant dans un cadre régional ou local. Les initiatives prises au plan national furent très rares. Dans la très grande majorité des cas, les annuaires ont donc pour objet de mettre en valeur le potentiel existant dans le cadre d'une collectivité territoriale. Ils sont souvent le résultat d'une collaboration poursuivie entre les divers organismes qui participent à un même effort de promotion économique (compagnies consulaires, unions professionnelles, comités d'expansion).

Pour chaque entreprise recensée, l'annuaire contient tout d'abord une fiche présentant les divers renseignements permettant de l'identifier et de connaître sa vocation : noms de ses dirigeants, situation juridique, implantation et moyens d'accès, effectifs, productions réalisables, principaux clients. Le modèle de fiche le plus fréquemment utilisé est celui que des experts réunis par le Bureau de rapprochement des entreprises de la Commission de la C.E.E. ont conçu en 1976. Figure également dans l'annuaire une liste des matériels dont dispose le preneur d'ordres avec indication de leurs caractéristiques. Pour éviter de fournir un trop grand nombre d'informations d'intérêt limité, certains annuaires comportent seulement la description des équipements considérés comme étant les plus performants, ceux qui permettent le mieux de constater la spécialisation de l'entreprise. L'établissement de ces listes de matériels a été également facilité par la mise au point sous l'égide du Bureau de rapprochement des entreprises de terminologies sectorielles multilingues. Aux premières terminologies concernant le travail des métaux, les ouvrages en matière plastique et l'électronique, d'autres nomenclatures doivent venir s'ajouter celles qui traiteront des textiles, des produits du bois, des céramiques, des services industriels et les services généraux des entreprises.

La qualité d'un annuaire de sous-traitance dépend de l'exactitude et du caractère actuel des informations collectées. Cette exactitude doit donc être vérifiée par des visites dans les entreprises, qui facilitent la collecte de renseignements complémentaires. Des mises à jour fréquentes sont nécessaires. Les industriels doivent faire connaître régulièrement les nouveaux achats de machines et les autres modifications affectant la composition de leurs parcs de matériels ainsi que l'inclusion de nouveaux donneurs d'ordres importants dans leur clientèle. Un annuaire qui n'est pas convenablement géré devient très vite obsolète.

Des avis très divers ont été exprimés par les donneurs d'ordres sur la valeur d'usage de ces annuaires. En général, les responsables des services d'achat des très grandes entreprises considèrent qu'ils disposent, par contacts directs avec les sous-traitants et grâce à l'élaboration de leurs propres fichiers, d'une masse d'informations suffisant largement à leurs besoins. En outre, ils estiment que la démarche effectuée personnellement par un sous-traitant peut seule garantir sa crédibilité et son intention de s'engager réellement. En revanche, il semble que parmi les donneurs d'ordres, ceux qui ne disposent pas d'une organisation aussi structurée ou les responsables d'établissements pratiquant une gestion des achats décentralisée ont une position moins négative. Les annuaires ne sont pas consultés systématiquement ; mais ils le sont en tant que de besoin lorsque les preneurs d'ordres habituels ne peuvent pas être choisis. A plus forte raison, les annuaires régionaux ou locaux peuvent aider des entreprises qui n'ont à résoudre qu'à titre occasionnel des problèmes d'approvisionnement nécessitant appel à la sous-traitance.

En toute hypothèse, les annuaires établis sérieusement présentent un intérêt documentaire réel pour la réalisation d'études de marchés et plus généralement de travaux de recherche. Leur existence peut, dans une certaine mesure, pallier l'absence ou l'insuffisance des sources statistiques.

Bulletins et listes d'information

Certaines organismes de promotion diffusent régulièrement auprès de leurs adhérents de tels documents. Les gestionnaires de services de messagerie ont la responsabilité de mettre en contact les industriels qui désirent donner suite à des propositions de rapprochement. Des précautions sont à prendre pour éviter, en effet, que les informations diffusées soient utilisées à des fins purement commerciales, voire par des concurrents éventuels.

Dans le cas de l'Association pour la promotion de la sous-traitance dans le grand Sud-Ouest dont la compétence s'était étendue à quatre régions, la collaboration des services industriels des Chambres de commerce et d'industrie a permis d'organiser un vaste dispositif de liaison tendant à faire circuler l'information dans l'ensemble du réseau.

Les systèmes informatiques

Il existe plusieurs possibilités d'emploi de l'informatique dans le domaine de la sous-traitance. On peut tout d'abord se contenter de substituer une mise en mémoire des données à un répertoire tenu manuellement, ce qui permet une gestion plus économique et une recherche plus rapide des entreprises intéressées par une proposition. Une deuxième possibilité consiste dans la création d'une véritable bourse de sous-traitance où la collecte des données, leur mise en mémoire et la recherche des entreprises aptes à répondre aux consultations sont effectuées en passant par l'intermédiaire d'un serveur. Un service de messagerie interactif peut être également offert aux bénéficiaires du système. Enfin, on pourrait envisager la constitution d'une véritable banque de données gardant en mémoire les informations recueillies. Un recensement des offres et demandes enregistrées pour une certaine catégorie de prestations faciliterait, en effet, la prise de décisions stratégiques aussi bien par les donneurs que par les preneurs d'ordres.

En fait, si l'on met à part le traitement par KOMPASS des données contenues dans son répertoire, la deuxième possibilité a été la seule utilisée dans la pratique.

Il existe actuellement cinq systèmes télématiques en fonctionnement sur le territoire français.

SOUTRAITEL a été créé en 1982 dans le cadre de la Chambre de commerce et d'industrie de Strasbourg. Il a très vite acquis une dimension interrégionale et son système a été également introduit dans le Bade-Wurtemberg. C'est celui qui a obtenu l'adhésion du plus grand nombre de Chambres mais leur soutien a été plus ou moins effectif. Il bénéficie aussi de l'appui de plusieurs organismes professionnels, ce qui facilite la vérification de l'exactitude des données. Il aurait reçu plus de deux mille adhésions depuis l'origine ; mais le coût des cotisations semble faire obstacle au recrutement de nouveaux adhérents et au maintien des relations existant avec les anciens.

COTRAITEL s'est développé depuis 1985 dans le cadre des régions méridionales où les compagnies consulaires avaient constitué l'Association pour la promotion de la sous-traitance du grand Sud-Ouest. Il se présente donc comme l'organe de gestion informatique d'un système d'échange de données de création ancienne. Les services industriels des C.C.I. jouent en conséquence un rôle actif dans la validation et la transmission des informations. Contrairement à SOUTRAITEL, il ne perçoit pas de droit d'adhésion.

Le F.I.C. a été créé en 1982 et développé en 1984 par la Chambre régionale de commerce et d'industrie de la région Centre. Il compte également des adhérents dans quatre autres régions et couvre donc au total une vingtaine de départements. Il fait état d'un nombre particulièrement élevé d'adhérents (huit mille cinq cents en 1988) ; mais ceci s'explique peut être par le fait qu'il ne perçoit pas de cotisations, lui non plus.

La Bourse de sous-traitance de l'Est gère depuis 1985 son propre système télématique principalement pour les besoins de ses adhérents. Le système de la B.S.T.E. est le seul qui n'utilise pas un procédé videotex impliquant la possession d'un Minitel.

Le S.C.R.I.N.T. est l'un des éléments d'une banque de données sur le partenariat gérée par la Chambre syndicale de la métallurgie de Lille-Roubais-Tourcoing. Implanté dans le nord de la France, il coopère avec l'association FABRIMENTAL en Belgique. Il entretient aussi des contacts aux Pays-Bas et en Irlande.

Ces cinq systèmes se sont associés en novembre 1989 pour l'utilisation d'un dispositif d'accès commun qui a été mis au point avec l'aide de l'Association française des Chambres de commerce et d'industrie et du ministère de l'Industrie. Ce dispositif permet, grâce à un procédé dit de reroutage, de transférer les communications sur le serveur le mieux placé pour répondre à la question posée, en raison, par exemple, de son implantation géographique.

Des efforts d'harmonisation et de normalisation supplémentaires devront probablement être effectués pour donner à l'ensemble des utilisateurs éventuels une image cohérente des conditions d'emploi de l'informatique. Dès à présent, les avantages et les limites d'utilisation du Minitel sont bien perçus. L'usage de la télécopie pourrait sans doute jouer un grand rôle dans le développement du marché. Il reste que le recours à l'informatique soulève en partie les mêmes problèmes que l'emploi des autres moyens de promotion collective, notamment en ce qui concerne les risques d'utilisation à des fins purement commerciales.

IV. Les différentes formes d'expositions de savoir-faire

Depuis le lancement en 1971 du Marché International de la Sous-Traitance, le M.I.D.E.S.T., la participation à des salons et expositions spécialisées est devenue pour la majorité des preneurs d'ordres un élément prépondérant de leur politique de promotion. Signe de bonne crédibilité, cette participation facilite l'engagement ou l'entretien du dialogue technico-commercial, étant observé qu'il ne s'agit pas, comme dans le cas de produits finis vendus en l'état, de conclure immédiatement ou rapidement des transactions.

L'exposant doit s'attacher à montrer le savoir-faire de son entreprise, à mettre en valeur les performances les plus remarquables[3]. Ce qui dépend du bon choix des réalisations présentées et de la remise aux visiteurs d'une documentation appropriée. La présence sur place d'un dirigeant de l'entreprise sous-traitante ou de responsables ayant les qualifications techniques nécessaires pour répondre aux interrogations des visiteurs est indispensable. Autant que possible, la participation à un salon doit être précédée d'invitations aux donneurs d'ordres déjà recensés, qui les informent des derniers événements notables survenus dans la vie de l'entreprise (commandes récentes, investissements nouveaux, etc.). Les contacts établis ne doivent pas être laissés sans suites. Des relances sont donc à effectuer au bout de quelques mois auprès des donneurs d'ordres qui n'ont pas manifesté leurs intentions.

En raison du coût des participations et du temps qu'il faut leur consacrer, le sous-traitant doit choisir les manifestations où, compte tenu de son plan de charge et de ses objectifs de développement, il a le plus de raisons à être présent. En fait, ce choix subit souvent l'influence de l'organisme de promotion avec lequel l'industriel est habituellement en relation. Il sera donc encouragé à exposer de préférence dans les salons où cet organisme s'efforce de regrouper le plus grand nombre possible d'adhérents dans des participations collectives. Ces regroupements permettent effectivement de réduire les frais de location et de gestion, qui sont en général sensiblement plus lourds pour des emplacements individuels. Les

3. « Comment tirer profit des salons professionnels », collection La France qui vend, Association des Chambres françaises de commerce et d'industrie, pages 125 à 134, *Les salons de sous-traitance*.

exposants peuvent bénéficier par la même occasion d'une aide appréciable pour la conception et l'aménagement de leurs présentations. En revanche, l'inclusion dans des participations collectives risque parfois de limiter à l'excès la surface de présentation disponible et de rendre difficile sa mise en valeur. En outre, dans le cas des participations régionales, la coexistence d'un grand nombre d'entreprises ayant des spécialités différentes ne facilite pas la tâche des visiteurs qui ont besoin d'identifier les sous-traitants capables d'effectuer une prestation déterminée et de les retrouver autant que possible dans la même partie du salon. C'est la raison pour laquelle l'organisation du M.I.D.E.S.T. met maintenant à la disposition des visiteurs un système informatisé qui leur facilite ce repérage. Les résultats obtenus par les exposants ne peuvent être évalués que d'une manière très subjective. Il est toujours possible de faire état du nombre de visites reçues pendant la durée de l'exposition, mais celles-ci peuvent être d'un intérêt très inégal. Le montant des commandes passées immédiatement ou enregistrées dans un délai relativement court, par exemple de six mois, ne constitue pas davantage un indicateur significatif ; les contacts pris avec certains donneurs d'ordres peuvent faciliter l'amorce de négociations n'aboutissant qu'à long terme. Il faut aussi tenir compte de l'intérêt des informations reçues sur l'évolution des besoins de la clientèle et sur les progrès techniques à mettre à l'actif des sous-traitants exerçant dans les mêmes spécialités.

Au niveau national et même au plan européen, le M.I.D.E.S.T. a pris une importance exceptionnelle. Le nombre des exposants était de cent trente-sept en 1971, lors du premier salon, organisé à Nancy par le président de la Foire de cette ville : M. DEIBER. Après une période itinérante qui le conduisit dans six villes françaises, à Lausanne et à Bruxelles, le M.I.D.E.S.T. s'est tenu en alternance à partir de 1983 à Paris et à Lyon. Le M.I.D.E.S.T. 1989 a eu lieu à Paris au parc des expositions de Villepinte avec une surface occupée de ving-neuf mille sept cent mètres carrés. Le M.I.D.E.S.T. 1990 a été également organisé à Paris, ce qui a permis de réunir pour son 20e anniversaire deux mille six cent cinquante personnes sur trente-sept mille sept cents mètres carrés.

L'avenir du M.I.D.E.S.T. dépend désormais de la politique mise en application par le groupe anglais BLENHEIM qui en a fait l'acquisition en 1989. Celui-ci doit s'efforcer d'entretenir les meilleurs rapports possibles avec les organisations professionnelles de sous-traitants. Un *modus vivendi* a été trouvé avec les syndicats adhérents à la Fédération des industries mécaniques. En revanche, les organisations qui représentent les électroniciens et les plasturgistes avaient marqué ces dernières années leur préférence pour des salons plus spécialisés : PRONIC et COMPRONIC dans le premier cas, le SEPT dans le second. Le M.I.D.E.S.T. semble conscient de la nécessité de réagir en améliorant la qualité des prestations offertes aux exposants et aux visiteurs. Il est évidemment de l'intérêt national qu'il reste concurrentiel vis-à-vis des autres manifestations européennes de même nature dont la plus importante est la section sous-traitance de la Foire de Hanovre.

Par ailleurs, un salon du travail à façon dans le domaine du textile a été créé à Troyes sous le nom de FATEX. Il s'est tenu à Paris en novembre 1990. Selon l'*Usine Nouvelle* (22 mars 1990), deux cents cinquante exposants devaient y participer et quatre mille visiteurs étaient attendus.

Depuis une dizaine d'années, de multiples initiatives ont été prises, presque toujours par des Chambres de commerce et d'industrie, en vue d'organiser des salons régionaux ou interrégionaux. Il est arrivé souvent qu'elles restent sans suite, l'expérience ayant montré qu'elles ne pouvaient pas toucher un public justifiant la création en permanence à un coût raisonnable d'un lieu de rencontres réellement attractif. *A contrario* le forum interrégional de la sous-traitance organisé en alternance par les Chambres régionales du centre et de Bourgogne peut être considéré comme une réussite : cinq cent soixante exposants et dix mille visiteurs à Orléans en 1989, trois cents exposants et quatre mille visiteurs en 1990 à DIJON où la manifestation a une ampleur plus limitée. Les efforts de promotion dont ce salon a bénéficié ont permis d'élargir son aire d'influence à quatre autres régions. Les activités représentées sont assez variées et d'une qualité suffisante pour susciter l'intérêt de nombreux donneurs d'ordres dont beaucoup sont d'importance nationale. Méritent également d'être signalées les expositions qui se sont tenues en 1989 à Nantes et à Valence. A partir de 1991, un salon interrégional dénommé Saar-Lor-Lux se tiendra successivement à Sarrebruck, Nancy et Luxembourg dans le cadre d'une coopération organisée entre la Sarre, la Lorraine et le Luxembourg. Enfin, le M.I.D.E.S.T. abandonnant le système de l'alternance entre Paris et Lyon, une manifestation distinct doit être organisée en mai 1991 dans cette dernière ville par les gestionnaires de son parc des expositions.

Cette évolution semble montrer qu'il y a place sur le territoire français, mais seulement en très petit nombre, pour des manifestations susceptibles d'avoir un rayonnement interrégional. Se tenant à une autre période de l'année que le M.I.D.E.S.T., elles devraient pour réussir être capables de mettre en valeur l'offre des régions concernées et plus particulièrement d'aider à se faire connaître les sous-traitants qui n'ont pas la taille, l'expérience ou les moyens financiers nécessaires pour exposer au niveau national.

V. La promotion des achats

Alors que les techniques de promotion des achats sont couramment utilisées depuis longtemps aux Etats-Unis, les grandes entreprises françaises sont encore loin pour la plupart d'en percevoir l'utilité.

Jusqu'à ces dernières années, et si l'on met à part la publication de guides d'achat destinés aux fournisseurs, elles se contentaient de faire connaître leurs besoins en organisant des journées d'information comportant parfois des visites d'établissements. Du temps disponible était généralement réservé dans ces journées pour des rencontres entre acheteurs et preneurs d'ordres. Mais l'exemple des entreprises américaines qui présentent habituellement des composants en demandant aux fournisseurs éventuels s'ils peuvent proposer des prix inférieurs aux prix de revient actuels était rarement suivi. C'est la raison pour laquelle il faut prendre acte du succès croissant des manifestations du type « salons à l'envers » dans lesquelles les représentants de chaque donneur d'ordres reçoivent successivement dans des emplacements déterminés les sous-traitants qui viennent en visiteurs. Les premières initiatives de cette nature ont été prises par la Chambre régionale de commerce et d'industrie d'Aquitaine qui a lancé Sud-Ouest Cotraitance puis par COOPEREL, association créée par la Fédération des industries électroniques. Mais il convient surtout de mentionner le lancement en 1986 par la C.E.D.A.F. du salon France Achat qui s'est tenu successivement à Nantes, Lyon et Nancy, sous le nom d'Europ'achats, ce salon a réuni à Paris en 1989 quatre-vingts exposants représentant des sociétés françaises et étrangères de tailles très diverses dont une vingtaine de stature internationale. Il a reçu plus de mille deux cents visiteurs. Bâti sur un concept un peu différent, le carrefour de la sous-traitance organisé par la Chambre syndicale des banques populaires dans le cadre du M.I.D.E.S.T. connaît un succès d'affluence notable. Il a bénéficié en 1990 du concours de la C.D.A.F. qui a renoncé à renouveler Europ'achats. Le F.I.S.T. d'Orléans-Dijon est également couplé avec un salon à l'envers dénommé F.A.S.T..

Il ne semble pas, comme la crainte en a été parfois exprimée, que certains donneurs d'ordres n'aient vu dans leurs participations à des salons d'acheteurs que le moyen de recueillir des propositions pouvant les aider à faire baisser les prix de leurs sous-traitants actuels. Certes, les exposants ne manquent pas de rechercher les offres les plus compétitives. Mais les organisateurs attachent le plus grand prix à ce qu'elles portent sur des productions nouvelles et ne remettent pas en cause la réalisation d'opérations en cours. De toute façon, les donneurs d'ordres n'ont pas besoin de participer à ces salons s'ils ont l'intention pour remettre en cause les relations établies avec un fournisseur de faire appel à des concurrents.

CHAPITRE VIII

L'ÉTAT FACE AU PROBLÈME DE LA SOUS-TRAITANCE : EXEMPLES DE POLITIQUES MISES EN ŒUVRE

Au premier abord, il semble exclu qu'un Etat non dirigiste puisse réellement jouer un rôle actif dans le domaine de la sous-traitance. Toute pression exercée sur des entreprises, qu'elles soient privées ou publiques, pour les contraindre à sous-traiter ne peut qu'être considérée comme étant inopportune ou même comme illégale. Elle ne respecterait pas la liberté d'entreprendre et donc de contracter. Elle irait à l'encontre du droit pour les entrepreneurs de choisir la solution la plus adéquate pour réaliser un projet dans l'intérêt même du client final. Et, de toute façon, elle se heurterait à une opposition rendant hautement problématique l'organisation d'une collaboration quelconque. Les pouvoirs publics peuvent donc seulement, s'ils le souhaitent, encourager ou faciliter le recours à la sous-traitance par d'autres moyens que l'intervention directe. Le meilleur est encore de faire en sorte que les entreprises des sous-traitants deviennent plus performantes grâce à leur insertion dans un environnement technique, financier et juridique bien adapté à la nature de leurs activités.

En général, les comportements des Etats occidentaux sont conformes à ces orientations. Il y a lieu toutefois de mettre à part le cas des Etats-Unis car il est caractérisé par l'obligation pour les bénéficiaires de commandes publiques d'utiliser le plus largement possible le concours des P.M.E. aptes à participer à l'exécution des marchés dont ils sont titulaires. L'expérience japonaise présente aussi une certaine spécificité dans la mesure où elle associe la mise en œuvre d'un dispositif administratif de protection très élaboré avec l'application de nombreuses dispositions destinées à favoriser la promotion des P.M.E. sous-traitantes. Mais, ces exceptions mises à part, les pays occidentaux autres que la France se contentent de susciter la réalisation d'actions d'accompagnement qui sont conduites le plus souvent par des organismes publics ou semi-publics.

Afin de permettre une présentation plus détaillée de l'expérience française, son bilan ne sera pas dressé dans le présent chapitre mais dans le suivant. En outre, il a été jugé que l'épisode des conventions de stabilité (1982-1984) trouverait mieux sa place au chapitre X car, malgré sa brièveté, il a eu pour résultat de préparer plusieurs entreprises publiques à une nouvelle conception de leurs rapports avec leurs fournisseurs.

I. Aux Etats-Unis : les interventions de la Small Business Administration

Dès 1953, date de sa création par le Congrès, la S.B.A., dont le statut est celui d'une agence fédérale, s'est mise en mesure d'apporter aux petites entreprises placées sous sa protection des services dont la gamme est extrêmement diversifiée. Il ne saurait être question de présenter dans cet ouvrage un panorama complet de l'activité de cet organisme. Mais il est nécessaire de donner quelques indications de portée générale sur le fonctionnement de la S.B.A. Les actions qu'elle mène dans le domaine des marchés publics se combinent, en effet, avec d'autres interventions dont les sous-traitants tirent aussi bénéfice.

La S.B.A. comptait en 1988 plus de trois mille sept cents employés répartis entre le siège central, dix bureaux régionaux, quarante-deux centres de développement et une centaine de bureaux locaux. Elle peut donc être considérée comme une structure lourde, même à l'échelle des ETATS-UNIS. Le bénéfice de ses interventions est réservé aux entreprises indépendantes qui n'occupent pas une position dominante sur leur marché et ne dépassent pas une certaine taille fixée selon la nature des programmes ou des procédures mis en œuvre. Des programmes spécifiques ont été lancés au profit de certaines catégories d'entreprises placées dans des conditions économiques ou sociales désavantageuses, plus précisément celles qui sont dirigées par des femmes, des handicapés, des membres de minorités ou des vétérans.

La S.B.A. remplit tout d'abord une mission générale de représentation des intérêts de la petite entreprise. Cette mission est confiée à l'Office of Advocacy créé en 1976 pour servir d'interlocuteur privilégié vis-à-vis du gouvernement et des autres agences fédérales. Les interventions de la S.B.A. s'effectuent dans les domaines les plus variés ; mais des efforts particuliers ont été fournis pour développer l'assistance financière, notamment par l'intermédiaire des SMALL BUSSNESS INVESTMENT COMPANIES (S.B.I.C.), l'aide à la recherche et à l'innovation et le conseil en gestion.

Les actions les plus remarquables de la S.B.A. se situent cependant dans le cadre d'une politique originale dont le but est de faire attribuer aux petites entreprises la plus grande part possible des achats fédéraux. Cette politique a été redéfinie par la loi 95.507 d'octobre 1987. Celle-ci traite à la fois de la participation directe de ces petites entreprises à l'exécution des commandes publiques et du recours par les titulaires de marchés à la sous-traitance.

La loi de 1987 ne se contente plus de demander à ces entrepreneurs principaux de faire de leur mieux (best efforts) pour recruter leurs sous-traitants dans le Small Business. Ils sont tenus désormais de confier aux petites entreprises sous-traitantes tout ce qu'elles peuvent effectuer valablement *(... to maximum practicable opportunity)*.

Dans la pratique, tous les marchés d'un montant supérieur à 10 000 dollars comportent une clause de recours aux petites entreprises et aux entreprises possédées par des personnes désavantagées. Pour les marchés d'un montant supérieur à 500 000 dollars (1 000 000 dollars pour les marchés immobiliers), la loi prévoit la présentation d'un plan détaillé de recours à la sous-traitance avec des objectifs fixés en pourcentage de la valeur des lots considérés. En outre, le titulaire principal doit décrire les mesures qu'il prendra pour que les petites entreprises puissent avoir « une chance équitable » d'obtenir des sous-contrats. Pour les marchés négociés de gré à gré, le plan de sous-traitance est soumis à l'examen d'une présentant de la S.B.A. qui est le plus souvent un Procurement Center Representative (P.C.R.), personnage également compétent pour tout ce qui concerne l'accès direct des petites entreprises aux commandes publiques. Si le P.C.R. émet de sérieuses objections, le plan fait l'objet de demandes de modifications. La décision appartient en dernier ressort à l'administration contractante. Si le plan est finalement approuvé, son texte est annexé à celui du contrat. Le non-respect des engagements pris par l'entrepreneur principal peut entraîner l'annulation du marché s'il n'y est pas porté remède. Pour les marchés attribués sur appel d'offres, le plan soumis par l'entreprise la mieux disante est annexé au contrat ; sa mauvaise application peut également constituer un cas de rupture. Si l'administration contractante estime que ce plan ne correspond pas à l'effort maximum que l'entreprise pourrait fournir pour attribuer des sous-contrats aux entreprises petites ou désavantagées, elle doit demander son réexamen par la S.B.A.

Pour faciliter le fonctionnement de ce système, la S.B.A. dispose du concours d'agents spécialisés répartis sur l'ensemble du territoire des ETATS-UNIS : les Commercial Market Representatives. Ces agents aident les petites entreprises sous-traitantes dans la recherche de débouchés. Ils ont pour mission de faciliter l'accomplissement par le donneur d'ordres des obligations prévues par la loi 95-507, y compris la préparation des plans de sous-traitance. Ces agents servent de conseillers aux administrations contractantes. Ils participent au réexamen des plans jugés non satisfaisants et vérifient que les engagements pris sont bien tenus.

La S.B.A. met en oute à la disposition des petites entreprises un guide sur la sous-traitance qui recense les principaux titulaires de marchés passés au nom du Gouvernement fédéral en précisant leurs besoins.

Les résultats globaux sont assez remarquables. En 1987, les achats de biens et services effectués par le Gouvernement fédéral ont atteint un montant de 193,3 Mds de dollars. Sur ce total, les commandes directes aux petites entreprises représentent 35,4 Mds. Les commandes qu'elles ont reçues en sous-traitance portent sur 25,9 Mds de dollars, dont 21,6 ont été obtenus dans le cadre des marchés de la défense et 2,4 dans celui des marchés passés par le Département de l'énergie.

Pour juger de l'efficacité réelle d'un tel dispositif, il faut donc constater qu'il a été institué dans un pays où il existait des raisons particulières de faire supporter des contraintes aux administrations acheteuses et aux grands fournisseurs de l'Etat. Ces contraintes ont été la contrepartie de l'énorme effort militaire dont les plus grandes firmes ont été les principales bénéficiaires. Les mesures prises ont été présentées comme le corollaire de la législation anti-trusts. Elles tendent à maintenir un équilibre social et régional que le régime de la libre entreprise risque de mettre en péril. Il est significatif que le gouvernement REAGAN se soit abstenu de remettre en cause les méthodes de fonctionnement et l'organisation de la S.B.A. dans le cadre de sa politique de déréglementation.

Il convient aussi de signaler que l'activité de la S.B.A. exercée en faveur des sous-traitants ne se limite pas à l'attribution à leur profit de contrats passés par les titulaires de commandes publiques. La S.B.A. a conclu des accords de collaboration exclusive avec environ mille deux cents donneurs d'ordres, ce qui la met en mesure de répondre à leurs offres par la présentation de sous-traitants possédant les qualifications requises. Elle gère une banque de données intitulée « Procurement Automated Source System » (PASS). Cette banque est reliée par terminaux aux agences fédérales et à de nombreux utilisateurs privés. Elle permet de connaître la localisation, les activités et les capacités de production de plus de cent trente mille entreprises.

II. Au JAPON : un MITI tutélaire

Comme la politique américaine, la politique suivie au JAPON en matière de sous-traitance est l'un des volets de la politique menée en faveur des petites entreprises. Cette politique est tout à fait conforme à la conception qui inspire l'ensemble de la politique industrielle japonaise. L'objectif choisi est de concilier la logique de la libre entreprise et la nécessité de donner à un organe régulateur, le MITI (Ministère du Commerce International et de l'Industrie), des moyens suffisants pour faire en sorte que les professionnels puissent développer leurs activités de manière cohérente dans un sens conforme à l'intérêt général.

L'Agence pour la Petite et Moyenne Entreprise fait partie intégrante du MITI. Elle comporte une division des entreprises de sous-traitance qui exerce principalement ses attributions dans trois domaines.

En premier lieu, elle est chargée, en liaison avec la Commission pour la loyauté du commerce, de faire appliquer une loi de 1956 qui prohibe les retards de paiements dus aux sous-traitants. Cette loi sanctionne aussi diverses pratiques unilatérales ou anormales telles que les baisses de prix et les retours injustifiés ou la souscription de traites donnant lieu à des difficultés d'escompte. A cette tâche est employée une trentaine d'inspecteurs qui réalisent plus de trois mille enquêtes et traitent plus de deux mille dossiers par an.

Dans le cadre d'une autre loi qui date de 1970 et porte sur la promotion des petites et moyennes entreprises de sous-traitance, la même division remplit diverses missions tendant à faciliter le développement du marché et la modernisation du potentiel des preneurs d'ordres. En particulier, elle a fait réaliser et diffuser un guide sur « la promotion des petits sous-traitants grâce à la coopération avec leurs clients ». Toutefois, en ce qui concerne l'application de cette seconde loi, le rôle essentiel est assumé par l'Association pour la promotion des sous-traitants. Cette association, qui compte cent mille adhérents, est représentée dans chaque préfecture par une agence locale qui, entre autres tâches, fait office de médiateur en cas de conflit et sert d'organisme de rapprochement avec les donneurs d'ordres. La loi de 1970 comporte aussi des dispositions qui, sous le nom de « normes de promotion économique », constituent en fait une charte déontologique de la sous-traitance. Elle prévoyait l'établissement de plans sectoriels dont la réalisation devait être assortie d'avantages fiscaux et financiers au profit des sous-traitants concernés. Onze de ces plans ont été élaborés ; mais leur application s'est soldée finalement par des échecs ; les mesures prévues n'ont pas été jugées suffisamment attractives pour que les donneurs d'ordres et les sous-traitants aient intérêt à se rapprocher et à les mettre en œuvre.

La division des entreprises de sous-traitance a une troisième responsabilité : veiller à ce que les P.M.E. susceptibles de recevoir des commandes publiques bénéficient d'un traitement équitable de la part du gouvernement et des agences publiques, conformément aux dispositions d'une troisième loi, votée celle-ci en 1966. Ces dispositions présentent un certain intérêt ; mais elles sont moins précises et moins contraignantes que les mesures mises en œuvre par la S.B.A. et portent sur un montant d'achats publics beaucoup plus faible qu'aux Etats-Unis.

III. L'attitude des principaux pays européens

Contrairement à ce qui s'est passé aux ETATS-UNIS et au JAPON, nos partenaires de la Communauté Economique Européenne n'ont pas pris des mesures législatives particulières en faveur de leurs sous-traitants. Il ne faut pas en conclure pour autant que, dans ces Etats, les autorités nationales ou régionales s'abstiennent par seul souci de libéralisme de favoriser le développement des relations entre grandes et petites entreprises. On conçoit qu'une telle législation ne paraisse pas s'imposer dans les pays où des dispositions d'ordre général sanctionnent sévèrement les abus de positions dominantes, ni dans ceux où les relations de sous-traitance à caractère répétitif font l'objet de contrats précisant dans le détail les droits et devoirs des parties.

Si on laisse de côté les mesures qui ont été prises ou sont en préparation dans plusieurs pays pour promouvoir la certification d'entreprise (cf. chapitre XII), les mesures d'incitation ou d'accompagnement sont les seules dont il peut être fait état. Il s'agit en général de mesures indirectes qui ne font l'objet d'aucun affichage. Elles tendent à donner à certains organismes publics ou semi-publics les moyens nécessaires pour leur permettre d'apporter une assistance technico-commerciale appropriée aux sous-traitants qui souhaitent développer leurs activités. L'Allemagne de l'Ouest, la Belgique, l'Espagne et l'Italie constituent apparemment les cas les plus exemplaires de recours à de telles mesures.

Dans l'ancienne R.F.A., la seule action spécifique menée au niveau national a consisté dans l'établissement d'un guide sur les aspects juridiques des contrats de sous-traitance par l'Office de rationalisation de l'économie. Mais les sous-traitants bénéficient en tant que P.M.E. d'aides multiples et très substantielles à l'innovation et à la modernisation de leurs techniques de production. Ils ont accès à des financements souvent très avantageux qui leur sont apportés tant par l'Etat fédéral que par les Länder pour certaines catégories d'investissements.

Pour l'essentiel, une assistance technico-commerciale spécifique est apportée par le réseau des Chambres des métiers. Il convient de rappeler à ce sujet que l'entreprise artisanale allemande se définit non par son effectif mais par la possession par l'entrepreneur d'un titre de qualification. Elle peut donc avoir la taille d'une P.M.E. d'une certaine importance. Quant aux entreprises non artisanales, il leur faut surtout compter sur le concours de leurs organisations professionnelles ou sur celui des associations régionales dont elles font souvent partie. Les Länder contribuent financièrement à la réalisation de participations collectives aux différents salons où les sous-traitants peuvent exposer. Ils ont facilité dans certains cas la constitution de groupes de sous-traitants qui se sont organisés pour mener en commun des actions de prospection et pour présenter éventuellement des offres conjointes.

En BELGIQUE, il convient surtout de faire état des actions de promotion menées par des institutions publiques régionales : l'Institut Provincial des Classes Moyennes pour la Wallonie (I.P.C.M.) et le GOMOL, société de développement régional, en Flandre occidentale. L'I.P.C.M. s'efforce d'aider les sous-traitants à améliorer leur gestion. Son rôle est complémentaire par rapport à celui qu'exerce la bourse de sous-traitance de LIÈGE. Le GOMOL a comme tâche principale la mise en relation par les différents moyens utilisables des donneurs d'ordres et des sous-traitants. L'association INTER-

REGIO, présidée par le ministre belge des Classes moyennes, a pour membres les administrations nationales et régionales concernées et les différents organismes qui s'occupent de sous-traitance. En fait, son activité se limite à l'organisation d'expositions qui se tiennent selon les années à BRUXELLES, à LIÈGE ou à GAND.

En ESPAGNE, l'Institut de la Moyenne et Petite Industrie (I.M.P.I.) s'est donné pour missions d'orienter et d'élargir l'action de quatorze bourses de sous-traitance rattachées à des chambres de commerce dans le cadre d'une Commission nationale de la sous-traitance. Celle-ci a créé des sous-commissions qui ont compétence pour traiter de certains sujets : participation aux foires internationales, normes et homologations, etc.

En ITALIE, les pouvoirs publics n'interviennent en faveur de la sous-traitance que de façon très ponctuelle, principalement pour faciliter la participation des entreprises à certaines expositions ou le financement des activités des groupements d'exportateurs. En revanche, les chambres de commerce, par l'intermédiaire d'associations régionales, jouent un rôle important dans la promotion de la sous-traitance en liaison avec les organisations sectorielles. Dans plusieurs cas, elles ont contribué à la création de banques de données informatisées. Les petites entreprises bénéficient de concours divers apportés par la Fédération nationale de l'artisanat. Mais la promotion commerciale est surtout l'affaire de consortiums qui regroupent les entreprises pour mener à bien les actions de prospection, notamment à l'étranger.

CHAPITRE IX

LES COMPORTEMENTS SUCCESSIFS DES POUVOIRS PUBLICS FRANÇAIS

Depuis la création en 1969 d'un secrétariat d'Etat à la Moyenne et Petite Industrie et à l'Artisanat, les pouvoirs publics français ont pris un certain nombre d'initiatives tendant, soit à faciliter le développement des relations de sous-traitance, soit à garantir leur sécurité. Il peut sembler excessif de qualifier de politique, au plein sens du terme, l'ensemble de ces initiatives. Mais, abstraction faite de l'épisode des conventions de stabilité, il apparaît que l'administration française n'a jamais essayé d'influer sérieusement sur le comportement des acteurs économiques en présence : ni pour les inciter à se rapprocher, ni pour les obliger à modifier le contenu de leurs conventions. En revanche, il a été fait un très large usage de la concertation avec les différentes catégories de professionnels concernés. La continuité de cette ligne de conduite autorise l'emploi du mot « politique », étant observé qu'il s'agit uniquement d'une politique d'accompagnement.

I. La genèse

Pour apprécier la portée des mesures prises, il ne faut pas perdre de vue que l'attitude de l'administration a été longtemps peu favorable à la sous-traitance. Le souvenir d'abus qui avaient été commis sous l'Ancien Régime et, plus particulièrement, pour les fournitures militaires, pendant les guerres de la Révolution et de l'Empire était resté vivace. Plus généralement les tribunaux demeuraient très attachés à la règle de l'exécution des contrats par ceux qui avaient été choisis *intuitu personae* pour y procéder. Toute dérogation à cette règle était jugée illicite si elle n'avait pas fait l'objet d'un accord explicite du maître de l'ouvrage. Avant l'institution de la taxe sur la valeur ajoutée, la fiscalité indirecte pénalisait le recours à la sous-traitance car elle était fondée sur un système d'impositions en cascade frappant les stades successifs d'un même circuit économique, le cumul des marges servant de justification à ce cumul de taxes.

En décidant en 1960 d'apporter son soutien à la création des bourses de sous-traitance, le Commissariat général du plan fut la première administration à manifester son intérêt pour le développement d'une pratique qui lui paraissait propre à permettre une meilleure utilisation des parcs de matériels détenus par les P.M.E.

Dans une vue plus large, le rapport d'orientation du 5e Plan s'efforça de contrebalancer la priorité donnée à la constitution de grands groupes de taille internationale. Il recommanda l'adoption d'une politique favorable aux P.M.E. qui tiendrait compte notamment de l'intérêt présenté de ce point de vue par le recours à la sous-traitance.

Pour donner suite à cette recommandation, un poste de secrétaire d'Etat à la Moyenne et Petite Industrie et à l'Artisanat, placé auprès du ministre de l'Industrie, fut créé en 1969. Sous l'égide de son titulaire, M. Gabriel KASPEREIT, deux groupes d'experts furent constitués. L'un, sous la présidence de M. LUCIEN, traita de l'évolution générale des relations entre grandes, moyennes et petites entreprises. L'autre, présidé par M. CHEYROUZE, se chargea d'étudier les moyens à mettre en œuvre pour organiser et développer l'activité de sous-traitance par le biais des marchés publics. Dans un cadre plus général, un programme expérimental de promotion de la moyenne et petite industrie fut lancé immédiatement. Il devait permettre la réalisation d'une série d'opérations pilotes ayant presque toutes un caractère régional[1]. Leurs programmes particuliers comportaient dans la plupart des cas la réalisation d'actions intéressant spécifiquement les sous-traitants. Les responsables de ces opérations étaient tenus de participer avec un certain nombre d'industriels bénéficiaires à un groupe d'échanges et de coordination (G.E.C.) où l'analyse de leurs outils de gestion était effectuée en commun sous la conduite du groupe Méthodes composé lui-même de fonctionnaires intéressés par une recherche sur l'action de l'Etat. L'exécution du programme expérimental fut poursuivie jusqu'en 1977. D'autres mesures furent prises en faveur de la sous-traitance ; soutien jusqu'en 1974 des activités de l'INSTAT, appui donné au CENAST pour la préparation de la Charte de la sous-traitance. En revanche, le ministère de l'Industrie, considérant que les secteurs dont il avait la tutelle étaient peu concernés par les mesures en préparation, ne joua qu'un rôle secondaire dans les travaux qui

1. Les fondements méthodologiques, le mode de fonctionnement du programme expérimental M.P.I. et les enseignements qui en ont été retirés ont fait l'objet d'une publication du groupe Méthodes et de l'Association contrôle et changement intitulée *Un contrôle public expérimental*, Paris, la Documentation française, 1979.

précédèrent le vote de la loi du 31 décembre 1975 relative à la sous-traitance.

Il fallut attendre la publication du décret n° 7668 du 20 juillet 1976 pour que le rôle de chef de file du ministère de l'Industrie en matière de sous-traitance lui soit reconnu. Ce décret institua un organisme de concertation interministériel : la Commission technique de la sous-traitance. Il en confia la présidence au délégué à la petite et moyenne industrie dont le poste venait d'être créé. Cette prééminence du ministère de l'Industrie a été confirmée par le décret n° 80.1069 du 23 décembre 1980 qui a placé cette commission sous la présidence directe du ministre chargé dans l'organisation gouvernementale des problèmes concernant les P.M.E.-P.M.I. Mais, dans la pratique, le ministère de l'Industrie n'exerce des pouvoirs effectifs que dans les seuls domaines qui sont spécifiquement de sa compétence. Même en usant de ses possibilités d'intervention, il ne peut, en effet, avoir une influence déterminante sur le traitement de nombreux problèmes particulièrement sensibles pour les sous-traitants mais qui sont du ressort d'autres départements ministériels : accès aux marchés publics, réglementation du crédit inter-entreprises, questions propres aux secteurs des industries aéronautiques ou agro-alimentaires, etc. En particulier, toute extension du champ d'application de la loi de 1975 dans un sens qui serait plus favorable aux sous-traitants industriels devrait recevoir l'accord du ministre tuteur des professions du bâtiment et des travaux publics. Un tel accord est peu probable car les représentants de ces professions sont très attachés à la définition de la sous-traitance contenue dans cette loi. Ils s'opposeraient vigoureusement à toute mesure qui permettrait aux fournisseurs de matériaux et d'autres produits destinés à la construction de bénéficier des protections instituées en 1975.

Il faut observer, d'autre part, que le ministère de l'Industrie français n'a jamais disposé d'un bras séculier du type « Small Business Administration ». Pour contribuer au développement des P.M.I., il ne peut compter que sur le concours d'un nombre limité d'agents répartis dans les Directions régionales de l'industriel et de la recherche et chargés principalement de gérer des procédures d'aides déconcentrées ou décentralisées. Ses possibilités d'intervention sur le terrain sont de ce fait assez limitées.

II. La période contemporaine (1976-1990)

Les initiatives prises par les pouvoirs publics pendant cette période sont à classer sous trois rubriques : amélioration des conditions d'application de la loi de 1975 ; organisation ou renforcement de points d'appui régionaux, développement de la concertation dans le cadre de la Commission technique de la sous-traitance et suites données aux travaux de cette Commission.

L'application des dispositions de la loi de 1975

Le vote de cette loi a fait de la France le seul pays européen à s'être doté d'un dispositif particulier de protection en faveur des sous-traitants. La recherche de solutions susceptibles de renforcer l'efficacité de ce dispositif a constitué la tâche principale de la section « Bâtiment et travaux publics » de la Commission technique de la sous-traitance. Cette recherche a permis d'améliorer sensiblement la situation initiale bien que les progrès réalisés soient loin de donner satisfaction à toutes les parties intéressées. Cette amélioration est le résultat de négociations qui furent parfois laborieuses entre les administrations compétentes, les professions intéressées et les représentants de la communauté bancaire. Parmi les problèmes traités, les plus difficiles à résoudre ont été soulevés par la détermination des droits du sous-traitant non déclaré au maître de l'ouvrage et par l'institution de mécanismes, permettant à l'entrepreneur principal d'obtenir la caution bancaire qu'il est tenu de fournir en vertu de l'article 14 de la loi de 1975.

L'application de la loi de 1975 a aussi nécessité l'adaptation de certaines dispositions de la réglementation des marchés publics concernant la sous-traitance. Des mesures avaient déjà été prises en faveur des sous-traitants par un décret-loi de 1953 et plus récemment par un décret du 14 mars 1973. Ce dernier texte a donné suite aux recommandations du groupe d'experts présidé par M. CHEYROUZE en supprimant notamment l'obligation pour l'entrepreneur principal d'obtenir une autorisation expresse de sous-traiter. Il a organisé en revanche une procédure d'acceptation du sous-traitant par l'administration. Il avait également élargi les possibilités d'accès des sous-traitants au paiement direct par le maître d'ouvrage sans donner toutefois à cette procédure un caractère automatique. Il s'efforçait aussi d'empêcher le titulaire principal d'un marché de le nantir pour la totalité de son montant au détriment des sous-traitants ; mais les dispositions prises à cet effet s'avérèrent insuffisantes pour atteindre le but recherché.

L'entrée en vigueur des dispositions de la loi du 31 décembre 1975 applicables aux marchés publics eut des effets contradictoires. Cette loi a rendu obligatoire le paiement direct des sous-traitants dont l'intervention a été acceptée et les conditions de paiement agréées par le maître de l'ouvrage dans les conditions prévues par son article 3 si leur créance est supérieure à 10 % du montant total du marché pour les commandes intéressant la Défense nationale et à 4 000 francs pour les autres marchés. En revanche, la loi de 1975 a restreint le champ d'application de la notion de sous-traitance dans le domaine des marchés publics. En interprétant la définition donnée par cette loi dans un sens strict qui n'était peut-être pas conforme à la volonté du législateur, l'article 2 du décret n° 76.476 du 31 mai 1976 a exigé que le marché public ait le caractère d'un contrat d'entreprise[2]. En outre, la circulaire d'application du 7 oc-

2. L'article 2 du décret du 3 mai 1976 (J.O. du 3 juin 1976) a été modifié par un autre décret en date du 15 février 1985 qui a institué une présomption d'acceptation

tobre 1976 précise que le sous-traité doit désormais s'analyser dans tous les cas comme un contrat de louage de service. La réglementation des marchés a donc privilégié la notion de sous-entreprise et abandonné définitivement celle de sous-commande. Ce repli a donné satisfaction aux administrations qui, pour des raisons de commodité de gestion, entendaient limiter le champ d'application du paiement direct. Mais l'opportunité de cette restriction peut sembler contestable.

Si l'on se place non plus sur le plan juridique mais sur le plan économique, force est de constater que l'Etat en est resté dans le domaine des marchés publics à une attitude de simple neutralité. Or, l'adoption d'une telle attitude n'est pas suffisante pour empêcher les titulaires de marchés d'utiliser au maximum leurs propres moyens de production pour éviter d'avoir à partager leurs profits avec des sous-traitants. Une circulaire du Premier ministre en date du 16 octobre 1969 avait pourtant admis que la mise en œuvre par le contractant d'une politique rationnelle de sous-traitance pouvait constituer un élément à prendre en compte pour la fixation des marges dans les marchés négociés de gré à gré. Mais cette disposition, intégrée dans un guide sur les calculs de coûts et de marges, n'a pratiquement pas été appliquée.

Les services compétents du ministère de l'Economie et du Budget n'ont jamais caché qu'ils souhaitaient plutôt favoriser la participation directe des P.M.E. à l'exécution des commandes publiques. Une circulaire du 21 juin 1977 publiée au *Journal officiel* du 23 juin suivant contient effectivement une série de prescriptions et de recommandations qui vont en ce sens ; mais elle ne propose aucun objectif précis aux administrations destinataires. Cette circulaire s'efforce notamment d'encourager la présentation d'offres groupées par les P.M.E. grâce à l'utilisation de formules de co-traitance. Elle ne fait allusion à la sous-traitance que pour demander aux acheteurs publics, pour les marchés négociés importants, d'inciter leurs fournisseurs à effectuer des études de « faire » ou « faire faire ».

Le soutien de programmes d'assistance technico-commerciaux

Pendant la période 1969-1975, les actions lancées par l'INSTAT dans un certain nombre de régions et reprises par les Chambres de commerce et d'industrie après la disparition en 1974 de cet organisme avaient déjà bénéficié de concours financiers, soit par l'octroi de subventions directes, soit dans le cadre d'opérations du programme M.P.I. En 1973, le rapport STEFANELLY présenté au nom du Conseil économique et social préconisa la constitution de centres régionaux de sous-traitance créés à partir des Bourses subsistantes ou sur leur modèle mais ayant une mission élargie.

En 1976, la politique de soutien aux P.M.I. conçue par le délégué

et d'agrément tacites opposables aux administrations qui n'auraient pas répondu dans les vingt et un jours suivant la présentation d'une demande formulée par l'entrepreneur principal.

à la petite et moyenne industrie prit pour principaux supports les réseaux d'assistance technique déjà organisés ou susceptibles d'être créés par des organismes consulaires. Dans la plupart des régions concernées, une partie des crédits en cause fut mise à la disposition des chambres de commerce ou d'associations constituées entre elles et d'autres partenaires pour permettre aux entreprises de sous-traitance situées dans leurs ressorts d'accroître leurs débouchés et d'améliorer leurs méthodes de gestion. L'ambition du délégué était d'assurer progressivement la couverture complète du territoire par un ensemble de points d'appui dont les activités seraient coordonnées. De la sorte, l'objectif fixé par le Conseil économique et social en 1973 aurait pu être atteint sans que soit rendue nécessaire la création d'une administration spécialisée du type S.B.A.

Les résultats obtenus grâce à cet effort financier furent plus ou moins positifs selon les régions. Certaines opérations eurent néanmoins des suites durables. La formation de l'Association pour la promotion de la sous-traitance dans le Grand Sud-Ouest permit effectivement de coordonner les actions des organismes consulaires des quatre régions méridionales concernées. Les activités de la Bourse de sous-traitance du centre et de l'ouest de la France bénéficièrent d'un rattachement plus étroit à la Chambre de commerce et d'industrie de la région Centre.

Depuis 1978, le ministère de l'Industrie a renoncé à lancer d'autres programmes de cette nature en faveur de la petite et moyenne industrie. Les secrétaires d'Etat qui furent chargés successivement de la petite et moyenne industrie, M. Torre puis M. Prouteau s'attachèrent surtout à améliorer les conditions de financement de ce secteur, ce qui donna lieu à l'institution du Crédit d'équipement des P.M.E. et à rendre plus aisées les créations et transmissions d'entreprises. Des procédures permanentes d'aide au conseil et d'incitation aux investissements dans les technologies avancées ont été instituées progressivement. L'annexe IV décrit les modalités des principaux dispositifs en vigueur.

Les initiatives des organismes de promotion de la sous-traitance ne sont plus financées par le ministère que dans des cas particuliers. Le plus souvent, il s'agit de faciliter le déroulement d'opérations bénéficiant également du soutien de conseils régionaux ou généraux.

L'œuvre de la Commission technique de la sous-traitance

Le décret du 20 juillet 1976 a confié à cette Commission les missions suivantes : améliorer et élargir la diffusion des informations sur la sous-traitance ; étudier les problèmes posés par sa pratique et suggérer aux pouvoirs publics toutes mesures en cette matière. Le but recherché était d'aménager un lieu de rencontre propice à l'organisation d'une concertation permanente entre les administrations les plus concernées, un échantillon caractéristique de donneurs et de preneurs d'ordres et les représentants des diverses catégories d'organismes de promotion.

La présidence de la Commission est assurée depuis 1980 par le ministre ou le secrétaire d'Etat chargé de la petite et moyenne industrie. Mais l'usage a voulu qu'il se fasse habituellement représenter et n'assiste personnellement qu'aux réunions revêtant une importance particulière.

La Commission est composée de 27 membres nommés pour une période de trois ans par arrêté ministériel. Ainsi qu'il résulte des décrets du 23 décembre 1980 et du 12 février 1987, ces 27 membres se répartissent de la façon suivante : 6 représentants de l'administration, 7 représentants de fédérations ou de syndicats professionnels et 6 représentants d'autres organismes de promotion, 8 entrepreneurs dont 4 travaillant habituellement en sous-traitance et 4 recourant fréquemment à cette pratique. Depuis l'entrée en vigueur du décret du 23 décembre 1980, les représentants des ministres chargés respectivement de la petite et moyenne industrie et de l'équipement font office de secrétaires généraux. Toutefois, le décret du 12 février 1987 n'a pas eu de suite d'application, le ministre de l'Industrie de l'époque n'ayant pas jugé bon de signer l'arrêté qui aurait dû nommer pour un nouveau mandat triennal les membres de la Commission à compter du 5 juin 1987. La Commission n'a donc plus de véritable existence juridique à partir de cette date. Toutefois, sous une forme officieuse, elle a continué de servir de cadre pour la réalisation de divers travaux menés en concertation en 1987 et 1988 avec les professionnels qui participaient antérieurement à ses activités.

Cette composition pluri-catégorielle a permis d'assurer de façon équilibrée la représentation du secteur industriel et celle du secteur « Bâtiment et travaux publics ». En outre, pour tenir compte des conceptions propres à chacun de ces secteurs et de la nature différente des problèmes à traiter, le décret de 1976 a prévu, plus spécialement à leur intention, la création de sections distinctes. Celles-ci ont accueilli en leur sein des personnalités dont la participation permettait d'accroître leur représentativité. Elles ont joué un rôle essentiel dans la conduite des travaux et la formulation de leurs conclusions. Pour l'essentiel, les séances plénières ont été consacrées à raison d'une ou deux par an à l'examen des affaires dont le traitement nécessitait une prise de position officielle. Il n'a pas été possible d'assurer par la création d'une troisième section la représentation des industries du textile et de l'habillement, ce qui aurait peut-être été souhaitable mais dont la conséquence aurait été un alourdissement notable du fonctionnement de la Commission.

Ce besoin de démultiplication a conduit également à la constitution pour chaque thème méritant une étude approfondie d'un groupe de réflexion comprenant à la fois des membres de la Commission et des experts possédant les qualifications ou l'expérience professionnelle requises.

Cette organisation a permis d'effectuer des travaux de natures très diverses. Il en est résulté la production de nombreux documents qui ont fait l'objet pour la plupart d'une publication par les soins du ministre de l'Industrie ou d'une large diffusion : rapports généraux annuels ou pluri-annuels, rapports de groupes d'experts, études traitant de thèmes particuliers, recommandations votées en séances plénières ou traduisant les positions prises au niveau des sections sur des questions à traiter en urgence.

La première période de fonctionnement de la Commission (mars 1977-février 1978) s'est achevée sur la présentation d'un rapport intitulé « Premières réflexions » qui a été publié par le ministère de l'Industrie sous le n° 20 de la collection « Etudes de politique industrielle ». Ce document contenait quarante-cinq propositions qui tendaient plus particulièrement à améliorer le cadre juridique des opérations de sous-traitance, faciliter la mise en œuvre d'une politique de qualité, organiser sur une base équitable les relations entre donneurs et preneurs d'ordres. La diffusion de méthodes de gestion adaptées au cas des sous-traitants, la création d'un appareil statistique valable et la mise au point d'un dispositif d'observation de la conjoncture figuraient aussi parmi les objectifs retenus. Toutefois, sauf en ce qui concernait l'application de la loi de 1975, ce document s'efforçait surtout d'établir un corps de doctrines et d'ouvrir des pistes pour des réflexions ultérieures.

De 1979 à 1988, la plupart des sujets, déjà évoqués dans le rapport initial et certains thèmes nouveaux ont été abordés par les sections ou traités en réunions d'experts.

Le bilan qui peut être dressé pour l'ensemble de cette période permet de constater qu'une énergie considérable a été dépensée pour faire avancer les choses dans quatre domaines : l'adaptation du droit des affaires, l'amélioration des performances techniques des sous-traitants, l'élargissement de leurs débouchés, l'organisation de relations plus équilibrées et durables.

Dans le domaine du droit des affaires, l'activité de la Commission ne s'est pas limitée à la recherche des remèdes qui pouvaient être apportés aux difficultés de fonctionnement de la loi de 1975, tâche principale de la section « B.T.P. » Ainsi qu'il en est fait mention au chapitre I, les travaux du groupe d'experts présidé par le Pr Ghestin ont été présentés dans un document précisant la nature du contrat d'entreprise en matières mobilière et immobilière. Ce texte fut publié dans le numéro de janvier-mars 1981 de la *Revue trimestrielle de droit commercial.* Un autre groupe d'experts, présidé par le Pr Bigot, traita des problèmes soulevés par le recours à l'assurance pour compte commun qui permet de couvrir par une même police les risques assumés par le donneur d'ordres et le sous-traitant dans le cadre d'un programme déterminé. Son rapport fut publié en 1980 dans la *Revue des assurances.*

La section « Industrie » s'est préoccupée à plusieurs reprises, et avec beaucoup d'insistance, de trouver des solutions permettant d'assurer la protection des sous-traitants contre les abus du crédit inter-entreprises et contre le risque de non-règlement des créances existant à l'encontre des donneurs d'ordres[3]. Mais les propositions

3. Rapport du groupe de travail présidé par M. Dubouillon dont une synthèse figure dans le rapport d'étape C.T.S.T. 1980.

formulées en la matière sont restées sans suite, les administrations ayant pouvoir de décision dans ce domaine considérant que les délais de paiement ne pouvaient être réduits sans mettre en danger d'autres secteurs économiques. Tirant les conclusions de cet échec, le secrétariat général de la Commission s'est efforcé d'orienter les réflexions dans une autre direction : l'amélioration du dispositif institué par la loi DUBANCHET du 12 mai 1980 relative aux clauses de réserve de propriété modifiée par la loi du 25 janvier 1985. Dans un premier temps, il fallut se contenter de mettre à la disposition des sous-traitants un guide sur l'utilisation de ces clauses. Un document présenté sous une forme provisoire en 1986 et définitive en 1987 fut diffusé à cet effet à plus de trois mille exemplaires. A la suite d'études approfondies et de la présentation du rapport rédigé par le Pr GHESTIN une résolution proposant diverses modifications des textes en vigueur a été votée en juin 1989[4].

En 1987, le Centre de droit des obligations de l'université de Paris I-Panthéon Sorbonne a réalisé pour la Commission une étude sur le recours à la co-traitance et plus particulièrement sur la constitution de groupements d'entreprises. Son texte a été publié dans le rapport d'étape de 1989 de la Commission (cf. chapitre XVIII).

L'adaptation du potentiel des entreprises de sous-traitance aux nouvelles exigences de la compétitivité industrielle est devenue très rapidement l'une des préoccupations majeures de la Commission, ce qui l'a conduite à engager plusieurs études sur l'accès des sous-traitants aux technologies avancées. Elle a été réalisée par un groupe de travail présidé par l'ingénieur en chef de l'armement SAINTOURS-PAYERNE avec le concours d'experts hautement qualifiés, appartenant notamment au secteur aéronautique. Ce groupe s'efforça tout d'abord de déterminer les mesures à prendre pour faciliter la diffusion de certaines technologies dont l'emploi devenait d'une importance croissante pour les P.M.E. sous-traitantes. Il s'agissait plus particulièrement des matériels à commande numérique, des lasers à usage industriel, des robots, des équipements de conception et de fabrication assistées par ordinateurs, des ateliers et cellules flexibles et de l'utilisation des matériaux composites. Une deuxième phase fut consacrée à l'étude des problèmes généraux soulevés tant par l'acquisition d'équipements de conception avancée que par la formation des personnels chargés de mettre en œuvre des technologies nouvelles. Trente-quatre recommandations ont été formulées en juillet 1982 dans un rapport de synthèse[5]. Ce rapport n'eut pas toutes les suites immédiates que ses auteurs avaient espérées. Mais, avec un recul de huit années, il apparaît que ses recommandations allaient pour la plupart dans la bonne direction, qu'elles portent sur l'institution de procédures d'incitation efficaces, la création de lieux de rencontre entre chercheurs et

4. Rapport d'étape C.T.S.T. 1989, pages 149-150.
5. Publié dans le document n° 33 de la collection « Etudes de politiques industrielles » qui contient également le rapport sur les conventions de stabilité.

industriels, l'organisation de nouvelles formations ou la normalisation des logiciels de C.A.O.-F.A.O.

Le Secrétariat général de la Commission a été associé étroitement aux travaux qui ont abouti à la création d'une organisation nationale de la certification d'entreprise : l'Association française pour l'assurance de la qualité (cf. chapitre XII). Un document intitulé « Les politiques de qualité et de formation chez le sous-traitant », qui contient de nombreuses propositions d'action, a été inclus dans le rapport d'étape 1988.

Pendant les périodes de récession ou de moindre progression du marché de la sous-traitance, la Commission n'a pas manqué de se faire l'écho des inquiétudes ou des doléances des professionnels ; mais elle s'est gardée d'adopter une conception trop défensive de son rôle. La section « Industrie » a dénoncé le caractère inéquitable et les conséquences anti-économiques de la sous-traitance pratiquée par des entreprises, habituellement grosses donneuses d'ordres, dont des ateliers ou des usines sont en sous-emploi. Elle s'est préoccupée des conditions dans lesquelles, au cours du deuxième semestre 1981, certaines entreprises publiques ont procédé à des opérations de rapatriement. Les investigations effectuées auprès de ces entreprises ont permis de se rendre compte qu'il s'agissait dans la plupart des cas de régulariser la situation de travailleurs mis à la disposition de ces entreprises par des loueurs de main-d'œuvre ne respectant pas les dispositions régissant le travail temporaire. A la même époque, pour éviter que les obligations contenues dans les contrats de solidarité ne soient respectées qu'en réduisant le recours à la sous-traitance, la Commission demanda que les aides de l'Etat soient accordées en tenant compte de l'ensemble des emplois créés ou maintenus par les bénéficiaires de ces contrats y compris les emplois stables induits chez les preneurs d'ordres. Mais, d'une manière générale, il a toujours été admis que le marché de la sous-traitance était un marché ouvert où la disparition des entreprises les moins compétitives était inévitable. Il n'a jamais été contesté que les choix entre faire et faire faire pouvaient être remis en question, à condition que la suppression des commandes passées au sous-traitant n'intervienne pas trop brutalement.

Des propositions ont été formulées en 1980 pour favoriser la promotion de la sous-traitance française à l'étranger par un groupe présidé par M. Léon PINET, membre du Conseil économique et social. Elles tenaient compte des conclusions d'une étude réalisée en septembre 1979 par M. Michel CARLE, maître assistant à Paris-Dauphiné, qui portait sur l'ensemble des problèmes posés par le développement de la sous-traitance internationale. Cette étude laissait prévoir notamment un développement progressif de l'activité des sous-traitants originaires de pays lointains, plus spécialement pour les travaux très répétitifs et n'exigeant pas un haut niveau technologique. En conformité avec les propositions du groupe PINET, le Centre français du commerce extérieur élabora avec le concours du ministre de l'Industrie, un guide du sous-traitant exportateur qui fut publié en 1983 et réédité avec certains compléments en 1986. Deux antennes destinées à faciliter l'accueil et l'orientation des sous-traitants furent créées par la Fédération des industries mécaniques avec l'appui technique des postes d'expansion économique français, l'une à DUSSELDORF, l'autre à BIRMINGHAM. La première a, semble-t-il, rempli sa mission de façon très satisfaisante. La seconde n'eut malheureusement qu'une brève durée de vie.

Le problème posé par le développement des compensations internationale dans le domaine de la construction aéronautique a été évoqué à plusieurs reprises. Les représentants des sous-traitants français ne s'inquiétèrent pas outre mesure des conséquences de ce développement ; mais ils demandèrent avec insistance que les pouvoirs publics leur facilitent les introductions nécessaires pour bénéficier eux-mêmes des droits à compensation reconnus en cas d'achat d'appareils étrangers. En fait, l'attitude des grands constructeurs américains ne leur permit d'obtenir que des satisfactions très limitées.

En ce qui concerne l'amélioration générale du mode de fonctionnement des relations de sous-traitance, la Commission technique n'a pas pris d'initiatives spectaculaires en dehors de celles qui ont eu pour objet la conclusion d'accords à moyen terme, propres à stabiliser les courants d'échanges (cf. chapitre X). Elle aurait pu toutefois jouer un rôle plus actif en matière de déontologie. Le 13 octobre 1983, la section « Industrie » avait, en effet, dénoncé le caractère illicite d'une clause prévoyant la constitution d'avoirs d'offices retenus pour malfaçons sur les sommes dues à un sous-traitant sans qu'il y ait l'accord de celui-ci sur leur montant. Trois autres clauses litigieuses ont été examinées par la section « Industrie » le 15 décembre 1986. Pour poursuivre dans cette voie, il n'aurait pas été aberrant de constituer un sous-comité chargé de l'examen des clauses abusives ou contraires à l'esprit de partenariat. Les avis de ce comité n'auraient pas eu par eux-mêmes d'effets contraignants mais, étant susceptibles d'être pris en considération par les tribunaux, leur diffusion aurait permis de mettre en garde les donneurs d'ordres tentés d'utiliser des clauses dont le caractère pouvait être considéré comme contestable.

III. Essai d'évaluation

Du bilan présenté ci-dessus, on pourrait être tenté de tirer la conclusion que les bonnes intentions manifestées vis-à-vis de la sous-traitance dans les discours officiels n'ont pas empêché les pouvoirs publics d'en rester, sauf exception, au stade des velléités ou des demi-mesures.

Une loi relative à la sous-traitance a bien été votée. Mais elle ignore la notion de sous-traitance industrielle et ne protège que marginalement les entreprises n'appartenant pas aux secteurs du bâtiment et des travaux publics. Est-il suffisant pour justifier cette anomalie de préciser que, dans leur grande majorité, les sous-traitants industriels étaient encore convaincus en 1975 que toute mesure de protection spécifique aurait eu pour effet de réduire le recours à leurs services ?

Dans le domaine des marchés publics, la circulaire de 1969 sur la fixation des prix et des marges avait ouvert une voie qui aurait dû permettre d'apprécier le caractère sérieux des choix entre « faire et faire faire », tout au moins pour les marchés négociés de gré à gré. Cette voie n'a pratiquement pas été suivie. Le maître d'ouvrage n'intervient qu'au moment où l'acceptation du sous-traitant lui est demandée. Il n'a aucune possibilité de s'assurer que l'entrepreneur principal n'a pas fait un choix discutable en s'abstenant de faire appel à des sous-traitants. La réglementation actuelle se contente de protéger le droit au paiement direct des plus gros sous-traitants.

Quant à l'organisation de réseaux d'assistance technico-commerciaux, elle a été laissée pour l'essentiel à la discrétion des organismes consulaires. Il en résulte que cette organisation est relativement développée dans certaines régions et que, dans d'autres, elle se limite à l'organisation de participations collectives au MIDEST. Les particularismes régionaux ont, en outre, facilité une multiplication des banques de données qu'il aurait fallu probablement éviter.

Mais le bilan n'est pas négatif car le fonctionnement de la Commission technique de la sous-traitance a permis d'offrir à des professionnels et aux responsables d'organismes aux intérêts différents des possibilités de rencontre en terrain neutre. L'habitude de réfléchir ensemble a rendu les positions en présence moins conflictuelles. Un consensus, fragile mais réel, a pu être obtenu sur des sujets d'importance décisive pour l'avenir des relations de sous-traitance, notamment sur la signification du partenariat et sur son mode d'emploi. Même si les réalisations concrètes sont loin d'être en rapport avec les efforts déployés et le temps passé, les investissements intellectuels réalisés devraient permettre d'aborder à nouveau avec plus de chances de succès des problèmes difficilement solubles.

III

Le partenariat industriel : mythe ou réalité

Sans méconnaître les autres significations du mot « partenariat », on peut l'utiliser pour qualifier toute forme de coopération qui associe durablement des agents socio-économiques en vue d'atteindre des objectifs choisis d'un commun accord avec pour conséquence l'établissement de relations structurelles.

Parmi les types de coopération inter-entreprises qui méritent ce qualificatif, il faut distinguer ceux qui unissent verticalement des firmes placées à des stades successifs d'un même processus de conception-production-distribution et ceux qui ont pour effet la création de liaisons latérales. Il ne sera pas traité des relations de cette seconde catégorie dont l'analyse sort du cadre de cet ouvrage. Mais il n'en faut pas moins, avant d'aborder la problématique du partenariat, souligner l'intérêt que présentent les concours offerts par une grande firme ou un groupe multinational qui tendent à faciliter la réalisation de transferts technologiques, l'implantation de PMI sur des marchés étrangers, l'exécution de projets créateurs d'emplois grâce à une aide technique et financière appropriée.

Une deuxième distinction doit être opérée entre le partenariat orienté vers l'amont – relation créée par un producteur final avec un fournisseur, un sous-traitant ou un prestataire de service – et le partenariat orienté vers l'aval qui permet à un producteur d'organiser avec ses réseaux de transformateurs ou ses distributeurs une coopération allant au-delà du stade des relations commerciales habituelles.

Le partenariat orienté vers l'amont est celui qui semble mériter le plus le qualificatif de partenariat industriel. L'objet même du présent ouvrage justifie plus précisément que l'on s'intéresse surtout au partenariat donneur d'ordres sous-traitant. Mais il y a lieu d'ores et déjà de constater que les partenaires d'aval s'efforcent d'appliquer les mêmes règles de conduite à l'ensemble de leurs partenaires d'amont, qu'ils soient ou non concepteurs de ce qu'ils produisent.

CHAPITRE X

LES INCITATIONS AU CHANGEMENT

Bien qu'il apparaisse dans des documents plus anciens, le mot « partenariat » n'est devenu d'usage courant dans le vocabulaire de la sous-traitance qu'à partir de 1984[1]. Son emploi et celui de l'expression « partenariat industriel » sont devenus de plus en plus fréquents au cours des années suivantes. L'année 1985 fut marquée par la signature le 13 février d'un accord RENAULT-FIMTM-Syndicat général des fondeurs qui était placé explicitement sous le signe du partenariat. La même année, un colloque fut organisé le 26 novembre au MIDEST par la CDAF sur le thème « Avenir de la sous-traitance et partenariat industriel ». Le nombre des entreprises entretenant avec leurs sous-traitants des relations qualifiées de partenariales s'accrut suffisamment pour que la préparation du Livre Blanc sur le Partenariat achevé en février 1986 bénéficie de la participation d'industriels représentant une quinzaine de donneurs d'ordres appartenant à des secteurs très variés.

Très vite, il apparut que le mouvement en faveur du partenariat industriel n'était pas dû à un simple phénomène de vogue. Ce mouvement avait été amorcé dans une mesure limitée mais réelle par la tentative de développement des conventions de stabilité. Il avait aussi des causes plus profondes : la prise de conscience de l'efficience du système japonais et, plus généralement, la diffusion de techniques nouvelles de gestion de la production qui exigeaient pour leur mise en œuvre une coopération beaucoup plus étroite que par le passé entre l'aval et l'amont, qu'ils dépendent ou non de la même entité juridique.

1. Cf. *Les Echos* du 29 mai 1984 : « La grogne des sous-traitants de l'automobile » – article où le partenariat est présenté comme une réponse – et *L'Usine nouvelle* du 25 octobre 1984 : « Sous-traitance : le partenariat à l'honneur. »

I. L'expérimentation des conventions de stabilité

En 1976, au moment où fut instituée la Commission technique de la sous-traitance, l'organisation de relations stables entre donneurs et preneurs d'ordres grâce à l'établissement d'accords à moyen terme figurait déjà parmi les propositions de certains organismes professionnels. Dans son premier rapport, cette commission constata que la conclusion de conventions dites de stabilité pouvait effectivement apporter aux entreprises de sous-traitance une plus grande sécurité de fonctionnement et assurer aux donneurs d'ordres un service de meilleure qualité dans des conditions qui ne cesseraient pas pour autant d'être concurrentielles. Mais, consciente des difficultés que rencontrerait toute tentative de contrainte, elle se contenta de recommander l'organisation de campagnes d'information et de sensibilisation.

Les choses en restèrent là jusqu'aux changements politiques survenus en 1981. La crainte se répandit alors dans le milieu des PME de voir les entreprises nouvellement nationalisées recourir à tous les moyens possibles pour accroître ou maintenir leurs effectifs de salariés aux dépens de leurs sous-traitants. Pour apaiser ces inquiétudes, le gouvernement crut bon de prendre une mesure spectaculaire. C'est ainsi que la mise en œuvre d'une politique de conventions de stabilité fut présentée dans une conférence de presse tenue le 9 octobre 1981 par M. Pierre DREYFUS, ministre de l'Industrie, comme le moyen de répartir équitablement le risque économique entre donneurs et preneurs d'ordres. Cette politique aurait aussi le mérite de faire bénéficier les PME de l'effet d'entraînement que le secteur public élargi était censé exercer en faveur de l'ensemble de l'industrie française, effet auquel les partisans des nationalisations semblaient croire avec beaucoup de conviction. A tel point que, dans un rapport de MM. AGLIETTA et BOYER présenté par M. Bernard HANON dans le cadre des journées de travail sur la politique industrielle (15-16 novembre 1981), il avait été proposé que les grandes firmes acceptent de promouvoir dans certains cas des accords codifiant un ensemble d'engagements réciproques sur une base pluri-annuelle.

En conséquence, un groupe de travail constitué dans le cadre de la Commission technique de la sous-traitance reçut mission en février 1982 de définir la nature des relations justifiant la conclusion de conventions de stabilité par les entreprises nationales.

La première partie du document publié par ce groupe en mai 1982 se donne pour objet de replacer le problème de la stabilisation des relations de sous-traitance dans son contexte général afin de délimiter le domaine d'application des accords en cause. La seconde partie traite du contenu des conventions et de leurs modalités d'exécution. Elle constitue le recueil des différentes dispositions qui devraient en constituer les éléments caractéristiques. Il n'a pas été jugé souhaitable de traduire les règles proposées dans des clauses types. Mais différents documents pouvant servir de base de travail aux auteurs de conventions de stabilité ont été présentés en annexe au rapport.

Les membres du groupe d'experts n'ont pas seulement cherché à rendre moins précaire la pratique de la sous-traitance. Ils ont insisté sur la nécessité de favoriser l'organisation d'une sous-traitance structurelle de haute technicité et d'encourager de nouvelles formes de répartition des tâches manufacturières. La conclusion d'accords de coopération dont la réussite serait source d'avantages équitablement partagés devait, à leurs yeux, constituer un véritable objectif de politique industrielle et non pas un simple facteur d'équilibrage entre grands groupes et PME.

Les éléments essentiels des conventions de stabilité devaient se succéder dans l'ordre indiqué ci-après[2].

En premier lieu, un préambule devrait définir les objectifs généraux des parties de telle sorte que le sous-traitant puisse replacer dans leur contexte général les tâches qui lui seraient confiées en pleine connaissance des avantages et des risques éventuels. Ce préambule ferait également mention des progrès que le sous-traitant s'engageait à accomplir dans sa propre spécialité et dont la réalisation justifierait le bénéfice d'un traitement particulier. La convention devrait ensuite définir la nature et les conditions d'exécution de la production ou des travaux constituant son objet.

En ce qui concerne les obligations du donneur d'ordres, le rapport distinguait deux catégories de conventions selon que le donneur d'ordres se trouvait ou non en mesure de prendre des engagements quantitatifs précis. La première catégorie comprenait les conventions pouvant faire état de prévisions d'approvisionnements annuelles ou pluri-annuelles. Leur durée devait être au minimum d'un exercice avec clause de tacite reconduction. Elle pouvait être plus longue au cas où il serait possible d'arrêter l'échéancier d'un programme à moyen terme. La durée du préavis en cas de non-reconduction serait fonction de la durée de la convention elle-même et des facteurs particuliers risquant de mettre en situation difficile l'autre partenaire. La seconde catégorie de conventions était caractérisée par l'absence d'engagements quantitatifs et l'indication de simples évaluations. L'inclusion d'une clause de préférence valable pendant toute la durée de la convention devait permettre d'assurer la stabilité des rapports de sous-traitance par l'instauration d'une règle du jeu précise et non modifiable. Cette clause devait avoir pour objet, à égalité de prix et de conditions avec les autres entreprises consultées, de réserver la priorité au preneur d'ordres pour tout ou partie des besoins d'approvisionnement à satisfaire. Les conditions à prendre en compte étaient énumérées limitativement dans la convention de manière à éviter l'éviction arbitraire du preneur d'ordres. Il était recommandé de conclure de telles conventions pour une durée comprise entre trois et cinq ans.

2. Un inventaire complet des éléments devant figurer dans une convention de stabilité est contenu dans le modèle mis au point par ALSTHOM-ATLANTIQUE et reproduit dans le *Livre blanc sur le partenariat* (doc. 9 *bis*, p. 95 et suiv.).

Pour traduire dans les faits la volonté de coopération des parties, adapter l'accord à des situations nouvelles et faciliter le règlement amiable des litiges, les deux parties s'engageaient à créer un organe de concertation dénommé « commission mixte ». Cette commission serait composée de personnes capables d'exprimer les points de vue des différents services techniques et commerciaux participant à l'exécution de la convention. La commission mixte était appelée à tenir périodiquement des séances d'évaluation en vue de procéder au réexamen des prix ou barèmes, de fixer les quantités en cas d'exécution du programme par tranches successives et d'établir un bilan d'ensemble. La commission mixte devait aussi servir d'instance de conciliation et prévoir les mesures d'adaptation nécessitées par la survenance d'événements modifiant l'équilibre économique du contrat tels que la perte de certains marchés ou l'apparition de concurrences nouvelles.

Pour faciliter le succès des conventions de stabilité, les experts avaient formulé plusieurs recommandations de portée générale. Ils avaient souhaité notamment que soit favorisée la création de structures-relais (groupements, associations, coopératives) permettant aux petites entreprises de constituer des entités capables de mettre en présence des donneurs d'ordres des interlocuteurs d'une dimension suffisante. Afin d'éviter une séparation trop absolue entre les bénéficiaires des conventions de stabilité et les autres sous-traitants, ils avaient aussi préconisé l'emploi de différents moyens propres à réduire l'amplitude des variations de charge, dont le choix pourrait s'inspirer des pratiques en vigueur dans d'autres pays.

Le ministre de la Recherche et de l'Industrie s'efforça de donner des suites concrètes aux propositions du rapport sur les conventions de stabilité en utilisant la procédure qui était alors en vigueur pour la préparation des contrats de plan que l'Etat devait conclure avec les entreprises nationales pour 1983.

Des engagements relatifs à la politique appliquée dans le domaine de la sous-traitance furent demandés aux six groupes qui avaient plus particulièrement recours à cette pratique. Mais leurs directions furent seulement invitées à procéder dans un premier temps aux expérimentations nécessaires pour adapter les principes proposés par le rapport de la commission technique à la nature des différentes activités en cause. La possibilité de conclure des conventions de stabilité fut également évoquée par la Délégation générale à l'armement au cours de la négociation des contrats de plan des sociétés aéronautiques. Mais ces sociétés firent valoir que ces conventions apporteraient peu d'éléments nouveaux par rapport aux contrats qu'elles avaient l'habitude de passer pour des commandes s'échelonnant sur toute la durée d'un programme militaire.

Les engagements pris furent plus ou moins bien respectés. Dans le cas du groupe CGE-ALSTHOM, un modèle de convention de stabilité fut élaboré, ce qui permit la conclusion dans les deux années suivantes de près d'un millier de contrats s'en inspirant au moins partiellement. Les autres groupes ne procédèrent qu'à la conclusion d'un petit nombre de conventions de stabilité (BULL, EMC) ou prétendirent que, après examen, l'évolution de leurs activités les empêchait de consolider dans des conditions acceptables une partie de leurs courants d'approvisionnement. La RÉGIE RENAULT ne conclut pas, sauf dans un cas particulier, de conventions de stabilité. Mais elle engagea avec la Fédération des industries mécaniques et le Syndicat général des fondeurs de France les négociations qui allaient aboutir en février 1985 à la signature d'un accord sur un guide contractuel appliquant sur de nombreux points des principes proposés dans le rapport de la commission technique.

La modestie des résultats obtenus semble s'expliquer, tout au moins en grande partie, par les phénomènes de rejet qui se manifestèrent dans certains groupes à l'encontre de demandes considérées comme des ingérences de l'Etat dans un domaine où il n'avait pas à intervenir. A partir de 1984, l'évolution des relations existant entre les entreprises nationales et leurs autorités de tutelle fut telle que le désir d'échapper à ce reproche d'ingérence devint prédominant. Les services compétents durent se contenter de dresser périodiquement le bilan de l'exécution des contrats de plan sans pouvoir exercer la moindre pression pour obtenir qu'il soit porté remède aux manquements constatés. Toutefois, en mettant l'accent sur la nécessité d'une coopération plus étroite entre donneurs et preneurs d'ordres, l'expérience des conventions de stabilité eut dans le secteur public et même dans le secteur privé un retentissement non négligeable. L'évolution vers le partenariat en fut certainement facilitée.

II. Le syndrome japonais

Les exemples venus de l'étranger et plus particulièrement du Japon ont exercé une influence profonde sur le comportement des industries les plus touchées par la crise économique consécutive au second choc pétrolier et la montée en puissance de nouveaux concurrents.

Au début des années 1980, de nombreuses missions furent organisées par les entreprises de la construction automobile, de l'industrie électronique et des autres branches concernées pour examiner en se rendant sur place les possibilités d'appliquer ou de transposer des méthodes dont l'efficacité rendait la concurrence nippone si redoutable[3]. Ces missions confirmèrent que cette efficacité était due dans une large mesure à une organisation de la sous-traitance très différente de celle qui était en vigueur aux Etats-Unis et en Europe. Dans cette organisation, de type pyramidal, la grande entreprise est responsable de la conception d'ensemble de ses produits

3. L'industrie japonaise qui doit le plus à la sous-traitance n'est peut-être pas la construction automobile ou l'électronique mais la production de dessins animés. « Pourquoi Goldorak et ses frères sont toujours japonais » – *Le Nouvel Observateur*, 21 juin 1990, page 68.

et du montage final ou de l'assemblage des matériels ou des véhicules qu'elle construit. Mais elle intervient peu dans les opérations réalisées en amont. Celles-ci sont confiées pour leur très grande majorité à un nombre limité de sous-traitants principaux chargés de la réalisation de sous-ensembles ou d'organes complexes. Dans le cas de TOYOTA, les achats représentent 82 % de la valeur totale de la production et le réseau des fournisseurs et sous-traitants principaux ne comprend pas plus de 250 entreprises. HONDA utilise le concours de 320 fournisseurs principaux. La situation est différente dans l'industrie électronique. TOSHIBA, par exemple, a 1 600 fournisseurs. Les sous-traitants principaux n'ont habituellement qu'un ou deux gros donneurs d'ordres. Ils utilisent eux-mêmes les services de sous-traitants secondaires beaucoup plus nombreux : 5 000 environ dans le réseau TOYOTA. Les sous-traitants secondaires assurent pour la plupart la production de pièces ou de composants simples. Très souvent, ils ont eux-mêmes recours à de très petites entreprises qui font office de sous-traitants de troisième rang pour l'exécution de travaux d'usinage. Ces sous-traitants peuvent utiliser à leur tour pour certaines tâches le concours de travailleurs à domicile.

Ce système est extrêmement performant pour plusieurs raisons.

Il permet aux donneurs d'ordres d'entretenir des relations privilégiées avec des sous-traitants principaux dont le petit nombre facilite la solution des problèmes de gestion et permet de réduire les charges générales d'approvisionnement. En contrepartie d'une très grande stabilité de fait, ces entreprises qui sont pour la plupart de « grandes » PME doivent garantir une qualité parfaite, respecter les engagements concernant les gains de productivité qu'elles sont tenues de réaliser, participer activement à la recherche des améliorations possibles tant en ce qui concerne la conception des produits que le choix des procédés à mettre en œuvre. Prolongements extérieurs de l'entreprise du donneur d'ordres, les sous-traitants principaux adhèrent à sa logique de participation. En contrepartie, tant qu'ils n'ont pas commis d'erreur inexcusable, ils peuvent compter sur l'appui et sur la compréhension d'un suzerain qui pratique à leur égard une certaine forme de paternalisme éclairé plutôt qu'un véritable partenariat.

En second lieu, le système pyramidal japonais est soumis tout entier à la même impulsion. Il vit selon la même dynamique. Chaque entreprise s'efforce d'atteindre ses objectifs propres d'amélioration de la compétitivité en s'inscrivant dans le schéma général de progression élaboré par le donneur d'ordres principal. Elle y parvient grâce au renforcement de son potentiel et à la pression qu'elle peut exercer sur ses propres fournisseurs. Mais, si l'abaissement des prix exige un effort permanent de réduction des coûts de production, il n'est que l'un des objectifs. Une meilleure satisfaction des besoins de la clientèle et une plus grande flexibilité de l'outil de production doivent être recherchés simultanément. L'obligation d'offrir des emplois réellement qualifiés s'ajoute à ces impératifs pour la totalité des grandes et moyennes entreprises. Elle commence à s'étendre aux entreprises plus petites qui ont été contraintes à de gros efforts d'initiation technologique. La recherche de la flexibilité a pris une importance capitale à partir du moment où l'industrie japonaise a fait de son aptitude à satisfaire la demande par des produits très variés l'un des principaux facteurs de sa compétitivité. La nécessité de diminuer la taille des séries et d'offrir au client un grand nombre de variantes a favorisé sinon suscité la mise en œuvre des méthodes de production « juste à temps » et imposé leur emploi à l'ensemble des participants au cycle de fabrication (cf. chapitre XII). Or, il est impossible de « faire du Kanban » ou d'utiliser tout autre système de production à flux tendus sans mettre au point une organisation qui soit conçue pour durer pendant une longue période.

Le bon fonctionnement du dispositif pyramidal décrit ci-dessus est dû, il est vrai, à la nature particulière du système social japonais. Les relations entre les donneurs d'ordres et les sous-traitants principaux obéissent à des règles de comportement qui sont, à peu de choses près, identiques à celles qui gouvernent les rapports sociaux existant à l'intérieur des grandes entreprises. Ce qui permet, tout au moins en théorie, de réaliser un remarquable équilibre entre le respect du principe d'autorité et la faculté pour chacun de manifester par ses propositions et éventuellement par ses initiatives son intérêt pour le bien de l'entreprise. La conviction que le travail doit être source de satisfactions multiples et non pas seulement moyen d'assurer la subsistance matérielle est très répandue ; une très forte discipline collective garantit le respect des règles qui gouvernent le jeu social au prix toutefois d'un conformisme qui peut paraître excessif à des observateurs occidentaux. Mais il ne faut pas perdre de vue que le système social japonais, considéré dans son ensemble, est en réalité un système dual. Il est de moins en moins protecteur à chaque niveau de la hiérarchie. Les PME situées aux niveaux les plus bas connaissent en général des conditions de travail très dégradées : faibles rémunérations, durées de travail excessives et précarité de l'emploi. Ce qui donne à une grande partie de l'industrie japonaise une image sociale qui n'est nullement attrayante si on essaie de lui appliquer les normes occidentales. Les entreprises de sous-traitance japonaises disposent néanmoins d'une puissance économique sans équivalent dans les autres pays industrialisés. Elles représentent 65,5 % de l'ensemble des PMI de l'industrie manufacturière en 1981. Le taux est supérieur à 80 % dans certaines branches telles que la mécanique. Elles bénéficient d'un environnement particulièrement propice à l'assimilation du progrès technique et plus particulièrement au développement de l'automatisation[4]. Comme les autres PME japonaises, elles sont protégées par une législation qui a le défaut de la complexité, puisqu'on ne

4. « L'automatisation des PMI japonaises et son financement », Christine AFRIAT et Yveline LECLERC, Centre de prospective et d'évaluation, étude n° 70, juin 1986.

compte pas moins de 14 lois votées en leur faveur de 1963 à 1972, mais qui leur apporte de très nombreux avantages. En ce qui concerne l'assistance au conseil et l'aide à la formation, elles peuvent utiliser les services très diversifiés mis à leur disposition par la Japan Small Business Corporation dont le rôle est de mettre en œuvre les mesures permettant d'atteindre les objectifs définis par le secrétariat d'Etat aux PME. Trois organismes affiliés au gouvernement sont spécialisés dans une aide financière qui est apportée non pas sous la forme de prêts bonifiés mais de possibilités d'emprunts à des taux proches des taux bancaires. Ces prêts sont accordés à des conditions assez libérales ou même avec une absence totale de garanties. La Small Business Finance Corporation s'adresse surtout aux entreprises moyennes, la People's Finance Corporation est spécialisée dans les prêts aux très petites entreprises. La Central Bank for Commercial and Industrial Cooperatives réserve ses interventions à des organisations professionnelles ou territoriales qui redistribuent les fonds soit aux PME membres, soit à des PME cotées au deuxième marché boursier. Outre les prêts soumis à ces régimes généraux, il existe plusieurs sortes de prêts liés à la modernisation, notamment pour l'acquisition de robots financés en partie par l'Etat et par les gouvernements préfectoraux. L'usage du crédit-bail pour l'acquisition d'équipements productifs est très développé. L'introduction des nouvelles technologies donne droit pour les PMI à un abattement fiscal égal à 30 % du coût d'acquisition la première année ou à un crédit d'impôt qui ne peut être supérieur à 20 % du montant des taxes. Il faut ajouter que les PMI japonaises n'ont pas l'habitude d'automatiser leurs installations par phases successives. Elles s'efforcent d'investir régulièrement sans faire subir aux travailleurs des sauts technologiques qui pourraient perturber l'organisation de leurs activités. Elles ont donc tendance à concentrer leurs achats sur des matériels dont les performances sont bien en rapport avec leurs besoins et dont le coût ne leur impose pas de trop lourdes charges d'amortissement.

En dépit des différences existant entre les contextes socio-économiques, l'exemple japonais a exercé une influence considérable sur la politique d'approvisionnement de nombreuses entreprises occidentales. Il leur a fait prendre conscience de la nécessité de réduire en tout état de cause le nombre de leurs fournisseurs directs et les a incitées à s'organiser pour effectuer le montage de sous-ensembles complètement équipés. L'emploi de la méthode de gestion de la qualité totale importée, ou plus exactement réimportée du Japon, s'est généralisé avec pour première conséquence l'élargissement du champ de la collaboration à mettre en œuvre entre tous les échelons du processus productif, qu'ils soient ou non intégrés. En Europe, FIAT fut l'une des premières entreprises à se conformer à ces principes. Il s'ensuivit une réduction sensible du nombre de ses fournisseurs directs au cours des années 1981 et 1982. En contrepartie, l'institution de contrats à moyen ou long terme eut pour effet d'encourager l'innovation tout en garantissant une répartition plus équilibrée des risques entre FIAT et ses partenaires principaux[5]. Les réactions des entreprises françaises similaires furent plus tardives. La période critique qu'elles eurent à traverser fut plus longue. Pendant plusieurs années, elles durent rechercher en priorité des économies à court terme, ce qui impliquait une réduction drastique du coût de leurs approvisionnements et créait une ambiance peu favorable à l'élaboration d'une politique de partenariat. Toutefois, des efforts de réflexion réalisés en commun firent apparaître assez rapidement la nécessité de remises en cause. C'est ainsi que l'association « Analyse des stratégies industrielles et énergétiques » approuva les conclusions d'un rapport présenté en novembre 1984 par M. de MONTMORILLON, professeur à l'université de Paris-Dauphine, sur le thème « Grands groupes, sous-traitance et valorisation du tissu industriel » qui prenait nettement position en faveur du développement des relations partenariales[6].

III. La diffusion des nouvelles techniques de gestion du processus industriel

Les mutations technologiques qui, en une vingtaine d'années, ont modifié profondément les conditions de gestion de la production industrielle, les modes de « manufacturing », ne pouvaient rester sans effets sur l'évolution des relations clients-fournisseurs et donneurs d'ordres sous-traitants. Il est apparu de plus en plus clairement que, pour tirer pleinement profit de ces nouvelles manières de produire, il fallait absolument organiser une coopération systématique entre les responsables des divers stades du processus productif. La mise en interaction de ces nouvelles techniques de gestion de la production est devenue à l'heure actuelle un véritable impératif industriel. Leurs conditions d'utilisation font l'objet des développements contenus au chapitre XII du présent ouvrage ; mais, dès à présent, il est apparu nécessaire de montrer que leur diffusion impliquait une réorganisation complète des relations clients-fournisseurs.

Les techniques qui permettent le montage final d'organes ou de modules interchangeables ont accru considérablement la souplesse des systèmes productifs. Elles rendent possibles le raccourcissement ou même la suppression complète des chaînes d'assemblage du type traditionnel. Mais leur emploi restreint considérablement l'accès

5. « La politique de FIAT ». Extrait d'une conférence prononcée sur ce thème, au cours d'un colloque sur la sous-traitance organisé les 6 et 7 octobre 1983 dans le cadre de l'année des PME par M. LANZA, responsable marketing du département des approvisionnements de FIAT. *Livre blanc sur le partenariat*, pages 151 à 159.

6. Ces conclusions ont été résumées dans un article publié par *Le Figaro* du 5 octobre 1985 sous le titre « D'abord réussir la sous-traitance ».

direct aux constructeurs puisqu'il est conditionné par la capacité de prendre en charge une fonction complexe[7].
La généralisation de l'assurance de la qualité oblige à concevoir une organisation telle que chaque responsable d'une opération incluse dans le cycle productif assume lui-même le contrôle de sa production et contribue, dans la limite de ses compétences, à la recherche des améliorations possibles.

La maîtrise de la qualité se trouve désormais au cœur de la relation donneur-preneur d'ordres. Elle nécessite une coopération étendue, des efforts d'apprentissage intensifs, des engagements suffisamment longs pour obtenir le bénéfice de la durée.

L'usage d'outils informatiques spécifiques, dits de XAO, a pour première conséquence l'attribution de responsabilités accrues aux opérateurs qui se voient confier des tâches de gestion de plus en plus complexes et cessent d'être de simples exécutants. La conception, la fabrication et la gestion de la production assistées par ordinateurs deviennent d'un emploi courant, non seulement dans les secteurs qui produisent des biens durables ou des biens de consommation élaborés mais aussi dans les industries de sous-traitance. L'utilisation de langages informatiques communs se traduit, entre autres avantages, par des gains de temps considérables dans la transmission des données échangées entre l'aval et l'amont. Mais ces gains sont acquis au prix d'une interdépendance accrue des systèmes de production respectifs.

A l'exemple des industries japonaises, les industries européennes font maintenant un large usage des méthodes de production à flux tendus et des systèmes d'approvisionnement juste à temps. La disparition des stocks intermédiaires et les gains de flexibilité que l'on peut ainsi réaliser ne sont obtenus qu'au prix d'une subordination rigoureuse du fonctionnement des unités d'amont, qu'elles soient ou non intégrées, à la programmation des unités d'aval.

Les services chargés des études, de l'organisation et des méthodes n'ont plus un monopole absolu de la fonction de conception. Certes, la responsabilité finale d'établir les spécifications n'est pas partageable, mais l'association des acteurs impliqués dans tous les stades de la production et de la vente du produit à la recherche des améliorations et des innovations est devenue pratique courante et nécessaire. Tous ont voix au chapitre.

La mise en œuvre de ces principes exige un renforcement de la collaboration et l'établissement de relations structurelles entre les différentes catégories de participants du cycle productif. Pour traduire cette exigence, le secrétariat général de la Commission technique de la sous-traitance s'est cru autorisé à représenter le partenariat par le schéma reproduit ci-après dans certains documents diffusés par ses soins.

7. « Les sous-traitants deviennent ensembliers », Daniel COUE, *L'Usine nouvelle*, 16 octobre 1986.

INNOVATION

SYSTÈMES INFORMATIQUES

COMPÉTITIVITÉ

MAÎTRISE DES COÛTS

QUALITÉ

JUSTE À TEMPS

Dans ce « carré magique », chaque côté représente un enjeu technique ; la préoccupation de la compétitivité associée à celle de la maîtrise des coûts est au centre. Il n'est pas nécessaire que le donneur d'ordres soit immédiatement intéressé par tous ces enjeux. Il se peut très bien qu'il éprouve seulement, dans un premier temps, le désir d'associer l'amont à ses efforts d'innovation ou qu'il voit surtout dans le développement du partenariat le moyen de garantir la qualité des approvisionnements. Mais, en général, l'entrée dans la voie du partenariat ne devient effective qu'à partir du moment où le donneur d'ordres s'attache à utiliser de façon pertinente l'ensemble des outils que les progrès réalisés dans la gestion des procédés mettent à sa disposition.

CHAPITRE XI

LE DÉPASSEMENT DU MODÈLE TAYLORIEN

Telle qu'elle est décrite dans la première partie du présent ouvrage, l'organisation de la sous-traitance industrielle s'inspire de conceptions purement tayloriennes. Les relations qui existent entre le donneur d'ordres et les sous-traitants qui agissent selon ses spécifications sont fondées sur les principes de hiérarchisation et de stricte répartition des responsabilités qui régissent également le fonctionnement interne des entreprises. Sous-traitants et salariés sont soumis à des statuts juridiques différents. Mais, dès lors qu'il n'est guère plus qu'un agent d'exécution, le sous-traitant est, à peu de choses près, considéré comme un chef d'atelier ayant conquis un peu d'autonomie. Il n'accède véritablement au statut de chef d'entreprise que dans la mesure où il est capable de fournir un apport technique original et ne peut plus être seulement considéré comme une force d'appoint.

Bien entendu, il existe des taylorismes intelligents et des taylorismes niais. Les relations humaines ont existé bien longtemps avant qu'il ait été jugé nécessaire, pour les mettre à l'honneur, de créer à leur intention une direction particulière se substituant à celle du personnel. L'une des principales qualités d'un chef a toujours été de savoir écouter ce que disent ses subordonnés et de recueillir leur avis avant de prendre toute décision importante. Inversement, il est facile de citer des exemples d'application rigide des principes tayloriens. Ils ne sont, avec les pesanteurs et les stérilisations qui en ont découlé, que l'expression d'un comportement générateur d'un certain nombre de catastrophes industrielles. Quels que soient ses mérites ou ses torts passés, le taylorisme correspond à une conception des rapports de production dont l'évolution des techniques, le changement social et la transformation des modes de vie provoquent actuellement la remise en cause. Le développement du partenariat constitue, au même titre que la suppression des cloisonnements internes aux entreprises, l'un des éléments les plus caractéristiques de la nouvelle période que l'économie s'apprête à vivre. Cette période que l'on qualifie parfois mais peut-être trop rapidement de post-industrielle, verra, en tout état de cause, disparaître progressivement les formes d'industries les plus traditionnelles au profit de modes de production très différents.

Il faut faire appel, en effet, aux mêmes concepts pour construire dans le cadre de l'entreprise une logique de participation favorisant l'interactivité et la convivialité et pour substituer dans les rapports avec les fournisseurs ou les clients une logique de coopération à la logique mécaniste de l'échange marchand. L'adhésion à ces concepts est susceptible de faire naître une dynamique qui permet au partenariat de ne pas se limiter à ses objectifs techniques et de devenir la source d'avantages économiques considérables. Mais, d'autre part, le bénéfice de ces avantages est réservé aux partenaires qui acceptent de respecter dans leurs relations une éthique propre à créer entre eux le climat le plus propice à la réussite de leurs projets.

I. La remise en cause des concepts tayloriens

Le lecteur a déjà pu se rendre compte que le système de gestion de la sous-traitance avait été conçu pour permettre de réaliser de façon rationnelle une production peu différenciée au moindre coût grâce à une double spécialisation.

La décomposition du cycle productif en tâches élémentaires crée des conditions favorables à l'emploi de personnels peu qualifiés ou seulement aptes à effectuer une gamme très étroite de prestations. La responsabilité des opérateurs se limite au respect des cadences prévues pour l'exécution des tâches répétitives qui leur sont confiées. Conséquence de cette spécialisation des activités directement productives, la réalisation des pièces primaires et l'assemblage final constituent deux phases successives mais totalement distinctes du processus mis en œuvre dans les entreprises dont le cycle de production est discontinu. L'usinage et le montage forment deux mondes à part. Le recours à la sous-traitance est concevable au niveau de l'usinage. Il ne peut être envisagé qu'à titre exceptionnel au niveau du montage. En outre, il est nécessaire de se mettre en rapport avec plusieurs sous-traitants dès lors que la réalisation de l'ouvrage exige les interventions successives de preneurs d'ordres exerçant des métiers différents. Le sous-traitant doit donc par hypothèse être un homme de métier ; mais il doit s'en tenir à l'application des règles de son art. Il doit s'y référer pour donner des avis et, le cas échéant, des mises en garde. Il n'est pas pour autant le conseiller du donneur d'ordres.

Une spécialisation fonctionnelle se combine avec cette spécialisation opérationnelle. Les différentes fonctions de l'entreprise sont gérées par des services ayant chacun leurs objectifs propres et leurs modes de raisonnement spécifiques. En cas de conflit, il leur appartient de rechercher une solution amiable ne sacrifiant pas ce qu'ils estiment essentiel. Mais le seul pouvoir d'arbitrage légitime est celui de l'autorité supérieure. Les fonctions de conception, de production, de contrôle, d'achat, de vente et d'après-vente sont confiées à des structures organisées chacune sur un mode qui est, lui aussi, strictement hiérarchique. L'existence d'un « bon » organigramme décrivant avec précision les missions assignées à chaque cellule est l'un des signes qui permet de reconnaître à première vue l'entreprise convenablement gérée. Les rapports existant entre les agents appartenant à des structures différentes sont pour l'essentiel des rapports de service. La transmission d'instructions et de directives ou leur contestation occupent dans ces rapports une place prépondérante. La communication des informations utiles tient plutôt de la faculté que de l'obligation. La concertation n'est pas impossible ; mais, en l'absence de mécanismes régulateurs, elle est malaisée. La tendance à l'affirmation du pouvoir et le besoin que chacun éprouve de protéger son territoire nuisent à l'objectivité du dialogue. L'évaluation de l'action repose dans les unités exerçant des tâches répétitives sur les résultats de contrôles statistiques effectués a posteriori.

Dans un tel système, les responsables de la production ont peu d'influence sur la conception des produits. Le point de vue des services d'études et de méthodes est généralement prédominant dans le choix des procédés à mettre en œuvre. Quant aux personnels productifs, il est admis que leur rôle est d'exécuter, non de penser. Ils n'ont, de toute façon, aucune responsabilité directe dans le contrôle de leur production. Celui-ci est effectué par d'autres agents qui en font métier. Il sert surtout à vérifier que le nombre des défectuosités constatées reste dans les limites tolérées.

On attend surtout de l'encadrement qu'il se fasse obéir.

Il n'est pas étonnant que les mêmes règles de fonctionnement ou des règles similaires soient appliquées dans les rapports avec les sous-traitants. Les cahiers des charges imposent de manière quasiment régalienne les spécifications techniques. Même s'il est traité avec les égards dus à un serviteur fidèle, le sous-traitant n'a pas besoin d'être créatif. Les gammes de production ont un caractère obligatoire. Ce sont dans les services techniques des donneurs d'ordres que l'on invente la bonne manière de travailler puisque l'on s'y croit capable de calculer avec objectivité le temps alloué pour chaque opération. Les contrôles ont lieu généralement dans l'établissement du donneur d'ordres chargé de la réception du produit. Ils ont pour objet de vérifier, avec la rigueur nécessaire pour prévenir les litiges possibles, que les spécifications ont bien été respectées. Mais ils ne rendent possible qu'une évaluation imparfaite de la qualité intrinsèque du travail effectué par le sous-traitant (précision obtenue, degré de finition, aspect extérieur) et n'encouragent pas à « bien faire du premier coup ».

Une toute autre philosophie conduit maintenant à l'adoption de systèmes de fonctionnement très différents. Les idées forces qui inspirent ces changements fondamentaux sont bien connues. Il est admis que la créativité et la qualité sont devenues l'affaire de tous ceux dont l'intelligence peut être mobilisée en vue de répondre aux attentes du client. L'importance attachée désormais aux services apportant des satisfactions nouvelles ou spécifiques, dont le produit n'est plus que le support, a provoqué l'adoption de cette nouvelle attitude. Le développement de la communication, lié à celui de l'informatique, permet de réaliser cette mobilisation des intelligences. Donnant le maximum d'intensité à la circulation de l'information, il stimule les transferts de connaissances et incite à des échanges d'idées permanents. Cete nouvelle conception organisationnelle tend à supprimer ou tout au moins à rendre très perméables les cloisons délimitant les différentes zones de compétence à l'intérieur de l'entreprise. Pour parler le langage administratif, l'habitude se prend peu à peu de raisonner en termes de contributions et non plus d'attributions. Le nombre des problèmes qui ne peuvent plus être résolus que par la constitution d'équipes pluridisciplinaires va croissant. L'entreprise devient un continuum dont tous les éléments doivent être rendus interactifs. Les interférences existant entre les divers aspects d'un même problème doivent être captées et utilisées comme des ressources. L'organisation hiérarchique est remise en question. Les échelons de commandement sont moins nombreux. Les titulaires des postes d'encadrement doivent dans la mesure du possible se consacrer à l'animation d'équipes ayant passé contrat pour l'atteinte de résultats déterminés. Contrairement à certaines idées reçues, l'adoption de ce système non taylorien n'a pas pour conséquence l'effacement du rôle des agents chargés directement de la production mais au contraire l'élargissement de leurs responsabilités. Ce rôle est valorisé puisqu'il leur est demandé de fabriquer non seulement le produit mais aussi la qualité du produit. Au stade de la conception, on attend une collaboration active des spécialistes qui maîtrisent les technologies dont la mise en œuvre est leur pain quotidien.

L'élargissement de son rôle ne doit pas empêcher le producteur de rester un praticien. Fait significatif, dans les industries mécaniques, la généralisation de l'usage des machines outils à commande numérique n'a, en aucune manière, dispensé leurs conducteurs d'acquérir le sens du métal qui a fait à travers les temps la fierté des compagnons. Mais c'est plus encore la prise en charge des responsabilités au niveau du contrôle et de la maintenance qui valorise la fonction de ceux qui participent directement à la production et notamment celle des opérateurs. La substitution de l'autocontrôle effectué en temps réel au contrôle a posteriori réalisé par un tiers constitue l'un des événements majeurs de la troisième révolution industrielle. Facteur de promotion sociale, cette substitution a pour conséquence la réduction à de très bas niveaux des coûts de la non-qualité en permettant d'effectuer la correction immédiate des écarts anormaux. Bien plus, la jonction des fonctions de production et de contrôle rend possible la mise en mémoire des incidents passés et des dispositions prises pour y remédier. Cet effet d'historicité permet plus aisément de savoir sur quels points il faut faire porter de préférence l'amélioration des procédés et quelles sont les mesures de prévention à prévoir en priorité.

Il n'est pas surprenant que le champ d'application des principes fondamentaux de cette logique d'optimisation s'étende au-delà des limites juridiques de l'entreprise de type post-taylorien. En tant que système complexe, cette entreprise se trouve en contact avec des fournisseurs, des sous-traitants, des prestataires de services, des distributeurs. Son intérêt n'est-il pas de les associer à ses projets en créant autour d'elle une zone de forte attraction ou même de quasi-intégration ? Dans l'affirmative, elle aura recours à des pratiques analogues à celles qui sont mises en œuvre sur le plan interne pour stimuler la créativité et s'approcher des fameux cinq zéros devenus symbole de l'excellence, auxquels Hervé Seyriex a proposé non sans raisons d'ajouter un « zéro litige » et un « zéro mépris ». En dépit des résistances au changement et malgré l'existence des problèmes de frontières qui peuvent subsister, le partenariat à usage externe se présente donc dans ses formes les plus élaborées ou les plus idéales comme le prolongement périphérique du partenariat à usage interne : même effort pour mettre les intelligences au service de l'innovation, même pression pour garantir la constance de la qualité, même utilisation des possibilités de l'autocontrôle, même appel aux ressources de l'informatique pour assurer le guidage et la régulation des dispositifs opérationnels et, pour résumer, même philosophie de la convivialité.

II. La dynamique du partenariat

La vogue actuelle du partenariat industriel s'explique peut-être par la facilité avec laquelle ce mot est employé pour désigner toute situation caractérisée par l'institution de relations durables entre les entreprises concernées. Il faut certainement se montrer plus exigeant. Le partenariat ne devient une réalité que dans la mesure où, par l'effet d'une dynamique particulière, une nouvelle logique anime l'action des partenaires.

La durée est effectivement une condition de progression nécessaire. Mais ce n'est pas la seule. Il faut qu'il y ait une réciprocité réelle des avantages dont chaque partenaire tire profit. Lorsque ces deux conditions sont réalisées, et sous réserve du respect d'une certaine éthique, il devient possible de mettre en œuvre des stratégies coordonnées dans une optique générale d'amélioration de la compétitivité, en vue de mieux répondre aux demandes du marché et de rechercher les effets de synergie.

La coopération doit être organisée sur des bases durables

L'allongement de la période d'exécution d'un accord entre un donneur d'ordres et un sous-traitant ne modifie pas forcément le caractère de leurs relations. Celles-ci peuvent rester dans la logique de l'échange marchand tout en garantissant à l'une des parties une meilleure sûreté d'approvisionnement et en permettant à l'autre d'effectuer des investissements qu'elle n'aurait pas pu financer sans cet allongement. Il reste que tout progrès d'une certaine importance demande un temps d'apprentissage. En particulier, l'acquisition de la maîtrise technique d'un procédé n'est possible qu'à l'issue d'une période de mise en route d'une longueur difficilement prévisible.

La durée de l'accord intervenant entre les parties dépend donc de la nature des objectifs que se fixent les partenaires. Elle peut être égale à la durée de fabrication de la production en cause ou, pour permettre éventuellement une nouvelle mise en concurrence, être fixée pour un laps de temps plus court.

Cette exigence de durée n'implique pas l'existence d'un contrat formalisé. Il semble que l'on peut, sans abus de langage, envisager l'existence de partenariats de fait, lorsque, en raison même de leur stabilité, certaines relations paraissent mériter une telle appellation.

Un accord explicite sur l'objet et les modalités du partenariat n'en est pas moins nécessaire lorsque les partenaires entendent s'engager sur un calendrier précis de réalisation. Cet accord peut revêtir des formes diverses. Il peut s'agir, comme ce fut le cas pour les conventions de stabilité, d'accords-cadres portant sur l'objet de la coopération, les conditions de sa mise en œuvre, le règlement des litiges éventuels. Un agrément faisant bénéficier un fournisseur ou un sous-traitant d'un statut privilégié en contrepartie du respect de ses engagements peut tout aussi bien constituer un point de départ valable. Il est possible que l'accord des partenaires soit concrétisé par la décision de mener à bien un programme de formation et d'assistance technique propre à renforcer les garanties offertes par l'assurance de la qualité. Mais il importe toujours que l'accord conclu ne puisse pas être dénoué unilatéralement par l'une des parties. Des possibilités de concertation doivent exister et les cas de résolution de l'accord doivent être expressément prévus.

Le partenariat doit être la source d'avantages réciproques

Il est indispensable que périodiquement chacun des partenaires puisse dresser un bilan positif d'une coopération qui lui impose des efforts particuliers. L'acceptation de ces efforts doit être donnée en toute liberté et de manière très explicite. Il ne faut donc pas que les avantages espérés soient insuffisants ou aléatoires car les engagements correspondants seraient alors injustifiés. Cette condition est difficile à remplir si les deux parties sont de tailles très inégales tant est forte la tentation de subordonner la conclusion de l'accord à l'acceptation de sujétions que l'entreprise la plus faible ne manquera pas de trouver excessives. Les sacrifices que celle-ci consentira à son corps défendant lui permettront peut-être de conserver provisoirement une clientèle, mais il est exclu qu'un climat propice à une bonne coopération puisse s'instaurer à la suite d'une simple épreuve de forces.

Inversement, le donneur d'ordres peut estimer qu'il n'y a pas réciprocité suffisante s'il a le sentiment d'être ligoté en perdant durablement le droit de ne plus pouvoir choisir les fournisseurs les mieux ou les moins disants. Pour lui, le bilan n'est profitable que si l'accord lui apporte des avantages substantiels : par exemple, de meilleures garanties de qualité ou de disponibilité. Il s'efforcera donc de limiter ses risques, soit en évitant de conclure des accords à trop longue échéance, soit en négociant des clauses de sauvegarde afin de rétablir les possibilités de concurrence si l'évolution des prix constatés sur le marché ou les progrès technologiques réalisés par d'autres sous-traitants l'amènent à constater que son partenaire n'est plus compétitif.

Le partenariat a pour objet d'améliorer la compétitivité des entreprises qui mettent en œuvre un projet commun

Selon la formule qui avait été utilisée en 1985 par la Régie Renault dans son guide contractuel, le partenariat doit, pour toute activité soumise aux lois du marché, placer celle-ci et les industries qui y concourent « au meilleur niveau de compétitivité internationale ». Cette formulation n'est valable que pour les entreprises du secteur concurrentiel. Mais il va de soi que les entreprises et les établissements publics titulaires de monopoles ont, eux aussi, le plus grand intérêt à établir avec les fournisseurs ou les sous-traitants présentant les qualifications requises des relations dont la gestion contribue à l'abaissement de leurs coûts, condition de leur équilibre financier, et à l'amélioration des services qu'ils rendent aux usagers.

L'élévation du niveau de compétitivité d'une entreprise passe en tout premier lieu par la réduction de ses coûts. Elle n'en dépend pas exclusivement. L'offre du rapport qualité-prix le plus satisfaisant pour la clientèle, l'accroissement de la capacité d'innovation, une plus grande flexibilité ont également une influence déterminante. Le partenariat offre au donneur et au preneur d'ordres la possibilité de réaliser des progrès décisifs dans de nombreux domaines.

Le *Livre Blanc sur le Partenariat* énumère toute une série d'effets favorables à l'abaissement des coûts dont les partenaires et la clientèle finale peuvent se partager le bénéfice. L'effet d'apprentissage permet à une entreprise chargée d'assurer une production déterminée d'acquérir avec le temps une maîtrise renforcée du processus industriel, d'en réduire la durée, de supprimer les risques de pannes ou de défauts de fabrication. La pratique de l'analyse de la valeur rend possible la conception de produits ou de procédés moins onéreux et souvent plus performants. La réalisation d'analyses de coûts tend notamment à augmenter le taux d'utilisation effective des équipements. Il faut faire état, bien entendu, des gains de productivité dus à la réalisation d'investissements qu'une PMI ou même une entreprise plus importante n'aurait pas été en mesure de financer sans les sécurités du partenariat. Enfin, le partenariat doit favoriser la réduction ou la suppression des stocks, l'allégement du coût des contrôles et la diminution des frais de gestion des approvisionnements.

Le partenariat doit permettre de mieux satisfaire la demande finale

Le choix de cet objectif peut paraître paradoxal dans la mesure où le partenaire d'amont, qui reste par définition un producteur de biens intermédiaires, n'a pas de contacts directs avec les utilisateurs ou les consommateurs constituant la clientèle du partenaire d'aval. L'opacité du marché n'est pourtant pas telle qu'un simple sous-traitant puisse rester ignorant de l'évolution qualitative et quantitative de la demande finale. Mais, en général, il ne dispose pas d'autres moyens pour connaître cette évolution que l'interprétation des prévisions communiquées par ses donneurs d'ordres. Or, le plus souvent, ces prévisions sont limitées au court terme ou, si elles sont à plus longue échéance, elles permettent tout au plus de disposer d'indications peu précises sur les tendances générales du marché.

Le *Livre Blanc sur le Partenariat* constate que la diversification croissante des besoins de la clientèle doit avoir pour conséquence l'abandon dans les pays à haut niveau de vie des systèmes propices à la production de masse réalisée au moindre coût. Il devient nécessaire de faire appel aux ressources d'unités capables de produire en petite ou moyenne série une grande variété de composants. Leur combinaison permet, en effet, de personnaliser les biens offerts à la clientèle en lui proposant un grand nombre de versions ou d'options pour un même modèle de base. A partir du moment où la production, pour être plus flexible, doit être répartie entre de telles unités, la solution de l'intégration, valable pour la grande série, peut être remise en cause. Le choix sera désormais entre « une très forte décentralisation et le recours à l'impartition ». La décentralisation par création de filiales ou d'établissements bénéficiant d'une très grande autonomie de gestion semble s'imposer lorsque la stratégie de l'entreprise exige une maîtrise incontestable des procédés utilisés. L'impartition sera généralement plus économique dans le cas contraire.

Il faut se garder toutefois de tirer des conclusions trop catégoriques ou trop hâtives de la tendance au déclin de la production de masse. Ce déclin est inégal selon les secteurs. La segmentation des marchés n'empêche pas les producteurs finaux de mettre en œuvre des politiques de standardisation systématique des composants. En conséquence, une pièce ou un organe pourront être montés indifféremment sur plusieurs modèles, d'une seule marque ou même de plusieurs marques. L'évolution ne va donc pas forcément dans le sens d'une réduction de l'importance des séries. Mais la standardisation des composants n'est pas incompatible avec l'attribution de responsabilités élargies à des partenaires capables d'assurer dans les meilleures conditions une production très répétitive. Outre ses responsabilités d'ensemblier, le concepteur s'efforcera de conserver la maîtrise des procédés technologiques dont l'application détermine les caractéristiques de base de ses produits et leur permet d'affirmer son image de marque en apportant une réponse en finale aux souhaits exprimés par la clientèle. Cette maîtrise reste nécessaire, même s'il délègue à d'autres les responsabilités de fabrication.

Encore faut-il, pour pratiquer cette stratégie, que les partenaires d'amont aient été rendus sensibles aux exigences du marché, qu'ils puissent, eux aussi, répondre aux variations et aux modifications de la demande finale avec toute la flexibilité désirable. L'un des mérites du partenariat est précisément d'organiser de manière exhaustive l'échange des informations nécessité par la coordination des activités dont le déroulement s'intègre dans un même processus de production.

Le partenariat, c'est aussi l'exploitation des possibilités de synergies

Le partenariat permet à des participants d'optimiser l'emploi de leurs moyens de financement. La répartition dans une optique de complémentarité de leurs investissements devient possible. Le risque de gaspillage par doubles emplois ou par acquisition d'équipements surdimensionnés, dénoncé par certains adversaires du recours à la sous-traitance, cesse d'exister. L'effet de synergie est encore plus évident lorsque le partenaire d'amont s'équipe pour prendre en charge des activités productrices que le partenaire d'aval cesse d'exercer ou décharge celui-ci d'une partie des tâches d'études et de mise au point qui lui incombaient jusqu'à présent.

Le partenariat peut être la source de transferts technologiques susceptibles de se produire dans les deux sens. Il est de coutume de mettre l'accent sur l'initiation du sous-traitant par le donneur d'ordres à des techniques nouvelles. La coopération peut même, à la limite, aboutir à des cessions de brevets ou de licences. Il n'est pas impossible qu'elle débouche sur la réalisation de produits propres si la grande entreprise incite ses sous-traitants à tirer profit d'innovations qu'elle ne souhaite pas exploiter elle-même. En sens inverse, un sous-traitant peut très bien apporter, en raison de son expérience professionnelle, de son sens du possible ou de son ingéniosité, une contribution appréciable à la réalisation de progrès technologiques dont le donneur d'ordres bénéficiera en priorité.

La coopération peut également porter sur la recherche de débouchés internationaux. La grande entreprise a intérêt à aider ses sous-traitants les plus dynamiques à diversifier leur clientèle en développant leurs exportations, ou même à créer, dans les cas où il n'existe pas d'industries locales, les activités nécessaires au fonctionnement de ses propres usines ou chaînes d'assemblage.

Le partenariat devrait donc s'intégrer de plus en plus dans les stratégies de réseaux qui sont considérées à l'heure actuelle comme le *nec plus ultra* du management. Mais intégrer ne veut pas dire annexer et les *task forces* devraient être gérées avec assez de souplesse pour éviter que les petites unités soient totalement asservies aux évolutions d'un seul porte-avions...

III. L'éthique du partenariat

Pour être un instrument réel de progrès, le partenariat exige le respect d'une éthique dont les contraintes dépassent le cadre habituel de la morale des affaires. Il faut aller au-delà des règles déontologiques à observer dans le cadre des relations de sous-traitance classiques. Il ne suffit pas de faire en sorte que les engagements contractuels s'exécutent correctement et d'empêcher les abus de rapports de forces. L'intérêt de chaque partenaire est de s'imposer des disciplines rigoureuses mais salvatrices.

Quatre conditions doivent être remplies pour aboutir à ce qui pourrait s'appeler un partenariat à l'état pur par opposition à un partenariat Canada Dry où les changements ne seraient que des faux semblants :

- une confiance réelle et partagée,
- l'acceptation de l'idée de parité,
- une attitude modérée et réaliste,
- une capacité de communication propre à susciter l'adhésion de tous les acteurs.

Le partenariat doit être fondé sur la confiance

La confiance de chacune des parties dans la loyauté de l'autre et dans sa volonté de tenir ses engagements constitue une condition indispensable au bon fonctionnement des accords conclus par les partenaires ainsi qu'au maintien entre eux de relations durables. Il est évident que, si la confiance disparaît, si le charme est rompu, l'esprit maison l'emportera à nouveau sur l'esprit de collaboration dans l'entreprise dont les intérêts auront été lésés. En pareil cas, si les relations ne sont pas purement et simplement interrompues, elles redeviendront des relations d'affrontement.

La confiance doit exister au moment de la formation du lien de partenariat. Les futurs partenaires doivent donc bien se connaître. C'est le cas lorsque les deux entreprises ayant déjà l'habitude de travailler ensemble ont pu acquérir une bonne connaissance de leurs caractéristiques respectives. Dans le cas contraire, le partenaire d'aval doit être en mesure de vérifier l'aptitude du partenaire d'amont à respecter les obligations qu'il va contracter en ce qui concerne les délais, la disponibilité de son outil de production et surtout les exigences de qualité. Il est essentiel que les audits effectués par les services spécialisés des principaux acheteurs publics et des grandes entreprises permettent l'engagement d'un dialogue constructif et ne donnent pas lieu simplement à la présntation d'une liste d'exigences fondées sur des a priori. Par ailleurs, il est fréquent de voir les donneurs d'ordres faire subir à leurs nouveaux sous-traitants une période de mise à l'essai avant de s'engager à titre définitif. De leur côté, les sous-traitants doivent se montrer particulièrement vigilants dans le choix de leurs partenaires lorsque leur clientèle ne comprend pas seulement des entreprises bénéficiant d'une très grande notoriété. Comme il est exposé au chapitre XIII, il faut prévoir que le partenariat sera de moins en moins l'apanage exclusif de grands donneurs d'ordres. Il permettra de plus en plus à des entreprises nouvelles ou de création récente d'éviter des investissements ne correspondant pas à leur vocation. Encore faut-il que les sous-traitants obtiennent sur les perspectives de ces entreprises et sur leur solvabilité des informations d'une précision et d'une exactitude suffisantes pour que les risques correspondants soient pris en connaissance de cause.

La création d'un climat de confiance dépend pour beaucoup de la manière dont se déroulent les négociations technico-commerciales entre les futurs partenaires. Les accords dont les clauses auront fait l'objet d'une libre discussion ont plus de chances d'être bien exécutés que ceux dont le contenu est imposé unilatéralement. Cela ne signifie pas que les négociateurs doivent renoncer à faire preuve de fermeté pour défendre les intérêts dont ils ont la charge. Mais la fermeté n'exclut ni la courtoisie ni la compréhension. L'art de l'acheteur consiste précisément à faire preuve en même temps de ces trois qualités. De son côté, un sous-traitant inspirera d'autant plus confiance qu'il aura été capable de présenter des arguments destinés à faire progresser la discussion dans un sens positif. Les marges de négociation excessives diminuent la crédibilité de ceux qui cherchent à se les réserver. L'acceptation de clauses manifestement désavantageuses sous prétexte qu'il n'est « pas permis de dire non » peut faire planer un doute sur la volonté de les appliquer réellement.

Le climat de confiance ainsi créé doit subsister pendant toute la durée d'exécution des accords conclus entre les partenaires. Il doit même normalement se renforcer si chacune des parties respecte scrupuleusement ses obligations, ne les interprète pas de façon trop restrictive, n'abuse pas des droits dont elle peut se prévaloir et, plus généralement, fait preuve d'esprit d'ouverture. Cela suppose, de part et d'autre, des comportements qu'il n'est pas tellement fréquent de constater dans la vie des affaires où, très humainement, les acteurs sont enclins à faire passer la défense de leurs territoires respectifs avant toute autre considération.

La confiance dépend aussi de l'aptitude de chacun des partenaires à fournir, en temps utile, des informations répondant pleinement aux besoins dont l'autre partenaire est en droit d'attendre la satisfaction. Le *Livre Blanc sur le Partenariat* insiste très fortement sur cette condition : « Le partage de l'information doit porter sur l'ensemble des données liées à l'objet de la collaboration instituée entre les partenaires. Chacun d'eux doit avoir une connaissance aussi complète que possible de tout ce qui lui est nécessaire pour s'acquitter convenablement de ses obligations. Le partage doit s'effectuer sans autres restrictions que celles imposées par le caractère confidentiel de certaines informations. » (Cf. page 31, *infra.*) Encore faut-il observer que « le développement du partenariat peut remettre en cause certaines idées reçues sur le secret industriel dans bon nombre d'entreprises ».

Dernier point mais non le moindre, la confiance qu'une entreprise inspire à ses partenaires éventuels ne dépend pas seulement de la manière dont elle se comporte dans les relations bilatérales qu'elle entretient avec eux. Elle dépend aussi de son comportement général dans ses relations d'affaires et de la réputation qui en résulte. Une entreprise importante ne peut pas ménager une minorité de partenaires privilégiés et traiter de manière peu compréhensive les autres entreprises qui lui apportent leurs concours sous prétexte qu'elle n'est pas tenue envers eux à des égards particuliers.

De façon tout à fait symétrique, un sous-traitant aura peu de chances d'être choisi ou conservé comme partenaire s'il n'a pas la réputation de tenir parfaitement ses engagements. Le *Livre Blanc sur le Partenariat* en tire une conséquence : la création au profit d'un sous-traitant de relations de partenariat avec certains de ses donneurs d'ordres ne doit pas avoir pour contrepartie une dégradation de ses rapports avec le reste de sa clientèle. Il vaut mieux que ce sous-traitant renonce à certaines relations commerciales considérées comme sans avenir plutôt que d'essayer de les maintenir dans de médiocres conditions.

Le partenariat implique la parité

L'exigence de réciprocité sur laquelle se fonde le partenariat ne peut être satisfaite que dans l'hypothèse où le partenaire le plus puissant accepte de traiter l'autre à parité, ou tout au moins s'abstient d'utiliser un rapport de forces favorable pour en tirer systématiquement avantage par voie autoritaire. Les auteurs du *Livre Blanc* estiment toutefois peu réaliste de penser que « dans le cas d'une grande entreprise, la volonté d'entretenir des relations plus suivies et plus fécondes avec des firmes moins puissantes va conduire ses représentants à faire abstraction des facteurs qui assurent à celle-ci sa supériorité ». Il ne leur paraît pas possible de présumer que ces représentants, dans leurs rapports avec les responsables de PME, seront capables de renoncer spontanément à l'autorité que leur confèrent leur situation professionnelle et, souvent, un accès plus facile à l'information aussi bien scientifique et technique que juridique, financière et commerciale. Le *Livre Blanc* admet néanmoins que « la parité devient une réalité à partir du moment où chacun des partenaires est mis en état de s'exprimer, quel que soit le sujet abordé, où toute discussion revêt un caractère réellement contradictoire, où le fait accompli devient impossible ». De toute façon, la parité n'est pas l'égalité ou l'identité. La difficulté réside précisément dans le partage des rôles. Chacun des partenaires doit rester dans le sien et assumer les responsabilités qui lui sont propres.

Est-il judicieux, dans ces conditions, de vouloir lier à tout prix les notions de partenariat et de parité ? Il est peut-être plus conforme à la réalité de constater l'existence dans la pratique d'une grande variété de situations intermédiaires où la plus faible des deux entreprises bénéficie de ménagements particuliers sans que l'influence du rapport de forces cesse totalement de se faire sentir.

Le *Livre Blanc sur le Partenariat* ouvre toutefois une autre piste. Il considère que la parité doit s'établir lorsque « le souci partagé d'améliorer la qualité ou les performances d'un produit amène les partenaires à entreprendre une recherche en commun. Dans une telle situation, seule doit compter, en effet, l'aptitude des participants à faire aboutir la recherche ». Cette aptitude n'étant pas directement fonction de la taille des entreprises concernées, l'inégalité des forces en présence n'a pas le même effet sur leurs rapports que dans la vie courante. On peut effectivement considérer qu'il y a effort d'innovation partagé dès lors que l'entreprise d'amont s'implique dans la conception ou l'amélioration des produits qu'elle a la charge d'élaborer. L'entreprise d'aval, pour lui permettre de s'exprimer, doit alors lui réserver un traitement paritaire tenant compte de sa qualité de co-chercheur. Cette thèse, qui permet de faire coïncider totalement les notions de parité et de partenariat, a pour elle le mérite de la logique. Dans la mesure où le partenariat le moins contestable est sans aucun doute un partenariat de recherche. Mais pourquoi ne pas admettre qu'il existe plusieurs étapes avant d'en arriver à cette forme suprême du partenariat et que des avancées successives sont sans doute nécessaires pour atteindre le stade de la parité totale ?

Les objectifs du partenariat doivent être fixés avec réalisme et modération

Rappeler que ces objectifs, fixés d'un commun accord, doivent être à la portée des partenaires, cette affirmation ne constitue pas une tautologie. Le réalisme ne s'impose pas seulement par souci de limiter les risques de contestations ultérieures. Il convient d'éviter des déceptions qui seraient susceptibles de créer entre les partenaires un climat peu propice à leur coopération. La surévaluation des besoins d'un donneur d'ordres peut inciter ses sous-traitants à délaisser d'autres clients solvables. Elle risque d'être la source de graves difficultés d'amortissement si elle oblige le preneur d'ordres à investir sans réelle nécessité. Au contraire, l'impossibilité pour un sous-traitant d'atteindre les cadences de fabrication prévues a pour effet de créer un goulot d'étranglement pouvant être la cause de gros préjudices pour le donneur d'ordres. C'est dire à quel point il faut éviter d'établir un accord fondé sur des prévisions trop optimistes.

Les partenaires doivent faire preuve de modération. Négociation musclée ne veut pas dire épreuve de force pure et simple. Un accord déséquilibré ne peut être un bon accord de partenariat. Il n'apporte que des satisfactions provisoires au partenaire le plus puissant.

C'est évidemment sur le terrain des prix que la tentation d'abuser d'un rapport de forces favorable est la plus forte. En particulier, le donneur d'ordres peut être tenté de ne pas se contenter des rabais successifs auxquels il peut prétendre en considération des avantages à terme qui résultent pour son partenaire de la création d'un courant d'affaires continu. Doit-il pour autant demander que le bénéfice des gains de productivité futurs que le sous-traitant sera censé réaliser lui soit transféré immédiatement pour sa plus grande partie ? L'évaluation et le mode de partage des profits résultant de ces gains peuvent alors devenir la source de conflits redonnant aux négociations le caractère d'épreuves de force. Si l'on veut éviter ces conflits, on ne peut pas demander aux acheteurs d'accepter de faire preuve au cours des négociations d'un esprit de conciliation réel sans cesser de les juger seulement en vue de promotions éventuelles sur leur aptitude à obtenir des rabais. Or, il semble que les vieux démons ont la vie dure. Les services d'achat, encore nombreux, qui considèrent que « acheter mieux, c'est aussi et surtout acheter moins cher », ne sont pas sur le point d'adopter des conceptions propres à favoriser le partenariat. C'est seulement l'observation par les intéressés d'attitudes témoignant de leur volonté de travailler ensemble qui peut permettre l'établissement de compromis ne lésant pas leurs intérêts essentiels...

Les partenaires doivent s'efforcer d'obtenir l'adhésion de toutes les catégories professionnelles au sein de leurs entreprises

La mise en place d'un dispositif de partenariat peut susciter des résistances difficiles à surmonter non seulement dans l'entreprise donneuse d'ordres mais aussi chez ses fournisseurs.

La stabilisation et, plus encore, l'augmentation du volume des opérations confiées à des entreprises extérieures risquent d'être mal accueillies par le personnel du donneur d'ordres. L'opposition syndicale sera particulièrement vigoureuse si ce donneur d'ordres pratique simultanément une politique de compression d'effectifs. Ce sera encore pire s'il existe un lien direct entre un accroissement du recours à la sous-traitance et le transfert ou l'abandon d'activités jusqu'alors intégrées. Cette opposition se manifestera également dans le cas où le partenariat n'a pas de conséquences immédiates sur le niveau de l'emploi mais peut être considéré, à tort ou à raison, comme susceptible de nuire au développement de l'entreprise en l'obligeant, par exemple, à restreindre la gamme de ses activités. Il est donc nécessaire de convaincre les salariés que les accords conclus avec des partenaires d'amont n'ont pas pour objet ou pour effet de « démanteler » leur entreprise. Il faut leur faire admettre, même si ce n'est pas une tâche aisée, qu'une politique à court terme de préservation de l'emploi n'est pas conforme à l'intérêt collectif si elle fait obstacle à des efforts de spécialisation ou de rationalisation indispensables. Des efforts particuliers sont à entreprendre pour mettre en évidence les aspects positifs du partenariat et montrer qu'il contribuera au maintien, voire au développement de l'emploi.

Dans les deux entreprises, il faut s'attendre à ce que les contraintes du partenariat provoquent des résistances de la part des collaborateurs dont elles changent les habitudes et remettent en cause les prérogatives. La mise en œuvre d'une politique rigoureuse de la qualité et l'introduction de systèmes d'approvisionnement « juste à temps » peuvent créer des traumatismes. Pour que le changement soit réellement géré, les objectifs choisis doivent être clairement explicités, de manière à justifier les efforts d'adaptation demandés. A ces conditions seulement, le personnel se sentira responsable, à tous les niveaux, du bon fonctionnement des accords de partenariat conclus par son entreprise. Alors seulement il fera preuve de la vigilance nécessaire dans le contrôle des fabrications, s'efforcera d'éviter les pannes, s'attachera à respecter les délais d'exécution.

Le partenariat doit se situer dans une vision à long terme des destinées désormais solidaires des deux entreprises. Une volonté politique doit animer leurs dirigeants respectifs, mais elle ne saurait s'exprimer efficacement par des injonctions. Les messages destinés au personnel doivent trouver leur place dans le cadre général de la politique de communication mise en œuvre. Les objectifs du partenariat ne peuvent qu'être reliés aux autres objectifs stratégiques pour lesquels un consensus est recherché. Communication à usage interne et communication à usage externe s'inscrivent en fait dans une stratégie globale. L'expérience montre que les changements de comportement imposés par le partenariat sont bien plus faciles à réaliser dans les firmes où il existe déjà une politique ayant pour but de favoriser les échanges internes. Dans celles où le cloisonnement est encore la règle et la communication l'exception, le partenariat ne peut que rester dans le domaine de la fiction.

CHAPITRE XII

LES NOUVELLES CONTRAINTES

Des changements d'importance majeure, qui méritent d'être classés parmi les éléments les plus caractéristiques de la troisième révolution industrielle, ont été apportés au mode de production des biens manufacturés en moins d'une vingtaine d'années. Certains de ces changements ont eu pour but de favoriser la mise sur le marché de produits et de services d'une qualité répondant mieux et de façon plus constante aux besoins des utilisateurs. D'autres s'efforcent de réduire autant que faire se peut ou même d'éliminer délais et stocks tout en rendant plus aisée et moins onéreuse la réalisation des petites ou moyennes séries, satisfaisant ainsi les goûts nouveaux de la clientèle.

Enfin, l'informatique industrielle fait naître un nouvel art de vivre dans les entreprises mais elle est capable aussi d'engendrer par certains excès de nouvelles formes d'oppression.

Un exposé technique consacré à l'analyse détaillée des méthodes qui contribuent à la réalisation de ces grands changements ne trouverait assurément pas sa place dans cet ouvrage. Mais il n'en est pas moins nécessaire de mettre en évidence certaines conséquences de l'emploi des nouveaux procédés de gestion.

Il faut être conscient, en effet, que l'obligation d'appliquer de telles méthodes contraint les entreprises de sous-traitance à modifier profondément leurs conditions de fonctionnement en payant les progrès réalisés d'un prix qui ne doit pas être sous-estimé.

I. La primauté de la qualité

L'entreprise de sous-traitance face à une révolution culturelle

La préoccupation de la qualité a toujours été présente au cœur des relations unissant donneurs d'ordres et sous-traitants. Mais, si le critère « qualité » intervenait dans le choix des sous-traitants, il n'était pris en compte dans le meilleur des cas qu'au même titre que les critères « prix » et « respect des délais ». A ce triptyque initial s'est ajouté plus récemment un critère « adaptabilité » ou « réactivité » correspondant à un plus grand besoin de flexibilité. Et surtout, en moins de quinze ans, le critère « qualité » a pris une importance primordiale dans la sélection des fournisseurs. Le contenu des accords de partenariat, la manière de les gérer doivent permettre d'atteindre sans défaillance le niveau de qualité imposé. Les considérations relatives au prix et aux délais, tout comme les exigences de flexibilité, restent très influentes ; mais, en premier lieu, il faut que la qualité soit réellement assurée. La réduction ou la suppression des délais n'est possible que si les produits livrés ou les prestations effectuées sont conformes aux spécifications techniques. Les prix sont fixés en fonction de la qualité requise. Leur abaissement dépend dans une très large mesure des efforts fournis pour réduire le coût de la non-qualité, calculé en additionnant les divers frais et manques à gagner résultant d'une mauvaise gestion de la qualité. La flexibilité elle-même ne peut être obtenue au détriment de la qualité.

Cette évolution ne se serait pas produite si la notion de qualité n'avait pas pris un contenu élargi. Comme au temps de Colbert, la qualité s'obtient à force de soins[1]. Mais elle ne se réduit plus à l'absence de défauts apparents ou de vices cachés susceptibles de se manifester en cours d'utilisation avec des conséquences parfois catastrophiques. Les industries du nucléaire et de la construction aéronautique ont joué un rôle fondamental dans l'élaboration des outils de gestion de la qualité. Mais l'usage de ces outils ne s'est généralisé qu'à partir du moment où d'autres grandes industries ont dû s'adapter aux exigences d'un marché qui devenait de plus en plus sélectif, où la clientèle n'était plus contrainte d'accepter faute de mieux ce qui lui était proposé. L'évolution a été telle que, en 1983, la norme AFNOR X 50.109 a défini la qualité comme « l'aptitude d'un produit ou d'un service à satisfaire les besoins des utilisateurs », en précisant dans un commentaire qu'il s'agissait des besoins exprimés ou potentiels. La norme ISO 8402, reproduite par la nouvelle norme NF 50.120 de septembre 1987, donne de la qualité une définition encore plus précise : « Ensemble des propriétés et

1. « Si nos fabriques imposent à force de soins la qualité supérieure de nos produits, les étrangers trouveront avantage à se fournir en France et leur argent affluera dans le royaume. » (COLBERT, *Lettre aú roi*, 3 août 1664.) L'ancêtre de la qualité moderne serait plutôt DAIMLER qui se vantait de ne pouvoir supporter la subsistance d'un grain de poussière sur un moteur automobile et inventa en conséquence la qualité... MERCEDES.

caractéristiques d'un produit ou d'un service qui lui confèrent l'aptitude à satisfaire des besoins exprimés ou implicites. »

Né aux Etats-Unis, le concept de « qualité totale » a trouvé au Japon un terrain propice à sa formalisation et des conditions d'application particulièrement favorables. Ce concept associe à la recherche de la qualité, telle qu'elle a été définie ci-dessus, les différentes étapes du processus productif : définition du produit, conception, exécution, commercialisation, emploi, maintenance. Les responsables de chacune de ces étapes doivent participer à cette recherche, qu'ils fassent partie intégrante de l'entreprise qui gère le processus ou qu'ils lui apportent leur concours. Les informations utiles, notamment celles qui ont trait aux dysfonctionnements, doivent être échangées et prises en compte à tous les stades du dispositif. L'emploi conjoint de la technique d'analyse de la valeur et la constitution de groupes-projets multidisciplinaires se généralise.

La préoccupation de la qualité modifie profondément le rôle des responsables de la production. La mise en application du principe « La qualité ne se contrôle pas, elle se fabrique » a pour conséquence la substitution de l'autocontrôle effectué en temps réel au contrôle a posteriori. Ainsi se trouve remis en cause un système qui cantonnait le personnel productif dans des tâches d'exécution plus ou moins qualifiée. Association de toutes les intelligences à la satisfaction de la demande finale, intégration de la fonction de contrôle dans une fonction d'exécution élargie, ces deux éléments sont sans aucun doute les plus caractéristiques de l'ère post-taylorienne.

L'adaptation des entreprises de sous-traitance à des changements aussi radicaux ne pouvait aller de soi car leurs effets étaient à certains égards extrêmement traumatisants. Il est compréhensible que, tout en reconnaissant le caractère positif de ces changements, elles aient éprouvé de grosses difficultés et manifesté parfois certaines réticences.

Au début des années 1970, il était encore admis par la quasi-totalité des professionnels de la sous-traitance que, pour tout processus, il existe un taux normal de défauts de fabrication. Il leur semblait impossible, en effet, de réduire ce taux sans avoir à supporter des frais supplémentaires non compensés par les réductions du coût ou par l'amélioration des relations avec la clientèle qui auraient pu constituer une contrepartie. Les exigences des donneurs d'ordres sont devenues telles que le temps n'est plus où l'appréciation de la qualité pouvait dépendre exclusivement de l'importance des rebuts constatés. Les techniques actuelles d'analyse de coût rendent plus difficile ou même impossible l'incorporation dans les prix de vente de primes de risque permettant de limiter les conséquences financières des incidents de fabrication. La référence à des spécifications d'une extrême sévérité et la fixation d'objectifs réduisant la tolérance des défauts à quelques cas pour un million sont devenues des pratiques courantes. Les distinctions traditionnelles entre mécanique générale et mécanique de précision, tôlerie ordinaire et tôlerie fine n'ont plus de raison d'être. L'obligation de « bien faire du premier coup » se généralise, ce qui ne dispense pas de faire mieux la prochaine fois.

Le sous-traitant doit-il se féliciter d'acquérir de telles responsabilités ? Les risques de retards de réception, de contestations et de paiements tardifs se trouvent certes atténués, sinon supprimés. Mais, en revanche, il faut subir les contraintes de l'assurance de la qualité, supporter le coût de gestion des contrôles, effectuer à grands frais des investissements supplémentaires[2]. La réduction du coût véritable de la non-qualité, qui était souvent évalué à plus de 10 % de la valeur ajoutée, vient certes en compensation. Mais la prise de conscience de ce coût s'est opérée très progressivement. Un sondage réalisé au MIDEST 1983 montrait que, à cette date, une entreprise sur deux ne considérait pas encore la qualité comme une source possible d'économie.

La mise en œuvre du concept de qualité totale alourdit aussi les responsabilités juridiques du sous-traitant. La jurisprudence lui fait un devoir de signaler les erreurs de conception qu'il peut constater dès lors qu'elles sont susceptibles de compromettre la bonne utilisation du produit qu'il réalise ou de créer un danger pour les tiers. Mécanicien ou fondeur, il devra, pour dégager ses responsabilités, prouver qu'il n'a pas été informé des conditions réelles d'utilisation de ce produit et de ses contraintes particulières. Il est soumis désormais, pour tout ce qui relève de sa compétence technique, à une obligation de conseil qui peut aller jusqu'à la proposition de solutions alternatives. Cette obligation est renforcée par la création des liens de partenariat. L'association aux efforts d'innovation du donneur d'ordres a pour le sous-traitant une valeur de promotion considérable. Mais la nécessité de s'intéresser à ce qui constitue l'aval de son aval est généralement la source de préoccupations nouvelles pour celui qui n'était auparavant qu'un simple preneur d'ordres.

Il n'est pas certain que les outils employés pour la gestion de la qualité, conçus par et pour certaines catégories de grandes entreprises, soient facilement adaptables au cas d'utilisateurs de plus petite taille qui n'ont ni le même type d'organisation, ni le même mode de gestion, ni la même culture. Le risque de les mettre en difficulté en leur imposant des contraintes non indispensables ou des procédures trop complexes est réel. Nombreux sont les sous-traitants qui se plaignent d'être soumis à des exigences incompatibles, le contenu des cahiers des charges variant trop fortement selon les prescripteurs pour un même objet. Des efforts considérables ont été accomplis, tant par l'Etat que par un certain nombre d'organismes publics ou privés, pour rendre plus accessibles et moins coûteuses les méthodes de gestion de la qualité. Il en est fait mention au titre ci-après. Mais a-t-on réussi à trouver la juste mesure ? Est-il possible de faire en sorte que l'impératif de la qualité soit satisfait par les petits et moyens producteurs non pas en leur de-

2. Cf. « Sous-traitance : la qualité fait la différence », Gabriel CHAPERT et Michel DEFAUX, *Techniques et équipements*, novembre 1989.

mandant plus qu'ils ne sont réellement en mesure d'apporter mais en les incitant à utiliser pleinement leurs propres atouts ? Le fait de poser de telles questions constitue peut-être une atteinte aux dogmes de la qualité mais le sacrilège vaut la peine d'être commis.

La satisfaction des besoins de diagnostic et de conseil

En général, les sous-traitants s'adressent à des conseillers spécialisés lorsqu'ils éprouvent le besoin d'organiser une gestion de la qualité rendant possible leur agrément ou leur homologation par leurs donneurs d'ordres.

Les experts ont pour mission, dans un premier temps, d'effectuer des diagnostics déterminant par rapport à un modèle de référence les points forts à mettre en valeur et les points faibles ou les lacunes qui nécessitent remèdes. Dans un second temps, l'intervention du conseil prend généralement la forme d'une « assistance lourde » exigeant des investigations approfondies. Elle aboutit le plus souvent à la mise en place d'outils de gestion tels qu'organigrammes, tableaux de bord, instruments de suivi statistique, manuels de gestion de la qualité.

Qu'il s'agisse de diagnostics ou d'interventions prolongées, les consultants sont généralement des professionnels. Ils exercent le plus souvent dans le cadre de cabinets spécialisés. A titre exceptionnel, certains sous-traitants ont bénéficié de l'aide d'une grande entreprise dont le concours leur a permis d'adopter un système de gestion de la qualité conforme aux exigences qu'elle s'efforce elle-même de satisfaire dans ses propres ateliers.

Les actions menées en France par l'AFNOR, l'AFCIQ[3] et l'AFAVE[4] ont contribué à la formation d'un corps d'experts dont le niveau est probablement l'un des plus satisfaisants au plan européen. La référence aux normes relatives à la gestion et à l'assurance de la qualité permet de fonder les interventions de ces experts sur un corps de doctrines dont l'emploi constitue par lui-même une garntie de compétences. Néanmoins, comme dans toute profession de conseils spécialisés, il existe des experts plus dogmatiques que d'autres. Les conseillers les plus recommandables sont ceux qui s'attachent à prendre en compte tous les aspects de la gestion de l'entreprise et sont donc capables de dépasser leur seul horizon technique.

Il n'en reste pas moins que l'institution sur les conseils d'un tiers d'un système de gestion de la qualité constitue un investissement à risques. Il peut avoir des effets déstabilisateurs sur le fonctionnement de l'entreprise si l'effort demandé dépasse ses possibilités d'évolution. L'engagement des dirigeants doit être effectif. Il dépend d'eux et d'eux seuls que les mesures prises facilitent réellement la mise en œuvre d'une démarche stratégique cohérente.

Si les industriels ne craignent plus autant que par le passé de se voir imposer des dispositions qui les conduiraient à la « surqua-

3. Association française pour le contrôle industriel de la qualité.
4. Association française pour l'analyse de la valeur.

lité », la référence à des modèles préétablis et la modélisation du diagnostic lui-même peuvent faire problème. Le désir d'unifier les pratiques qui ont inspiré la politique de normalisation ne doit pas conduire à dresser un portrait robot de la bonne entreprise. Comme tout observateur extérieur, le qualiticien doit admettre la relativité de son point de vue, accepter la diversité, reconnaître l'existence de zones d'indétermination où le chef d'entreprise ne peut se fier qu'à sa seule intuition.

A plus forte raison, la désignation d'un responsable de la qualité ou l'établissement d'un manuel qualité très détaillé ne constituent pas en tant que tels des critères de bonne gestion. Il faut encore s'assurer que ce responsable est réellement intégré et écouté. Quant au manuel qualité, son épaisseur ou sa complexité ne doivent pas servir d'alibi. Des instructions brèves, clairement rédigées bien adaptées et effectivement appliquées sont sans aucun doute suffisantes au niveau d'une PME. Les conditions d'utilisation du manuel, qui doit être disponible « où il faut, quand il le faut », comptent autant que son contenu lorsqu'il s'agit d'apprécier les services qu'il peut rendre.

L'élaboration de normes portant sur la gestion de la qualité

Les difficultés rencontrées par les fournisseurs en raison de la multiplication des procédures d'audit organisées par les donneurs d'ordres existaient déjà bien avant la généralisation de la pratique de l'assurance de la qualité.

Dès sa création, la Commission technique de la sous-traitance a été amenée à se préoccuper des conséquences de cette multiplication. Elle estimait qu'il pouvait en résulter de très grandes gênes pour les sous-traitants car chaque donneur d'ordres avait tendance à imposer des règles particulières et s'efforçait de faire prévaloir ses propres procédures d'agrément. Pour cette raison, elle avait fait figurer en 1978 dans la liste de ses 45 premières propositions une recommandation portant sur la création d'un système français d'organisation du contrôle de la qualité par le biais de certificats de qualification. Elle demandait aussi que des efforts soient entrepris pour promouvoir et diffuser une méthode de gestion de la qualité à caractère normatif et incitatif. La nécessité de tels efforts était déjà évidente. Le Service de la surveillance de l'armement (SIAR) attribuait trois types d'attestations « règlements sur l'assurance de la qualité » qui avaient déjà valeur de référence : RAQ3 pour les produits simples dont le contrôle final est suffisant pour garantir la qualité ; RAQ2 pour ceux dont le processus de production doit être placé sous assurance de la qualité ; RAQ1 dans les cas où les prestations demandées comprennent des tâches d'étude ou de maîtrise d'œuvre. A l'instar du SIAR, les autres grands donneurs d'ordres publics et privés avaient institué pour la plupart des procédures d'homologation. Mais la notion d'assurance de la qualité n'était pas encore définie par un texte ayant valeur de norme. Une première série de travaux effectués dans le cadre de l'AFNOR a été nécessaire pour rendre possible, de janvier 1980 à mars 1983, la publication de quatre documents fondamentaux :

– la norme X 50 109 concernant le vocabulaire relatif à la gestion de la qualité,

– le fascicule de documentation X 50 110 intitulé « Recommandations pour un système de gestion de la qualité à l'usage des entreprises »,

– les normes X 50 111 et X 50 112 qui traitent respectivement des dispositions à prendre pour l'assurance-qualité et de la réalisation des audits dans les relations clients-fournisseurs.

Dans une seconde étape, la norme X 50 109 a été remplacée par la norme NFX 50 120 (septembre 1987) qui reprend elle-même l'intégralité des définitions contenues dans la norme internationale ISO 8402. De nouvelles normes françaises reproduisant la série des normes ISO 9000 à 9004 ont été publiées en décembre 1988 sous les numéros NF 29000 à 29004.

L'assurance de la qualité est actuellement définie par la norme NFX 50 120 comme « l'ensemble des actions préétablies et systématiques nécessaires pour donner la confiance appropriée en ce qu'un produit ou service satisfera aux exigences relatives à la qualité ». Cette norme précise que l'assurance de la qualité n'est pas complète si les exigences données ne reflètent pas entièrement les besoins de l'utilisateur. Dans un but d'efficacité, l'assurance de la qualité implique une évaluation permanente des facteurs qui influent sur l'adéquation aux applications prévues de la conception ou des spécifications. Ce qui doit donner lieu à des audits périodiques des opérations de production, d'installation et de contrôle. La norme rappelle que l'assurance de la qualité est utilisée comme outil de gestion dans l'entreprise. Dans des situations contractuelles, l'assurance de la qualité est également utilisée pour donner confiance au client. C'est précisément cette confiance qui permet d'alléger ou de supprimer les contrôles de réception. Le client peut, en effet, se contenter de s'assurer que les contrôles prévus sont effectués correctement et systématiquement par le fournisseur.

La norme NF EN 29002 qui reproduit la norme ISO 9002 contient la description du modèle valable pour l'assurance de la qualité en production et installation. Elle s'applique donc aux contrats de sous-traitance ; mais ceux-ci sont également justiciables de la norme EN 29003 (ISO 9003) qui traite des cas où le contrat exige « que soit démontrée l'aptitude du fournisseur à détecter toute non-conformité de produit et à maîtriser les dispositions correspondantes pendant les contrôles et essais finaux ».

Cet effort de normalisation a été complété par la mise au point de documents tendant à uniformiser les pratiques suivies dans certaines professions. C'est ainsi que les constructeurs automobiles ont élaboré un document commun intitulé « Evaluation d'aptitude qualité ». Sa mise en application permet de faire en sorte que l'évaluation soit valable, quels que soient ses auteurs, pour chacun des constructeurs.

Pour répondre aux mêmes préoccupations, les membres du

« groupe AG des grands acheteurs » qui rassemble le SIAR, l'Aérospatiale, COGEMA, EDF, France Télécom, la SNCF, THOMSON-CSF et plusieurs autres sociétés, ont donné à leurs fournisseurs l'autorisation de communiquer aux autres participants le résultat des audits. Dans l'industrie nucléaire, un autre groupement a été constitué en vue d'émettre des spécifications et d'organiser des audits communs. Les normes ont été intégrées dans un premier volet de spécifications de manière à former un tronc commun susceptible d'être certifié par un organisme tiers. Les exigences propres au nucléaire font l'objet d'un second volet.

L'établissement d'un système national de certification d'entreprises

En dépit de la vive insistance des organismes professionnels représentant les fournisseurs et les sous-traitants, le service du ministère de l'Industrie qui avait la charge de la qualité des produits industriels (SQUALPI) a fait preuve d'une grande prudence dans la démarche qui l'a conduit finalement à provoquer la création d'une procédure de certification ayant valeur nationale. Le pas ne fut définitivement franchi qu'en 1986 lorsque M. COTON, directeur de la qualité et de la sécurité industrielles, chargea M. DOUCET d'une mission d'étude sur la « faisabilité d'un système national de certification des systèmes d'assurance de la qualité des entreprises ». Cet ingénieur de l'armement présenta successivement un rapport d'étape et un rapport définitif qui firent le point des réalisations étrangères et dressèrent l'inventaire des très nombreux systèmes français d'évaluation ou de certification. La conclusion du rapport définitif fut qu'il conviendrait de confier la gestion du système national à créer à une association regroupant toutes les parties intéressées[5].

Pour donner suite à cette proposition, l'Association Française pour l'Assurance de la Qualité (AFAQ) a été constituée le 30 juin 1988. Cette association rassemble en trois collèges distincts l'AFNOR et les organisations représentant les fournisseurs ou sous-traitants, les acheteurs et les donneurs d'ordres, les organismes de contrôle technique et les associations de qualiticiens (ACIQ, AFQ). Le conseil d'administration comprend 24 membres. La gestion de l'organisation est assurée par un secrétaire général choisi en raison de sa compétence et de son indépendance. Un bureau prépare les travaux du conseil et exécute ses décisions.

Le certificat AFAQ se réfère aux normes internationales en vigueur. Il doit remplacer l'ensemble des certificats préexistants décernés par ses membres. Toutefois, les acheteurs et donneurs d'ordres ne se sont pas engagés à l'utiliser automatiquement. Ils se réservent la possibilité de lui donner valeur de tronc commun en le

5. Les deux rapports ont été publiés par la Documentation française en 1987 dans la collection Etudes sous le titre *La certification des systèmes d'assurance de la qualité*. Cf. numéro spécial de la revue *Enjeux*, éditions AFNOR n° 93, septembre 1988.

complétant selon leurs propres besoins. A la base, des comités sectoriels, actuellement au nombre de trois, gèrent les différentes activités liées à la certification des entreprises relevant d'une profession ou d'un groupe de professions déterminées. Un comité général traite plus particulièrement de la certification des entreprises appartenant à des secteurs pour lesquels un comité sectoriel n'a pas encore été créé.

Il existe en outre une commission de qualification des auditeurs et un comité d'appel et d'audit interne. Le certificat AFAQ est délivré à la suite d'un audit permettant de vérifier l'existence d'une organisation conforme à l'une des normes définissant l'assurance de la qualité. Il peut y avoir retrait s'il est constaté après enquête que certaines prescriptions de cette norme ne sont pas respectées. En outre, pendant la durée de validité du certificat, l'entreprise titulaire est soumise à plusieurs visites de suivi.

Un accord de reconnaissance technique et de coopération a été conclu avec l'organisme allemand de certification (DQS). Il doit être suivi d'accords analogues avec d'autres organismes européens.

Par rapport aux prévisions de montée en régime, on peut estimer que l'AFAQ a pris un démarrage encourageant en dépit de la non-participation de quelques grands donneurs d'ordres tels ceux de l'aéronautique. Au 1er novembre 1990, 170 entreprises ont déjà obtenu leur certification, 700 autres procédures sont en cours ou sur le point d'être engagées. Néanmoins, la notoriété du système AFAQ a encore besoin de s'affirmer. Son utilité doit être mieux perçue par les industriels et notamment par les plus petits car son coût (environ 50 000 F pour une validité de trois ans) est relativement élevé, même s'il est justifié par les avantages qu'il procure.

II. Tensions des flux et « juste à temps »

La révolution de la qualité n'aurait peut-être pas eu sa portée actuelle si elle n'avait pas été liée à un autre événement qui donne également au nouveau système productif certains de ses traits les plus caractéristiques : la généralisation des méthodes de fabrication dites « juste à temps », « à flux tendus » ou « d'appel par l'aval ». On pourrait en conclure que la flexibilité succède à la productivité, à la mobilité et à la qualité au tableau d'honneur de la gestion industrielle. En réalité, le phénomène mérite d'être pris au sérieux car il correspond à une tendance profonde, historiquement nécessaire.

En quoi consistent l'appel par l'aval et le « juste à temps »

Les systèmes d'appel par l'aval et l'approvisionnement « juste à temps » ont deux objectifs : réduire les frais financiers occasionnés par les délais d'attente, répartir sans perte de temps la production entre les variantes parfois nombreuses d'un même modèle de base.

La réduction du coût des stockages peut procurer des économies considérables. Dans l'industrie automobile américaine, il a été estimé que ces coûts pouvaient atteindre en 1984, pour 30 jours de stocks, 23 % de la valeur des pièces vendues au client. Or, les systèmes classiques de production sont tels que les ordres de fabrication ne peuvent porter que sur des quantités relativement importantes. Ils demeurent longtemps en file d'attente avant de pouvoir être exécutés. L'importance des stocks de produits finis est elle-même proportionnelle à la longueur des délais de mise en fabrication. Ce qui est gagné en évitant de changer trop fréquemment les outillages est perdu en frais de stockage. L'utilisation de la méthode MRP (Material Requirement Planning) fait dépendre la production de programmes de vente eux-mêmes fondés sur des prévisions plus affinées. Mais elle ne constitue qu'un remède partiel aux risques de stockage excessif.

La multiplication du nombre des variantes, imposée par les exigences d'une clientèle qui n'accepte plus comme à la grande époque du fordisme d'acheter une voiture de n'importe quelle couleur pourvu qu'elle soit noire crée un problème encore plus ardu. L'absence de données statistiques fiables sur la demande au niveau des variantes expose le producteur à deux risques : supporter des stocks considérables d'invendus, être dans l'incapacité de fournir les produits dont la demande augmente le plus vite en l'absence de stocks disponibles. Le seul moyen de conjurer ces risques est l'appel par l'aval. On peut ainsi piloter la production en la faisant tirer par la demande réelle et immédiate du consommateur. D'où la notion de flux tendu. Pour répondre à cet appel par l'aval, toutes les fournitures doivent arriver à l'endroit où l'on en a besoin au moment précis où elles doivent être utilisées et dans la quantité strictement nécessaire. Elles doivent être parfaitement utilisables et, par conséquent, ne présenter aucun défaut, qu'elles proviennent d'un atelier intégré ou d'une entreprise extérieure.

L'appel par l'aval est dit synchrone lorsque le système est conçu pour faire en sorte que la livraison intervienne juste avant mise à la disposition du consommateur. La livraison peut s'effectuer à partir d'un mini-stock de renouvellement de consommation réelle ou directement à partir de la ligne de production (zéro stock). Dans le système KANBAN, l'information est transmise au producteur par l'intermédiaire d'un jeu d'étiquettes correspondant chacune à un conteneur ou une caisse contenant toujours la même quantité unitaire. Les étiquettes, dont l'ensemble représente toujours la même quantité consommée, sont placées sur un tableau dans une zone d'attente de lancement. Leur nombre ne doit donc pas dépasser un chiffre déterminé. Les étiquettes en surplus sont placées dans une seconde zone. Les nouvelles fabrications doivent être lancées de manière à éviter qu'aucune étiquette ne se retrouve dans une troisième zone dont l'occupation signifierait que le client est en rupture de stock. Tel qu'il est utilisé par TOYOTA dans certaines de ses usines, le système KANBAN permet de réduire à trois jours le délai qui s'écoule entre la notification de l'ordre de lancement au fournisseur et la livraison effective. Ce système présente l'avantage de rendre inutile l'organisation d'un service de planning puisque la production dépend de la circulation des commandes venant de l'aval. Mais le producteur ne doit être pris en aucun cas au dépourvu. Le système ne peut fonctionner valablement que pour des productions dont les flux sont suffisamment réguliers pour permettre des prévisions fiables à deux ou trois mois. En outre, il exige un niveau de flexibilité extrêmement élevé. Par voie de conséquence, les livraisons doivent être extrêmement fréquentes. Il n'est pas rare dans la pratique japonaise qu'elles aient lieu deux ou trois fois par jour.

En France, l'industrie automobile fait une très large application des systèmes de production « juste à temps ». Plus de 50 % des producteurs de PSA travaillaient en 1989 en flux tendus et la proportion était à peu près la même pour les fournisseurs de RENAULT. Ces systèmes sont également utilisés dans un grand nombre d'autres industries. Des firmes aux activités aussi différentes que RANK XEROX, SEB ou Yves ROCHER font de l'aptitude à produire juste à temps, acquise éventuellement à l'issue de cycles de formation appropriés, un critère prioritaire pour le choix de leurs fournisseurs. Le rapport JOLLES-BOUNINE donne la priorité dans le domaine du textile-habillement à la substitution « de la logique nouvelle des flux tendus à la logique ancienne – et encore trop actuelle – des flux poussés » (page 38).

Partenariat et « juste à temps »

A première vue, il semblerait qu'il est plus facile de faire fonctionner un système d'appel par l'aval si les stades successifs d'un même processus sont gérés par une seule entité au lieu d'être confiés à des entités différentes. L'expérience prouve cependant qu'il n'y a pas de règle absolue. L'essentiel est que le producteur d'amont fasse preuve en permanence d'une flexibilité et d'une vigilance suffisantes pour éviter de provoquer des ruptures d'approvisionnement. Tout au plus, faut-il observer que ces exigences incitent à utiliser des composants normalisés ou standardisés plutôt que des produits spécifiques. Il peut donc en résulter un moindre recours à la sous-traitance.

Le cas de l'industrie japonaise est évidemment particulier. Il est probable que les systèmes « juste à temps » n'auraient pas connu un tel développement au Japon si la sous-traitance n'avait pas été organisée dans ce pays d'une manière qui permet l'asservissement total du fonctionnement de l'outil de production du preneur d'ordres à la programmation imposée par le donneur d'ordres.

Quelle que soit la solution retenue, il est clair que le recours à des méthodes d'appel par l'aval exige un respect absolu de la qualité des livraisons. Toute interruption du flux est intolérable. En cas d'appel à des ressources externes, cette exigence de qualité justifie à elle seule l'adoption de relations à long terme. L'intégration implique un partenariat interne. Le recours à un fournisseur ou un sous-traitant implique un partenariat externe. Les travaux effectués dans le cadre de l'Association française de gestion industrielle en portent témoignage.

Autre raison qui milite en faveur du développement de relations partenariales : le nécessaire développement de la communication entre l'aval et l'amont, non seulement, au niveau de l'information quasi quotidienne sur la nature et l'importance des quantités à livrer mais aussi au niveau des prévisions portant sur les variations possibles des besoins à satisfaire.

Par ailleurs, le producteur situé en aval se trouve le plus souvent dans l'obligation de recourir à une seule source d'approvisionnement pour une ligne de fabrication déterminée. En contrepartie, le producteur d'amont se doit de mettre à sa disposition les équipements à utiliser sans aucune restriction mais avec tous les risques qui peuvent résulter d'un tel engagement. Le partenariat est le seul moyen de limiter ces risques pour un fournisseur indépendant.

Les changements imposés à l'amont

Parmi ces changements, ceux qui modifient le plus profondément les conditions d'existence des unités d'amont, notamment celles des entreprises de sous-traitance, concernent l'organisation et le fonctionnement des ateliers, le choix de leurs implantations, le mode de gestion de leur personnel.

1. Des ateliers d'un type différent

Ils doivent être conçus pour satisfaire en priorité la contrainte de flexibilité et réduire au minimum les temps morts. Cette exigence conduit à remplacer progressivement l'organisation en sections homogènes regroupant les machines de même technologie par une organisation en lignes de produits et par conséquent en îlots autonomes. Une telle substitution permet d'assurer une meilleure continuité de la production, même si elle doit être effectuée par petites quantités, et de créer une solidarité plus étroite entre les participants à la réalisation d'un même programme.

La contrainte de flexibilité oblige aussi les responsables de l'atelier, en ce qui concerne la manutention, l'approvisionnement, le contrôle, le réglage et le dépannage des machines, à prendre les dispositions nécessaires pour que le travail soit préparé et effectué de façon très méthodique dans des conditions qui réduisent au minimum les risques d'incident. Ceci implique une véritable révolution psychologique. Il n'est plus possible que, dans certaines entreprises, l'encadrement et la maîtrise se sentent encore jugés sur leur aptitude à « faire les pieds au mur », quitte à créer en permanence une ambiance de miracle de la Marne. La nécessité d'une bonne préparation oblige aussi à élever le niveau de qualification des magasiniers. Leurs locaux doivent être placés au plus près par rapport aux lignes de production.

2. Le renforcement de la contrainte de proximité

L'institution de systèmes « juste à temps » exerce une influence certaine sur la localisation des activités de sous-traitance.

Elle ne crée pas forcément des obstacles insurmontables à l'institution de relations de sous-traitance régulières entre des établissements relativement éloignés. Certains donneurs d'ordres importants réussissent à faire fonctionner des transports capables d'acheminer régulièrement vers les unités d'assemblage des pièces usinées ou traitées à de très longues distances, quelles que soient les difficultés climatiques. Au Japon, les systèmes « juste à temps » fonctionnent entre des établissements situés aux deux extrémités de l'archipel. Pour coûteuse qu'elle ait été, pour les constructeurs automobiles français, la récente grève des transporteurs espagnols peut être considérée comme une perturbation de caractère exceptionnel. En toute hypothèse, la proximité immédiate présente des avantages incontestables, ce qui explique le regroupement d'un grand nombre de fournisseurs de TOYOTA sur des zones contiguës à ses unités de montage. Cette exigence de proximité est plus forte pour les opérations de sous-assemblage que pour les fabrications de pièces car le coût de transport des sous-ensembles et des composants volumineux est plus élevé. Les partenaires de premier niveau seront donc conduits à investir dans les régions de la Communauté où leurs principaux donneurs d'ordres sont eux-mêmes établis. Le risque n'est pas nul de les voir s'approvisionner en pièces primaires dans leur pays d'origine. Le problème des usines « transplantées » ne se pose pas seulement dans le cas du Japon.

3. La recherche du consensus

L'adoption par une entreprise d'une méthode de production commandée par l'aval a pour conséquence la réduction ou la suppression de certaines marges de sécurité et des tolérances dont les participants à un travail manufacturier effectué en processus discontinu pouvaient bénéficier. Il en résulte une mise sous tension qui doit être rendue supportable pour les salariés. Il ne faut pas seulement qu'ils acceptent des horaires plus souples et acquièrent la polyvalence nécessaire pour pouvoir travailler indifféremment sur plusieurs lignes de fabrication. Ils doivent être capables de réagir rapidement.

Une politique appropriée de gestion des ressources humaines est donc nécessaire, en raison même des conséquences d'une grève sur la marche de l'établissement donneur d'ordres. Elle doit se montrer exigeante sur la qualification du personnel et porter une attention particulière au recrutement des agents de maintenance dont le nombre est appelé à augmenter. Certains employeurs estiment, toujours pour des raisons d'adaptabilité, qu'une organisation de la production en flux tendus est incompatible avec l'utilisation de personnel intérimaire. Il semble effectivement que les entreprises concernées préfèrent recourir à d'autres solutions pour accroître leur capacité de production : travail posté, équipes de fin de semaine et surtout heures supplémentaires.

On s'aperçoit donc que cette nouvelle politique de personnel atteint assez rapidement ses limites d'efficacité dans un contexte socio-économique différent du contexte japonais. La plupart des entreprises françaises n'ont pas la ressource de s'adresser à plus petites qu'elles pour obtenir en cas d'urgence des compléments de production. Il existe des raisons psychologiques et techniques qui les obligent à progresser avec une certaine prudence et à utiliser souvent des systèmes qui ne suppriment pas complètement les stocks.

III. De la conception à la gestion de la production assistée par l'ordinateur

L'extension des applications de l'informatique industrielle s'est réalisée en plusieurs étapes. La première fut celle de l'introduction de la conception et du dessin assistés par l'ordinateur (CAO et DAO). Dans un second temps, les progrès de la productique ont permis à l'ordinateur d'étendre cette assistance à la fabrication (FAO). Les progrès de l'informatique de gestion apportent à leur tour une réponse aux problèmes que soulèvent le respect des contraintes liées à l'appel par l'aval, l'augmentation du nombre des modèles et des variantes, la suppression des temps morts. La gestion de la production assistée par l'ordinateur (GPAO) est en train de se généraliser. Parallèlement, on assiste au développement de l'enseignement assisté par l'ordinateur.

Chaque étape a comporté une période d'expérimentation et de rodage. Ce sont en général de grandes entreprises qui ont joué un rôle de pionnier dans la mise au point et les premières applications des techniques en cause. Mais, lorsque ces techniques ont été bien maîtrisées, ces firmes « motrices » ont exercé une pression de plus en plus intense sur leurs fournisseurs. Elles les ont contraints à se doter d'équipements identiques à ceux qu'elles utilisent ou tout au moins compatibles.

C'est ainsi que, dès le début des années 1980, des sous-traitants en nombre croissant furent amenés à faire l'acquisition d'équipements de FAO et de CAO. Les plans des pièces à produire ne leur étaient plus communiqués au moyen de dessins mais par des bandes magnétiques, ce qui posait des problèmes tout à fait nouveaux d'interprétation et de reproduction. L'emploi par les donneurs d'ordres de logiciels différents créait toutefois des difficultés particulières. Le groupe d'experts en technologies avancées réunis en 1982 dans le cadre de la Commission technique de la sous-traitance recommanda avec insistance qu'il soit procédé à la normalisation de ces logiciels. Il proposa également qu'un dispositif financier facilite l'introduction dans les PME des équipements de CAO-FAO à l'instar de ce qui avait été fait pour encourager l'emploi des premières machines-outils à commande numérique. Mais la procédure LOGIC, qui répond à cet objet, ne fut instituée que plusieurs années plus tard.

La fabrication assistée par ordinateur a pour objet d'assurer l'utilisation optimale des installations productiques et notamment des ateliers flexibles. Elle rend possible une parfaite reproduction des formes conçues en CAO, la synchronisation des opérations d'usinage successives, l'automaticité des changements d'outillages.

L'emploi conjugué de la CFAO, de la découpe au laser et des robots de soudure a fait réaliser d'énormes progrès de productivité à l'industrie de la tôlerie, ramenant parfois les délais de fabrication de trois mois à une semaine (« La tôlerie se plie à l'automatisation », Stéphane FARHI, *L'Usine nouvelle*, 16 novembre 1989).

La gestion de la production assistée par ordinateur permet d'intégrer dans un même système les données nécessaires à la conduite de toutes les opérations du cycle productif, de l'approvisionnement jusqu'à l'expédition au stockage des produits finaux.

Grâce à l'emploi conjugué des techniques de FAO et de GPAO, on peut atteindre des niveaux d'efficacité tels qu'un écart irrémédiable semble se creuser entre les performances dont sont capables les firmes qui les utilisent et celles des établissements dont la production reste gérée selon des méthodes conventionnelles. Il est donc essentiel que les entreprises de sous-traitance qui disposent d'un parc important de machines-outils ne prennent pas un retard impossible à combler sur les ateliers intégrés dans des grands groupes qui remplissent les mêmes fonctions. Mais les investissements nécessaires doivent être effectués par les sous-traitants avec beaucoup de discernement, en pleine conscience des limites et du coût d'utilisation de l'outil informatique. Les solutions adoptées risquent d'être décevantes si elles sont le résultat d'une transposition pure et simple de réalisations conçues en fonction d'un autre type d'environnement industriel. Il est nécessaire qu'elles tiennent compte des caractéristiques des moyens de fabrication et des conditions de travail propres aux entreprises petites ou moyennes. Celles-ci peuvent payer très cher le fait d'avoir commis un mauvais choix. Dans un tel domaine, où les risques de surdimensionnement et de sophistication excessive sont manifestes, ces entreprises doivent savoir s'inspirer des conceptions pratiquées par des partenaires plus qualifiés. Mais il leur faut éviter les copies serviles à moins, bien entendu, qu'elles n'acceptent de voir leurs propres productions pilotées par les ordinateurs de leurs donneurs d'ordres.

CHAPITRE XIII

L'ÉMERGENCE DES ENTREPRISES DU QUATRIÈME TYPE

La difficulté de concilier la gestion d'un outil de production avec des exigences de créativité très accaparantes et une action commerciale dynamique a depuis longtemps suscité des formes particulières de répartition des rôles qui sont déjà très répandues dans certaines industries. Le recours au travail à façon est devenu pratique courante dans les industries de l'habillement de telle sorte qu'un modéliste de talent peut envisager de fonder une entreprise sans posséder les capacités techniques et les ressources financières nécessaires pour fabriquer valablement les articles de sa collection. Le phénomène s'est amplifié au fur et à mesure que les avantages d'une délocalisation des activités de production vers des pays lointains sont apparus plus nettement. La tendance à la dissociation des fonctions de conception, de fabrication et de distribution s'est manifestée plus récemment dans le cas de certaines industries à haute technologie. Elle est liée étroitement au développement simultané du partenariat industriel et de la sous-traitance de fonction. Dès lors qu'un sous-traitant se montre capable de réaliser des sous-ensembles, il n'est pas déraisonnable de lui déléguer en totalité la production d'un ouvrage prêt à être mis sur le marché. Ainsi s'est trouvée favorisée l'émergence d'une certaine catégorie d'entreprises qui, pour marquer leur relative nouveauté, pourraient être appelées « entreprises du quatrième type » puisque, depuis la parution de l'ouvrage d'Hervé SEYRIEX, la participation au troisième type résulte de la remise en cause des pratiques de l'ère paléo-industrielle mais n'implique pas renonciation aux tâches manufacturières.

Il est du plus grand intérêt de mettre en évidence les raisons qui conduisent ces entreprises du quatrième type à cette renonciation.

On s'aperçoit, en effet, que, si elles sont caractérisées par le fait qu'elles n'ont plus ou presque plus de moyens de production, elles ne forment pas un groupe homogène. Leurs activités et leurs types d'organisation sont très variés. Il faut aussi se rendre compte que leur essor offre aux sous-traitants ensembliers des perspectives attractives en créant ce qui constitue pour eux une sorte de second marché. Mais l'émergence des entreprises du quatrième type soulève aussi des problèmes qui risquent de ne pas être résolus aisément.

I. Les causes de la spécialisation fonctionnelle et de la dématérialisation

L'abandon de la fonction production peut recevoir trois explications qui ne sont pas forcément incompatibles.

Il est tout d'abord possible de pousser la logique des choix « faire » ou « acheter » jusqu'à considérer a priori que les investissements effectués en dépenses de recherche et d'industrialisation et les investissements commerciaux sont prioritaires par rapport aux investissements productifs. Ils consomment moins de capital et sont nécessaires, en toute hypothèse, pour réaliser l'objectif stratégique que constitue la conquête d'une part de marché déterminée pour un produit ou pour une ligne de produits. Rien ne permet de présupposer que la vocation d'une entreprise créative soit d'acquérir un patrimoine immobilier et de posséder un cheptel de machines-outils, surtout si elle est jeune.

Seconde explication possible ; la fabrication proprement dite intervient pour une part de plus en plus faible dans la valeur finale des produits. Cette constatation a déjà été effectuée au chapitre III. Dans un mémoire récent de fin d'études à l'Ecole des mines de Paris intitulé « La formation de la valeur ajoutée » ou « Quel rôle joue encore la fabrication dans la création de richesses ? » Jean-Christophe BARBANT et Philippe CHANUT ont démontré notamment que le coût de fabrication d'une automobile ne représente plus que 27 % de son prix TTC[1]. Le coût de production d'un téléviseur couleur fabriqué à Singapour n'est lui-même que de 19 % du prix TTC. Mais il faut y ajouter un pourcentage égal pour les matières premières et les composants. Ce n'est donc pas par l'intégration qu'un producteur a le plus de chances d'augmenter la valeur ajoutée mais par une augmentation des investissements immatériels qui sont nécessaires en tout état de cause pour améliorer la qualité du service rendu à la clientèle et rester concurrentiel.

Enfin, une troisième explication réside dans la constatation que, comme l'ont écrit deux universitaires anglais, « un manager peut faire plus facilement le tour de son job », lorsqu'il n'est pas obligé d'être simultanément compétent dans des domaines aussi différents

1. Résumé publié dans *Gérer et comprendre* de juin 1989 sous le titre « Les réseaux, créateurs de richesses ».

que l'innovation, la fabrication et la vente sans oublier la finance[2]. Certes, ce problème de polyvalence peut être résolu par l'institution d'un système de direction collégiale. Mais encore faut-il qu'un équilibre réel puisse s'instaurer entre les membres du collège pour empêcher le bateau de chavirer.

Que l'on soit dans l'un ou l'autre de ces trois cas de figure, la gestion d'une entreprise est grandement facilitée lorsqu'elle peut se concentrer sur l'exercice des fonctions pour lesquels son ou ses animateurs sont le plus qualifiés. Mais cette possibilité n'existe que si les fonctions non exercées directement peuvent être concédées à des tiers dans des conditions économiquement satisfaisantes avec les meilleures garanties de sécurité. Il existe donc une tendance naturelle de la part des entreprises qui extériorisent leurs fonctions de production ou de distribution à constituer un réseau de relations stables composés de fournisseurs, de sous-traitants, de concessionnaires ou de franchisés méritant confiance. Une telle tendance mène au partenariat car les besoins de coopération avec les membres du réseau et entre eux créent des solidarités incitant à dépasser le stade des relations d'affaires.

II. Classification des entreprises du quatrième type

Parmi ces entreprises, celles qui constituent le groupe numériquement le plus important appartiennent aux différentes branches du secteur de l'habillement et aux autres industries d'art et de création. Toutes les entreprises du secteur de l'habillement qui recourent systématiquement au façonnage et s'abstiennent de fabriquer elles-mêmes ne pratiquent pas un véritable partenariat. Beaucoup n'ont que des relations à court terme avec les façonniers et s'efforcent d'obtenir, commande par commande, le meilleur rapport qualité-prix. Mais celles qui se sont dotées d'une politique de marque axée vers la recherche de la qualité ont un intérêt certain à fidéliser leurs meilleurs fournisseurs, soit pour s'assurer de leur disponibilité s'ils sont européens, soit pour les aider à améliorer leur qualification s'ils travaillent dans des pays d'outre-mer. Un remarquable exemple de configuration est offert par le premier producteur européen d'articles de bonnetterie, l'entreprise italienne BENETTON. Son réseau comprend environ 450 PME qui emploient plus de 10 000 personnes. BENETTON se réserve toutefois les opérations qui contribuent le plus à assurer la renommée de ses produits : la teinture, la coupe et le contrôle de la qualité. Cet exemple a été suivi en France par MANOUKIAN et par d'autres grandes marques de vêtements. BIDERMANN a renoncé à toute fabrication et réduit ses effectifs de 8 000 à 2 500 salariés. Mais son réseau de sous-traitants

2. « Market power train » par Gordon BRUCE et Anne GIBONS, actes de la conférence « Partenariat entre petites et grandes entreprises » organisée à Bruxelles les 13 et 14 juin 1988 par la DG XXIII de la Commission des Communautés européennes, *op. cit.*

est composé en majorité de producteurs du Sud-Est asiatique. Dans l'industrie de la chaussure, ANDRÉ ne fait plus fabriquer dans ses propres usines que 5 % de ce que vendent les magasins de son groupe. Jean-Louis DESCOURS déclare : « L'usine est aujourd'hui ce qu'il y a de moins important »[3]. Ses filiales textiles ont également pour principe de sous-traiter tout ce qui peut l'être, en Italie ou en Asie. La totalité de la production de NIKE, principal concurrent d'ADIDAS, est sous-traitée dans le Sud-Est asiatique.

Dans l'industrie électronique, la pratique de la délégation de production est encore plus répandue actuellement aux Etats-Unis et au Japon qu'en Europe. Elle est utilisée sur une large échelle dans la Silicon Valley et dans les autres centres où se sont développées des industries à fort potentiel de matière grise car leurs ressources doivent être affectées en priorité à la recherche et à la mise au point de produits nouveaux. Pendant longtemps, l'Electronique Serge DASSAULT (ESD), qui porte maintenant le nom de DASSAULT-ELECTRONIQUE, a représenté un cas spectaculaire mais isolé de renoncement délibéré à l'intégration des tâches de fabrication[4]. L'ESD conserve les responsabilités de conception, d'approvisionnement en composants, de mise au point des produits et de réalisation des prototypes. En revanche, toutes les tâches de fabrication proprement dites sont confiées à des sous-traitants qui prennent en charge la réalisation non plus seulement de sous-ensembles mais de plus en plus souvent d'ensembles complets. Les services « qualité » et « contrôle » de l'ESD exercent dans les établissements de ces sous-traitants une action permanente de formation et une mission générale de surveillance. La SMT GOUPIL s'est engagée, elle aussi, dans la voie de la délégation de la production. Dès l'origine, elle a fait fabriquer entièrement en sous-traitance ses micro-ordinateurs. Mais c'est seulement à partir du moment où certains sous-traitants comme les établissements MORARI ou le Centre électronique de Laval créé à partir d'un établissement du groupe THOMSON se sont équipés pour prendre en charge la réalisation d'ensembles complets, que les cas d'extériorisation totale ont cessé d'être exceptionnels dans ce type d'activité. Les constructeurs de matériels électroniques sont de plus en plus ouverts à l'idée de ne pas fabriquer eux-mêmes tous les produits de leurs gammes. Le mouvement semble s'accélérer. Mais il se combine avec un autre qui entraîne une réduction notable du recours à la sous-traitance : l'utilisation en quantités croissantes de composants normalisés vendus sur catalogues.

Le transfert des responsabilités de production à des partenaires spécialisés constitue également une réponse aux difficultés de financement rencontrées par les entreprises qui sont obligées de consentir des efforts de recherche développement d'une ampleur

3. « Jean-Louis DESCOURS, l'homme qui rachète le sentier », Claude SOULA, *Le Nouvel Observateur*, 11 octobre 1990.

4. « La sous-traitance à l'Electronique Serge DASSAULT », *Livre blanc sur le partenariat*, document n° 7, page 75.

particulière. Il n'est pas surprenant que l'on retrouve parmi les firmes qui sous-traitent la fabrication de la totalité des matériels qu'elles ont conçus, des spécialistes de la productique tels que PRADEL Automation pour les assemblages flexibles ou APRIL pour les automates programmables[5].

Un autre secteur semble se prêter particulièrement à la pratique de la délégation de production : celui de l'outillage. L'obligation d'innover, soit en lançant des produits rendant plus de services, soit en améliorant les performances des produits anciens, et l'importance des frais commerciaux dont l'amortissement ne peut être effectué sur une large gamme de matériels justifient un recours systématique à la sous-traitance. Plus le produit est susceptible de faire bénéficier son créateur de marges importantes en raison de son caractère innovant, plus il est avantageux d'accroître la part de marché qu'il détient et de se libérer des tâches de fabrication. Dans le secteur de l'outillage, des donneurs d'ordres spécialisés jouent donc le rôle de plaques tournantes ou, pour employer l'expression italienne, d'impanatore. C'est le cas de TRIPLEX qui sous-traite l'étude des produits qu'il commercialise[6]. Celui de la Manufacture d'Armes et de Cycles de Châtellerault, la MACC, est encore plus spécifique[7]. Créée en 1946, cette société a pour objet l'industrialisation de produits inventés principalement en vue de simplifier et d'améliorer les conditions d'accomplissement des tâches propres à l'industrie du bâtiment. La MACC procède aux études de marché et se charge de l'adaptation du produit. Le sous-traitant, qui prend part à la réalisation du prototype et à la conception définitive du produit, se voit ensuite confier la fabrication dans le cadre d'une collaboration durable. La MACC, qui pratique la vente directe aux artisans par l'intermédiaire d'une cinquantaine de représentants, reste en revanche responsable de la distribution et assume le risque commercial.

On peut inclure dans une dernière catégorie de donneurs d'ordres non fabricants les entreprises qui, sur un créneau particulier, se sont lancées dans la fourniture de services nécessitant l'usage d'installations et de matériels variés. Les exemples les plus notoires sont probablement ceux de KISS pour l'exécution immédiate de travaux d'utilité courante et surtout celui de Jean-Claude DECAUX pour la fabrication et l'installation de certains types d'équipements urbains. Dans son cas, la sous-traitance porte notamment sur la réalisation des prototypes. Les sous-traitants doivent également participer à la politique de stockage imposée par la nécessité de satisfaire les collectivités dans de courts délais.

5. *Usine nouvelle* des 10 octobre 1985 : « PRADEL Automation avait vu juste » et 21 novembre 1985 : « APRIL, une gestion participative... Même avec les sous-traitants. »

6. « TRIPLEX, un mutant de l'outillage », *Les Echos*, 5 novembre 1985.

7. *Livre blanc sur le partenariat*, présentation de l'activité de la MACC, document n° 1, page 35.

III. Les problèmes posés par l'expansion du second marché

Ce second marché offre déjà des chances appréciables aux sous-traitants capables de faire fonction d'ensembliers ou de réaliser intégralement un produit fini en façonnage. Il a été signalé au chapitre II que les donneurs d'ordres considérés comme exclusifs ou quasi exclusifs recensés par l'enquête annuelle d'entreprises avaient généré en 1987 au profit des sous-traitants un chiffre d'affaires de 9,5 millions de francs, soit 10 % environ de la sous-traitance industrielle confiée. Les entreprises qui se créent sans se doter d'équipements productifs seront de plus en plus nombreuses. L'accroissement de la demande de cette catégorie de donneurs d'ordres est prévisible. Le raisonnement qui conduit habituellement à concentrer pour un marché déterminé les efforts de prospection sur la petite fraction de la clientèle qui consomme 80 % des biens ou des services en cause ne paraît plus totalement approprié dans le cas de la sous-traitance. L'accès aux grands donneurs d'ordres devient de plus en plus difficile, sauf pour les auteurs de performances technologiques exceptionnelles. La clientèle qu'ils constituent s'efforce de limiter strictement le nombre de ses partenaires de premier niveau. En revanche, les jeux ne sont pas faits sur le second marché. Les preneurs d'ordres qui seront capables de mener plus spécialement à son intention une politique commerciale dynamique peuvent en tirer de grands profits. La présence sur ce second marché d'entreprises qui sont en majorité de taille moyenne ou même petite devrait permettre aux sous-traitants d'établir des rapports de partenariat plus faciles à équilibrer que sur le marché principal des grands donneurs d'ordres.

En contrepartie, l'émergence des entreprises du quatrième type peut être la source de préoccupations nouvelles pour les sous-traitants et même, dans une certaine mesure, pour les pouvoirs publics.

Si la dissociation des fonctions de conception et de production qui résulte de leur attribution à des entités différentes est réalisée sans précautions particulières, il est à craindre qu'elle dévalorise le travail manufacturier en le rejetant dans l'anonymat. Les salariés mettent-ils autant de cœur à l'ouvrage lorsqu'ils savent que leur produit sera présenté au public sous la marque d'une autre entreprise ? Ne sont-ils pas plus motivés lorsqu'ils se sentent partie prenante aux succès donnant une image particulière au produit qui constitue le résultat visible de leurs efforts ? Des formules de coopération permettant, mieux que la sous-traitance, de partager la notoriété entre tous les participants à l'acte de produire sont à imaginer pour limiter ce risque de démotivation.

En second lieu, la délégation de production ne peut donner des résultats satisfaisants sur le plan industriel que si les partenaires sont capables d'entretenir un dialogue technique fécond, caractérisé par une réelle compréhension de leurs préoccupations respectives. Or, ce n'est pas toujours le cas. Même si ce dialogue se déroule, selon l'expression consacrée par la jurisprudence concernant l'emploi des clauses de limitation de responsabilité, entre « professionnels de mêmes qualifications », il peut arriver que le donneur d'ordres n'ait pas une expérience suffisante des problèmes concrets de production, qu'il mesure mal les difficultés de mise en œuvre de ses conceptions. Le contraire peut également se produire, le sous-traitant faisant preuve d'un conservatisme excessif et abusant d'arguments d'autorité pour obliger le donneur d'ordres à renoncer à une idée novatrice. Le recours à la délégation de production n'est donc une solution valable que si deux conditions sont réunies. Le donneur d'ordres doit posséder une connaissance effective des technologies auxquelles la fabrication envisagée fait appel. Le sous-traitant doit disposer de moyens d'étude qui lui permettent de rechercher les progrès possibles ou de signaler les contre-indications sans préjugés et dans un esprit constructif.

Une troisième difficulté réside, si toutes les phases de fabrication d'un produit destiné au marché final sont sous-traitées, dans la nécessité d'organiser une protection renforcée de la propriété industrielle du concepteur. Des clauses rigoureuses peuvent donc être imposées au sous-traitant, non seulement pour lui interdire les contrefaçons mais aussi pour l'empêcher d'utiliser dans toute autre fabrication des procédés dont le donneur d'ordres se réserve l'exclusivité. Mais ces précautions ne sont pas toujours considérées comme suffisantes. Le souci de protection peut conduire à la stipulation de clauses qui risquent d'être considérées comme abusives car elles suppriment la liberté d'entreprendre du sous-traitant pour la réalisation de tout autre produit ayant un caractère concurrentiel vis-à-vis de celui qui fait l'objet du contrat de sous-traitance.

Il convient enfin de mettre en regard des perspectives ouvertes par l'expansion du second marché l'aggravation des risques financiers encourus par les sous-traitants éventuels. Plus les entreprises donneuses d'ordres sont petites et de création récente, plus il est difficile d'évaluer ces risques. L'octroi d'aides de l'ANVAR ou l'intervention d'autres organismes spécialisés dans le financement de l'innovation n'apporte pas forcément des garanties suffisantes quant à la fiabilité des projets en cause. Ces établissements ont vocation à prendre des risques certes calculés mais pouvant parfois dépasser ce qu'un simple industriel est en mesure d'accepter. Les conséquences d'un dépôt de bilan sont particulièrement graves s'il est dû à la défaillance d'une entreprise qui, ne produisant pas elle-même, possède peu de biens saisissables. C'est la situation que l'on rencontre dans le cas de nombreuses entreprises générales du bâtiment dont l'actif se compose principalement de créances. Et c'est précisément l'insolvabilité trop fréquente de ces entreprises générales qui a conduit le législateur à prendre en 1975 des dispositions qui visaient à protéger leurs créanciers les plus démunis, c'est-à-dire les petites entreprises de second œuvre. On pourrait penser que la stipulation d'une clause de réserve de propriété constitue un moyen efficace de pallier ce risque d'insolvabilité puisqu'elle permet de revendiquer un bien susceptible d'être revendu en l'état. Il ne semble pas que ce moyen de protection soit efficace ; en principe, les droits de propriété industrielle dont le donneur d'ordres est titulaire vont être inclus dans la masse à partager entre les créanciers. Les séductions du second marché ne doivent donc pas dispenser de l'aborder avec la prudence nécessaire pour éviter les mauvaises surprises.

CHAPITRE XIV

LES COMPORTEMENTS DES GRANDS DONNEURS D'ÓRDRES

Cet exposé des pratiques adoptées dans les secteurs industriels où de grandes entreprises organisent autour d'elles un réseau de partenaires directs ne prétend pas à l'exhaustivité. Une enquête effectuée auprès d'un certain nombre d'autres firmes choisies en fonction de l'importance de leurs achats aurait sans aucun doute permis de compléter des informations fournies en majorité par des rencontres avec des responsables de l'approvisionnement ou par le dépouillement de la presse économique et technique. La liste des donneurs d'ordres cités dans ce chapitre en aurait été sensiblement allongée.

Cette liste n'est en aucune manière une liste de bons élèves. Il ne peut s'agir en effet que de prendre acte des objectifs choisis et de montrer en quoi les méthodes mises en œuvre peuvent paraître caractéristiques. Les écarts entre les intentions manifestées et les réalités dont, parfois, les fournisseurs font état ne peuvent pas être appréciés de façon objective. En cas de conflit, les tiers n'ont généralement connaissance que de versions pirandelliennes. Chacun des protagonistes semble convaincu de la validité de sa version. Mais ce qui importe, c'est de se rendre compte que, même si les incidents de parcours sont nombreux, l'énoncé par une entreprise des principes d'une nouvelle stratégie d'approvisionnement crée une situation irréversible. Du seul fait de cet affichage, le cadre de référence des relations avec les fournisseurs subit des changements radicaux. Le prix des retours en arrière devient exorbitant et les conflits eux-mêmes doivent être placés sur un autre terrain que précédemment.

I. La construction automobile[1]

Ainsi qu'il a été exposé au chapitre X, les politiques de partenariat suivies par les constructeurs automobiles français s'inscrivent dans le cadre d'un effort de rationalisation qui s'est très largement inspiré de l'exemple japonais. Ce qui entraîne notamment la diminution du nombre des fournisseurs directs que l'on s'efforce désormais de rendre responsables de l'ensemble des tâches nécessitées par la prise en charge d'une fonction complète. Les autres constructeurs européens ont adopté pour la plupart la même ligne de conduite. C'est le cas, en particulier, de FIAT qui, dès 1983, était en mesure de définir une véritable stratégie de partenariat et de réaliser à partir de 1986 le projet SICORC destiné au « développement de l'innovation en matière de composants et de réduction de coûts »[2]. La démarche est proche de celle que FORD utilise dans ses audits annuels à l'issue desquels il faut obtenir au moins 170 points sur 200 pour être classé « q. one » et devenir fournisseur privilégié. Le SPC, suivi statistique du procédé (Statistic Process Control), est effectué dans tous les ateliers de production américains. Il a pris le nom français de « suivi qualité fournitures extérieures ». Indicateur de démérite propre à responsabiliser le fournisseur, il fait perdre toute signification statistique au pourcentage de rebuts en réception car il permet de constater les dérives pouvant entraîner le non-respect des spécifications avant même l'apparition de tout défaut.

Depuis 1988, les deux constructeurs français ont unifié leurs procédures grâce à la mise en application d'une norme commune AQF (Assurance Qualité Fournisseur). Leurs documents contractuels se réfèrent aux divers textes élaborés par le Groupement pour l'Amélioration des Liaisons dans l'Industrie Automobile GALIA et en particulier à ses conditions générales d'échange. Sur ces bases, des accords pluriannuels déterminant la nature des besoins et comportant des prévisions d'achat sont mis en place en cas de nécessité. Ils sont conclus notamment lorsque le fournisseur doit résoudre de gros problèmes d'investissement. Mais le terme de partenariat prend une signification plus générale car il s'applique aux rapports d'un nouveau type que le constructeur souhaite entretenir avec les fournisseurs, qu'ils soient fabricants concepteurs ou sous-traitants, qui satisfont les critères suivants :

– apporter un savoir-faire innovant le plus en amont possible à la conception des nouveaux produits ; avec participation éventuelle à des groupes d'analyse de la valeur ;

1. De nombreuses informations proviennent d'une communication effectuée par Armelle GORGEU et René MATHIEU (Centre d'études de l'emploi) pour les journées PIRTTEM-CNRS des 16 au 18 novembre 1988.

2. Exposé de M. ZANZA, responsable marketing, département des approvisionnements de Fiat, à l'occasion du colloque sur la sous-traitance organisé à Athènes par la commission de la CEE les 6 et 7 octobre 1983 et entretien avec M. RIGAZZI, directeur des achats de Fiat auto, *Information du véhicule* n° 151, mai 1986.

– disposer d'une organisation de production performante et flexible, apte à livrer juste à temps en flux synchrones ;

– maîtriser totalement la qualité, ce qui implique notamment le recours à l'analyse des modes de défaillance et criticité (AMDEC) qui est pratiquée systématiquement à titre prévisionnel pour les produits dits de sécurité ;

– être capable d'optimiser les coûts en permanence grâce à leur organisation, leurs moyens de production et la qualité de leur personnel ;

– avoir une situation financière satisfaisante tant au niveau des résultats d'exploitation que de la structure de bilan. Cette exigence est considérée comme absolument prioritaire.

Sur ces différents points, les dossiers de consultation, désormais normalisés, doivent être remplis avec une très grande précision.

Si l'on se réfère aux documents établis par l'un des deux grands groupes, l'énumération des contreparties offertes aux fournisseurs est assez éloquente :

– fidélité assurée sous réserve du maintien des performances ;

– fourniture du maximum d'informations nécessaires sur l'évolution des produits du constructeur pour orienter les investissements ;

– communication des programmes de production et des évolutions à moyen terme effectuée suffisamment à l'avance pour permettre de conduire au mieux les politiques sociale et financière ;

– chaque fois que nécessaire, et plus spécialement à l'occasion des audits, suggestions concernant les dispositions à prendre pour améliorer les performances ;

– participation aux opérations de restructuration ou de rapprochement entre sociétés permettant d'atteindre une dimension critique, de renforcer les points forts et de supprimer les points faibles ;

– organisation de visites d'usines du groupe pour les fournisseurs « afin de leur apporter au maximum notre expérience et de leur montrer des axes de progrès ».

Il reste que ce partenariat est déjà très sélectif et qu'il le sera probablement de plus en plus.

Actuellement, chacun des constructeurs utilise encore le concours d'un peu moins d'un millier de fournisseurs dont environ 350 sous-traitants, étant observé que plusieurs fournisseurs font parfois partie d'un même groupe, ce qui réduit d'autant le nombre des véritables partenaires. Ce nombre est appelé à diminuer pour plusieurs raisons. D'une part, la tendance est à l'élimination de la plupart des très petits fournisseurs qui ne font au total que 1 % du budget alors que les 50 plus gros fournisseurs en représentent déjà plus de 50 %. D'autre part, les fournisseurs retenus devront tous avoir obtenu l'évaluation qualité A ou B. Ceux qui avaient été classés en C et n'auront pas effectué des efforts d'amélioration suffisants pour passer en B suivront le sort des fournisseurs classés en D qui ne sont plus consultés. En outre, les fournisseurs retenus devront être tous capables de travailler en conception, fabrication et gestion de production assistées par ordinateur. Ils auront à se plier aux servitudes imposées par l'échange informatique des données qui les contraindra à pratiquer dans leurs entreprises le « zéro papier ». La facturation sera effectuée par l'intermédiaire de bandes magnétiques et l'usage des codes barres pour l'identification des composants sera généralisé. Enfin, et surtout, les deux groupes entendent aller encore plus avant dans une politique qui doit leur permettre de ne plus avoir comme partenaires que des responsables à part entière de fonctions complètes, assumant eux-mêmes la conception des organes dont ils seront producteurs ou, tout au moins, ayant effectué les études préalables au choix des caractéristiques définitives. Ce qui conduira le donneur d'ordres à n'avoir qu'un seul fournisseur pour un produit donné mais faisant office de champion au niveau européen.

Tel est le cas, pour ne citer que cet exemple, des établissements Pinet, spécialistes de la fabrication des charnières, qui sont consultés quatre ans avant le lancement des véhicules pour lesquels ils doivent concevoir un modèle répondant aux normes du cahier des charges.

Première conséquence de cette évolution, la quasi-disparition de la sous-traitance de premier niveau est à prévoir. Cette sous-traitance ne subsistera plus que dans les cas où la détention d'un savoir-faire sans équivalent conduirait à passer outre à l'exigence d'une prise en charge de la conception par le fabricant. Les sous-traitants de l'industrie automobile qui se sont engagés dans la voie du partenariat seront donc appelés à devenir de véritables équipementiers pour garder le contact avec les constructeurs (cf. chapitre XIX).

Du côté des constructeurs, le problème qui sera encore le plus difficile à résoudre pendant plusieurs années est posé par l'obligation de créer pour l'exercice de la fonction achats un nouvel état d'esprit et de faciliter la coopération avec les autres services impliqués dans la gestion des relations de partenariat : études, méthodes, fabrication, qualité. Les équipes d'acheteurs ont dû être renouvelées en grande partie pour s'adapter à des méthodes de négociation nécessitant rupture avec les usages traditionnels. Mais les instructions données pour l'application de ces méthodes rappellent que les négociations doivent être menées avec volontarisme, que le partenariat est exigeant et qu'il n'est en aucune manière le copinage. Il ne faut donc pas s'étonner que les relations avec les fournisseurs conservent parfois une certaine âpreté. Les négociations sur les prix restent laborieuses. En outre, l'obligation de procéder à des études qui ne sont pas forcément suivies d'engagements d'achat n'est pas encore considérée par tous ceux qui la subissent comme une contrainte faisant partie des risques du métier.

Plus généralement, les preneurs d'ordres doivent tirer les conséquences du caractère transversal de la notion de partenariat. Les mêmes règles valent aussi bien pour les sous-traitants que pour les équipementiers. « Le fournisseur, quel qu'il soit, est responsable de ses contrôles de fabrication et soumis, en sa qualité d'homme de l'art, à un devoir général de conseil. » (GALIA, « Conditions générales d'échange », chap. 1-2-5e alinéa.) Les limitations de responsabilité, liées au fait que le fabricant non concepteur n'est pas tenu de réparer les dommages provoqués par des erreurs dont il ne pouvait soupçonner l'existence, ne sont admises que de façon restrictive.

Les sous-traitants sont donc répartis en deux catégories : ceux qui ont le statut de fournisseurs directs et les autres.

Les premiers sont, en général, de taille importante ou moyenne. Ils ont pu préparer leur personnel aux transformations en gestation en les aidant à s'initier aux méthodes de gestion de la qualité et au maniement de l'outil informatique[3]. L'avenir de ces entreprises dépend toutefois de l'acquisition, si elles ne la possèdent pas déjà, d'une dimension concurrentielle sur le plan européen. On peut toutefois se demander si, à vouloir trop restreindre le nombre de leurs partenaires de première ligne, les constructeurs ne prennent pas le risque de fragiliser à l'excès un tissu industriel qui leur est encore utile[4]. Que cette crainte soit fondée ou non, ils auraient tout intérêt à mener en concertation avec les pouvoirs publics une politique active de renforcement des branches professionnelles concernées pour éviter un trop grand appauvrissement du vivier.

Les sous-traitants de deuxième rang doivent, eux aussi, se conformer aux règles imposées en matière d'assurance qualité. Les constructeurs veulent encourager, en effet, leurs partenaires directs à développer l'esprit de partenariat avec leurs propres fournisseurs. Valéo applique effectivement depuis plusieurs années au niveau de ses achats une politique très proche de celles qui sont mises en œuvre par les constructeurs.

II. La construction aéronautique et spatiale, l'industrie de l'armement[5]

Dans l'organisation traditionnelle de ce secteur, les sous-traitants de l'industrie aéronautique apportaient aux maîtres d'œuvre un élément de souplesse très apprécié mais leur rôle dans le fonctionnement du système de production restait marginal. Ils n'en étaient pas moins tenus de suivre fidèlement l'évolution technique de leurs donneurs d'ordres. A cet effet, dès le début des années 1980, de nombreuses PMI, dont certaines étaient de taille très modeste, s'étaient dotées d'équipements de haute technologie et commençaient à s'initier à l'emploi de la CAO et de la FAO. Mais leurs activités étaient toujours aussi exposées aux risques conjoncturels. La

3. *L'Usine nouvelle* (17 septembre 1987) cite, à titre d'exemple, le cas de la STMP où l'installation d'un système de GPAO a coûté près de 4 millions de francs et nécessité la formation de 350 personnes sur un effectif total de 550. L'investissement devrait être payé en deux ans.

4. Crainte exprimée par Mme Anita HEINTZ, P-DG d'Outil précis dans *L'Usine nouvelle* du 29 septembre 1988.

5. Cf. table ronde organisée dans le cadre du MIDEST 1989 par *Air et Cosmos* (n° 1257 du 4 novembre 1989) et notamment, intervention de M. LHOTELLIER, président du groupe des équipements du GIFAS.

période qui avait suivi l'échec du programme Concorde et précédé la montée en régime du premier programme Airbus avait été traversée difficilement.

Depuis 1986, trois évolutions simultanées ont été constatées.

La généralisation de l'usage des matériaux nouveaux et des systèmes électroniques oblige les sous-traitants à s'adapter très rapidement aux exigences de nouvelles techniques, au prix d'investissements très coûteux en matière grise comme en moyens industriels. L'impact de ces nouvelles technologies est tel que les rapports avec les donneurs d'ordres ne peuvent plus être les mêmes. Par ailleurs, le développement des technologies de groupes oblige les sous-traitants à se spécialiser par familles de pièces et à organiser leurs ateliers en îlots de production[6]. L'enjeu des négociations consiste de plus en plus souvent dans la fixation d'un prix de référence pour toutes les pièces d'une même famille.

En second lieu, le marché a été considéré jusqu'en 1990 comme très porteur, compte tenu des besoins de renouvellement et d'accroissement de la flotte aéronautique. Mais les constructeurs entendent consacrer la plus grande part de leurs ressources à l'étude et au développement des nouveaux appareils. Par voie de conséquence, ils sont enclins à faire plus largement appel aux moyens extérieurs pour les tâches de production. En quinze ans, le taux de sous-traitance de l'Aérospatiale qui était de 10 % en 1979 est passé à 40 % dont 30 % pour la sous-traitance industrielle et 10 % pour la sous-traitance générale. En 1988, la sous-traitance représentait 12 millions d'heures de travail : 9 de production et 3 d'études. Mais simultanément, le marché s'internationalise davantage en raison de l'importance croissante des programmes de coopération et des obligations de compensation imposées par la plupart des acheteurs. Dans le cas de la SEP, le développement de la coopération internationale a pris une telle ampleur que les sous-traitants français avec lesquels elle travaille sont « ceux qui, dans des domaines très particuliers, ont acquis une position d'excellence qui en fait des points de passage pratiquement incontournables ». En outre, la création des nouveaux centres de production dans des pays à faible coût de main-d'œuvre rend possible l'élargissement du marché international de la sous-traitance. Dès à présent, on considère comme normal chez Boeing de faire traiter des pièces en Corée. Suivant l'exemple de l'industrie automobile, les donneurs d'ordres s'efforcent de substituer à la sous-traitance d'éléments primaires la réalisation de sous-ensembles complètement équipés et prêts à subir l'assemblage final.

Pour l'Aérospatiale, la réduction du nombre de ses sous-traitants, qui sont encore plus de 1 500, devient un objectif prioritaire. Les décideurs de cette compagnie affirment qu'ils sont disposés à faciliter les regroupements qui permettraient d'atteindre un seuil

6. « L'Aérospatiale organise sa sous-traitance par familles de pièces. » Claudine MEYER, *Les Echos*, 9 juin 1989. A elle seule, l'Aérospatiale doit gérer 55 000 pièces différentes.

critique caractérisé par un chiffre d'affaires de plusieurs centaines de millions de francs, provenant pour les deux tiers de commandes passées par d'autres constructeurs aéronautiques français et étrangers ou destinées à d'autres secteurs industriels. Dans cette perspective, ils se déclarent prêts à conclure des contrats de programme de trois ans avec clauses de réduction des coûts liée aux progrès de productivité. Les autres constructeurs et les équipementiers les plus importants sont également convaincus de la nécessité de développer la sous-traitance fonctionnelle. Ils souhaitent obtenir une gamme de services plus étendue des sous-traitants de premier rang.

Dans les industries de l'armement, donneurs et preneurs d'ordres se préoccupaient surtout, avant la crise du Golfe, de trouver des marchés de diversification. Des évolutions analogues à celles qui sont constatées dans l'aéronautique se dessinent. C'est ainsi que Matra a mis en application pour la réalisation du programme Durandal une doctrine qui témoigne d'une réflexion approfondie sur le contenu de la notion même de partenariat[7]. La liaison effectuée entre le partage des gains de productivité, la division des risques et la répartition des moyens affectés au programme tiennent dans cette réflexion une place prédominante. Le partenariat proposé s'efforce effectivement d'être un partenariat de recherche et d'innovation. Il est recommandé de « ne pas exprimer un besoin en termes de solutions pour pouvoir utiliser pleinement le savoir-faire et la créativité du fournisseur ». Il est dit aussi que le partenariat est impossible sans soutien de la direction générale. Il faut que la communication interne soit performante et que l'esprit de partenariat existe déjà au sein de l'entreprise qui le met en œuvre. Le partenaire potentiel doit posséder une culture proche et des objectifs compatibles avec ceux de cette entreprise. Sans contrat, il n'existe que des vœux pieux. « Le contrat doit traduire les volontés, définir les règles d'échange, anticiper les conflits et leur solution. » Selon les représentants de Matra, les résultats obtenus ont été très spectaculaires. Ils se traduisent notamment par une baisse de plus de 25 % du coût du produit.

Les efforts des plus gros sous-traitants de l'industrie aéronautique vont bien dans le sens de l'internationalisation. Latécoère, titulaire d'un contrat avec Mc Donell Douglas, fait lui-même appel à des partenaires de diverses nationalités tout en construisant des produits propres[8]. Hurel Dubois a racheté une société du groupe Lucas. La nécessité d'une présence internationale renforcée est d'autant mieux perçue que les donneurs d'ordres semblent avoir intérêt à dépenser les dollars qu'ils reçoivent en paiement dans des pays relevant eux-mêmes de la zone dollar pour ne pas avoir à su-

7. Une communication au séminaire tenu par l'Association française de gestion industrielle le 23 novembre 1989 fait état de la collaboration du groupe Peat Marwick Consultants pour la conception du programme Duranal.

8. « Latécoère internationalise la sous-traitance aéronautique. » Jean BAUDOT, *Les Echos*, 1er décembre 1989.

bir des pertes de change trop importantes, compte tenu de la valeur actuelle de la monnaie américaine.

Les sous-traitants de plus petite taille tentent, eux aussi, de mettre à profit l'expansion actuelle du marché pour accroître leurs volumes de production et créer un potentiel qui les rende plus crédibles. Le développement des techniques utilisées dans l'aéronautique par d'autres secteurs, tels que celui du ferroviaire, crée des possibilités nouvelles de diversification, notamment pour les entreprises qui étaient trop tributaires de commandes militaires. Certains donneurs d'ordres participent activement à la restructuration de leurs réseaux régionaux de sous-traitance. Dassault, MHB et Turbomeca ont contribué par exemple à la création d'un pôle de métrologie dans le Sud-Ouest avec l'aide des compagnies consulaires. Mais tout nouvel accroissement des capacités de productions en sous-traitance aéronautique est conditionné par la solution du problème posé par la formation d'un personnel hautement qualifié. Or, le recrutement d'un tel personnel, en l'état présent du marché du travail, soulève les plus grandes difficultés.

III. La construction navale

Dans le cas des superpétroliers et des autres gros navires de charge, les travaux de tôlerie et les autres activités métallurgiques peuvent représenter jusqu'à 70 % des frais de main-d'œuvre. Les navires de croisière nécessitent au contraire un appel beaucoup plus large à la sous-traitance du seul fait de l'importance des travaux occasionnés par l'équipement des superstructures et l'armement. La construction d'un paquebot de luxe, tel que le *Nordic Empress* livré par les Chantiers de l'Atlantique en mai 1990, a exigé la collaboration de plus de 700 entreprises réparties sur 70 départements. On estime actuellement que la sous-traitance entre pour environ 20 % dans le coût d'un navire de ce type et correspond approximativement au tiers des heures de travail effectuées à l'occasion de sa construction. Les sous-traitants situés en Loire-Atlantique, au nombre d'une soixantaine, récoltent une grande partie de cette manne.

Les dernières prises de contrats obtenues pour les Chantiers de l'Atlantique ont créé des conditions favorables à l'engagement d'une politique active de partenariat. Les dirigeants de ces chantiers entendent favoriser « l'émergence d'un environnement industriel adapté dans la région » (déclarations de M. d'ACREMONT, directeur général, publiées par *Presse-Océan* le 13 novembre 1989). Il s'agit pour eux de concentrer la production sur « ce qu'on est capable de faire mieux que dans des entreprises sous-traitantes » et de permettre à des partenaires jouissant d'une solidité financière suffisante et maîtrisant bien les techniques de prendre complètement en charge certaines fonctions d'un navire. La mise en place d'un système analogue à ceux qui existent dans l'industrie aéronautique et la construction automobile devrait permettre aussi d'améliorer la gestion des stocks et, d'une manière générale, de réduire le coût des approvisionnements.

Dès à présent, il semble que certaines entreprises du bassin d'emploi de Saint-Nazaire sont en mesure de répondre valablement à cette offre de partenariat[9]. Mais elles seront obligées de pousser plus loin leur rôle de bureau d'études et de s'unir pour réaliser des sous-ensembles et assurer leur montage. Il conviendrait aussi qu'elles se mettent en mesure de travailler pour d'autres chantiers, français ou étrangers, et pour d'autres secteurs. Certains exemples locaux semblent montrer que cette diversification est tout à fait possible.

IV. L'industrie électronique et la construction électrique

Dans ces deux secteurs, des politiques dont le contenu s'inspirait déjà des principes actuels du partenariat ont été mises en application à une époque où les tentatives de stabilisation des relations de sous-traitance étaient encore perçues par la très grande majorité des donneurs d'ordres comme des entraves aux règles de bonne concurrence.

Les exemples donnés par IBM France et par l'Electronique Serge Dassault furent donc présentés au début des années 1970 comme des cas d'école très illustratifs, mettant en évidence les résultats qu'une bonne sous-traitance permettait d'obtenir en créant les conditions d'une coopération structurelle.

Fondée sur la confiance, la politique d'IBM s'efforçait de faire exécuter par des sous-traitants tout ce qui n'était pas ou n'était plus l'essentiel. « Tout ce pour quoi des fournisseurs, en raison de leur expérience, de leur avance technique, de leur savoir-faire sont mieux placés que l'entreprise peut et doit être confié à des sociétés spécialisées »[10]. Une assistance technique était dispensée très largement pour toute activité de production transférée : stages d'initiation du personnel du sous-traitant dans les établissements d'IBM ; après transfert : appui permanent des techniciens de la compagnie. Celle-ci fut parmi les premières à faire en sorte que les contrôles de qualité soient sanctionnés par une certification permettant d'éliminer les contrôles de réception. Un système d'intéressement fut institué en vue d'encourager les améliorations techniques susceptibles d'avoir un effet sur les prix de revient. Les engagements de durée restaient toutefois limités dans le cadre annuel, sauf cas particuliers. IBM était très attaché à la règle imposant à ses sous-traitants de ne pas lui consacrer plus de 25 % de leurs charges.

Depuis cinq ans cette politique a subi des évolutions notables

9. « Les sous-traitants de la Loire-Atlantique dans le sillage des paquebots. » Cécile ROMER et Jean-Pierre CARAMAYON, *L'Usine nouvelle*, 19 juillet 1990.

10. Déclarations de M. Yves POUPON, directeur général des services de production d'IBM France, reproduites dans les *Industries mécaniques* du 4 janvier 1979.

bien que les principes de base soient restés les mêmes. La plus remarquable de ces évolutions consiste dans l'abandon de la sous-traitance par métiers. Les sous-traitants deviennent pleinement responsables de la réalisation d'ensembles ou de sous-ensembles complexes. L'emploi de la méthode de mesure dite de *process capability* (obligation de se situer *à l'intérieur* de la fourchette de spécifications imposée) permet de ramener le nombre des défauts constatés à 4 ou 500 par million ; l'objectif 5 par million paraît maintenant accessible. La durée contractuelle est désormais de trois ans dans les cas courants. Mais le nombre des fournisseurs est encore en réduction. Des efforts de formation encore plus considérables que par le passé sont déployés, notamment pour permettre l'approvisionnement en flux tendus de l'usine de Montpellier. A Essonne, les personnels des fournisseurs et sous-traitants qui opèrent sur le site participent au programme de réduction des accidents de travail dont bénéficient les membres de l'établissement ; ce programme a plus pour objet d'accroître les motivations et de faire mieux ressentir l'utilité des mesures de prévention que d'augmenter le nombre des prescriptions à respecter.

L'autre exemple de stratégie fondée sur l'utilisation systématique des possibilités de la sous-traitance qui a été cité le plus souvent est celui de l'Electronique Serge Dassault (ESD), devenu maintenant Dassault-Electronique, entreprise du quatrième type par excellence. Son cas a été déjà évoqué au chapitre précédent. Obligée de pratiquer sur une large échelle la délégation de production, elle s'est astreinte dès sa création à un choix rigoureux de ses fournisseurs tout en décidant de leur apporter en revanche une assistance technique appropriée en vue de les aider à maîtriser leurs coûts.

Merlin Gerin constitue lui aussi un cas particulier dans la mesure où cette entreprise figure parmi celles qui, les premières, s'efforcèrent d'optimiser l'emploi des moyens techniques et des capacités professionnelles de leurs fournisseurs. L'intégration sous la présidence de M. VAUJANY, qui en avait antérieurement assumé la responsabilité, de la direction des achats dans une direction de la logistique et des approvisionnements aux objectifs plus vastes ne fit qu'accentuer cette tendance. La politique mise en œuvre a permis de réaliser à l'extérieur près de la moitié des tâches de fabrication. Ce développement s'est accompagné de l'institution de procédures d'achat codifiées. Le recueil des consignes données aux acheteurs est en fait un manuel de gestion de la qualité dans leurs domaines d'intervention. Les fournisseurs qui sont bénéficiaires d'un agrément permanent jouissent pour la durée de vie des productions qui leur sont confiées d'une stabilité qui n'est pas remise en cause, sauf manquements graves, modifications de programmes ou changements conjoncturels. Jusqu'à une date récente, Merlin Gérin ne concluait pas de contrats formalisés avec ses fournisseurs. Mais pour les marchés s'étendant sur plusieurs années, ces derniers recevaient des prévisions de besoins semestrielles ou annuelles. Des garanties particulières ou même un soutien financier leur étaient en outre accordés en cas d'investissements importants.

Enfin, parmi les premières entreprises qui entrèrent dans la voie du partenariat, il faut également citer Alsthom Atlantique. Comme il a été indiqué au chapitre X-I, cette société, après avoir mis au point des modèles de contrats adaptés à la nature de ses marchés, a procédé de 1983 à 1985 à la conclusion de très nombreuses conventions de stabilité ou accords assimilables[11]. Il semble que, pour des raisons d'ordre interne, cette politique n'a pas été poursuivie systématiquement. Mais il va de soi que, en ce qui concerne les programmes portant sur la construction des rames TGV et d'autres matériels de conception avancée, les méthodes de passation des contrats sont identiques à celles qui sont en vigueur dans l'industrie aéronautique. Ce sont les mêmes raisons qui incitent à la création de rapports de partenariat : nécessité de pratiquer une coopération technique de très haut niveau, exigences maximales en matière de qualité.

A l'heure actuelle, il est difficile de caractériser les pratiques suivies par des entreprises telles que Alcatel et Thomson CSF. Elles ne sont pas, comme les entreprises aéronautiques, soumises à l'obligation d'accroître rapidement ce recours. La réduction des débouchés offerts par le secteur de l'armement et le développement de l'usage de composants banalisés dont beaucoup sont d'origine asiatique, peuvent même les inciter à réduire le recours à la sous-traitance. Par ailleurs, leurs politiques d'achat restent décentralisées au niveau des établissements de production, ce qui a entraîné dans le passé de grandes différences de comportement d'un point du territoire à l'autre. On constate toutefois que, dans la plupart des régions et notamment dans celles de l'Ouest, les responsables de ces établissements participent volontiers aux actions menées pour aider les sous-traitants à mettre en place des systèmes de gestion de la qualité et les préparer à obtenir une certification AFAQ. Leur volonté de resserrer les liens avec les preneurs d'ordres les plus performants est manifeste même si elle n'est pas toujours traduite dans les faits d'une façon concrète et systématique.

La situation est quelque peu différente dans le domaine de l'informatique où Bull et, à l'exemple d'IBM, les filiales françaises de Digital Equipment, Hewlett Packard, Rank Xérox et Unisys proposent aux fournisseurs agréés l'établissement de relations de partenariat axées sur la recherche d'une maîtrise absolue de la qualité[12]. Les agréments sont délivrés à la suite de procédures d'évaluation et de qualification très sélectives ; ils sont valables en général pour toutes les usines du groupe, qu'elles soient situées en France ou à l'étranger. Des conventions conclues pour deux ou trois ans déterminent les modalités de la coopération, précisent les

11. *Livre blanc sur le partenariat*, pages 90 à 116. Documents n°s 9 et 9 *bis*.

12. Unisys met en œuvre une « stratégie de qualité à feu continu » (*La Tribune*, 13 mai 1987). Rank Xerox a fait bénéficier deux fournisseurs français de ses *awards of excellence*. Bull s'attache tout particulièrement au concept « Bien faire dès la première fois ».

besoins d'achat et prennent acte des engagements souscrits par le fournisseur.

Dans le domaine des automatismes, la Télémécanique pratique une politique similaire qui se concrétise par la conclusion d'accords « 5 étoiles » fondés sur cinq exigences : prix, qualité, délais, pérennité garantissant la sécurité des approvisionnements, productivité administrative avec l'aide d'outils de gestion informatisés. Tout comme dans l'industrie automobile, la télétransmission des données doit permettre au concepteur, au donneur d'ordres et aux ateliers des sous-traitants de rester en liaison constante afin de rendre inutile toute communication écrite[13].

En ce qui concerne l'électro-ménager, MOULINEX et SEB suivent des politiques très différentes. MOULINEX, qui depuis son origine a toujours été un exemple caractéristique de structure totalement intégrée, se présente actuellement sur le marché de la sous-traitance comme preneur d'ordres. SEB, dont les achats représentent au contraire une forte proportion du chiffre d'affaires, entend gérer ses relations avec ses partenaires d'amont sur la base de contrats de programmes négociés. Il n'est plus question de donneur d'ordres et de sous-traitant mais de partenaires d'amont et d'aval. Assurance qualité parfaitement respectée, maîtrise des flux tendus, capacité d'offrir non plus seulement un prix mais un service, tels sont les éléments qui doivent justifier la confiance totale accordée aux bénéficiaires de ce partenariat.

L'évolution du partenariat dans le domaine de l'électronique est liée, autant sinon plus que dans les autres secteurs, à l'acquisition par les sous-traitants des moyens nécessaires à la réalisation complète de matériels très complexes. On assiste donc au développement d'une sous-traitance de premier niveau qui exige, dans le cadre d'une organisation structurée, la constitution de services chargés des études, de la gestion de l'assurance qualité et du maniement de l'outil informatique. Tous doivent être capables de travailler réellement à parité avec l'aval. Il n'est donc pas surprenant que, aux entreprises issues de la sous-traitance traditionnelle qui ont su acquérir une dimension suffisante, se joignent des filiales ou des départements « industries » appartenant à des groupes dont les moyens de production sont excédentaires[14]. Bien que cette orientation réponde à un besoin réel, on peut craindre qu'elle déséquilibre le marché de la sous-traitance électronique si ces nouveaux venus se contentent de vendre l'usage de ces moyens excédentaires à des prix marginaux, sans s'imposer des obligations d'équilibre financier pour la gestion de cette catégorie particulière d'activités.

13. Entretien avec M. RICHOMME, directeur des approvisionnements. Lettre 101 d'octobre 1989, page 4.

14. « Electronique quand les grands se font sous-traitants », Véronique GROUILLARD, *Nouvel Economiste*, 15 janvier 1990. « Moulinex, des ambitions dans la sous-traitance », Véronique GUILLEMARD, *Le Figaro*, 17 avril 1990. « Sous-traitance électronique : l'ombre des géants », Patrick LÉVY, *Nouvel Economiste*, 20 avril 1990.

En toute hypothèse, des renforcements structurels sont indispensables pour convaincre les investisseurs japonais installés en France qu'ils peuvent renoncer à importer la majeure partie des composants dont ils ont besoin et ne doivent pas se contenter de passer quelques contrats avec des fournisseurs français à titre d'alibi. Il est vrai que, selon leurs propres stratégies, les caractéristiques de leurs fabrications et les aptitudes technologiques des sous-traitants qui leur ont présenté des offres de service, ces investisseurs se montrent plus ou moins coopératifs[15]. Mais l'obligation de s'adapter à leurs méthodes de gestion et, pour obtenir leur clientèle, d'effectuer des changements de rythme de travail ou de s'engager sur des volumes de production considérables ne va pas sans contreparties pour nos industriels. Obtenir le label japonais, c'est se voir offrir la possibilité d'accomplir des progrès qui devraient les placer au meilleur niveau dans le monde actuel.

V. Les autres industries mécaniques

Paradoxalement, les exemples de partenariat qui méritent citation sont assez rares dans le secteur des industries mécaniques. Il semble que les traditions intégrationnistes y restent fortes et que les donneurs d'ordres n'ont pas assez confiance dans la régularité de leurs débouchés pour prendre des engagements durables. Ils préfèrent donc négocier au coup par coup, programme par programme, ce qui ne les empêche pas de conserver les mêmes sous-traitants lorsqu'ils sont satisfaits de leurs prestations antérieures.

Framatome consent toutefois des garanties de charges sur longue période moyennant l'institution de prix dégressifs. Il peut même aller jusqu'à conclure des accords avec ses fournisseurs sur l'exploitation conjointe de brevets ou de licences. En regard d'une assistance éventuelle aux efforts de planification et de l'aide accordée à la mise en place de l'assurance qualité, Framatome demande à ses partenaires de le suivre dans ses efforts commerciaux, notamment à l'exportation.

Caterpillar mène une politique de partenariat très active tout en réduisant le nombre des fournisseurs de l'usine de Grenoble qui doit passer progressivement de 540 fin 1989 à 300 environ[16]. Leurs établissements devront être reliés par un système d'échange informatique de données.

Timken-France, dont les besoins portent surtout sur des produits d'emballage et sur de l'outillage, procède à la conclusion de

15. Le comportement de Canon qui utilise le concours de 120 fournisseurs français et s'efforce de les regrouper avec d'autres fournisseurs européens au sein d'un club de partenariat (*L'Usine nouvelle* du 8 décembre 1988) est souvent cité en exemple. Celui de Toshiba, qui « cherche sous-traitants désespérément » pour son usine située près de Dieppe, est-il dû à l'existence de motifs différents ? (*L'Usine nouvelle*, 16 novembre 1989).

16. « Caterpillar multiplie les mini-entreprises », Stéphane FARHI, *L'Usine nouvelle*, 30 novembre 1989.

contrats à moyen terme comportant des clauses de réductions de prix progressives et prévoyant une assistance technique appropriée. Black et Decker et Salomon ont été parmi les premières sociétés dont les pratiques ont retenu l'attention des médias[17].

Une expérience originale mérite aussi d'être signalée : celle de la société Fleetguard, spécialiste de la filtration du moteur diesel. Cette société à capitaux américains s'est implantée à Quimper en 1979. Elle s'est efforcée, dans un premier temps, de mener une politique de partenariat interne en privilégiant le travail en groupe dans un bâtiment de conception assez révolutionnaire. A partir de 1985, elle a appliqué les mêmes principes dans ses rapports avec une vingtaine de ses fournisseurs. La méthode employée fait une très large place à la communication et à la concertation. Les auteurs de cette méthode, Derek Nutt et Edouard Ryckeboer, ont fondé ultérieurement une société de conseils dont l'un des objets est précisément d'en étendre l'application.

VI. Les autres industries

Les exemples de politiques de partenariat orienté vers l'amont se rencontrent moins fréquemment dans les industries qui utilisent peu de composants. Encore faut-il observer que, dans leurs cas, la pratique des contrats à long terme portant sur l'achat de certains demi-produits ou matières premières est ancienne et fort répandue[18]. Ces industries figurent, en revanche, parmi celles qui ont l'intérêt le plus évident à concevoir des politiques de partenariat orienté vers l'aval pour coopérer plus étroitement avec les transformateurs ou les distributeurs de leurs productions.

L'un des exemples les plus significatifs semble être celui d'Yves Rocher. Depuis 1985, cette société s'est efforcée de créer les conditions nécessaires à la gestion par ses fournisseurs de procédures d'assurance de la qualité et de l'approvisionnement « juste à temps »[19]. L'autre objectif recherché en priorité a consisté dans le développement de sources d'approvisionnement situées dans les régions de l'ouest de la France.

Dans le cas des industries agro-alimentaires, l'application des principes du partenariat vise plus spécialement à améliorer la qualité des récipients et autres emballages ainsi qu'à faciliter le recours au conditionnement à façon. Une firme comme Pernod affirme

17. « Sous-traitance – partenariat : l'exemple Slym-Black et Decker », Daniel COUÉ, *L'Usine nouvelle*, 20 mai 1985. « Salomon-Agde : l'art et la manière de fixer la confiance », Philippe MERLANT, *L'Entreprise*, juillet-août 1987.

18. Aux Etats-Unis, Kellog concentre ses achats sur un petit nombre de fournisseurs qui bénéficient de contrats à long terme sous réserve d'un respect très strict de ses normes (*Business Week*, 30 mars 1987, page 53).

19. *Livre blanc sur le partenariat* pages 50 et suivantes. « Partenariat et juste à temps : la doctrine d'Yves Rocher. »

qu'elle pratique systématiquement avec ses fournisseurs le concept de qualité totale[20].

Les problèmes posés par la mise en œuvre de politiques de partenariat se présentent sous un jour particulier dans le cas des industries lourdes qui utilisent des processus de production en continu. Elles ont affaire pour l'essentiel à des spécialistes de la maintenance, de la réparation et du remplacement des outillages ainsi qu'à diverses autres catégories de prestataires de services. Le but recherché est d'obtenir un meilleur rapport qualité-coût, d'inciter les intéressés à réaliser les progrès techniques liés à la généralisation des automatismes, de diminuer leur dépendance en les incitant à diversifier leur clientèle.

Un exemple de politique de cette nature a été fourni par la Solmer qui, dès 1984, organisait à Fos une réunion générale de ses fournisseurs pour mettre au point avec eux les règles d'un nouveau mode de collaboration[21]. Cet exemple a été suivi sur les autres grandes plates-formes sidérurgiques[22].

A Saint-Gobain, les achats représentent environ 30 % en moyenne du chiffre d'affaires du groupe et, dans leur total, les produits finis et l'emballage entrent pour 30 %, d'autres produits élaborés et les prestations pour 25 %[23]. Tout en étant décentralisée au niveau des usines, la politique d'achat repose sur des règles précises. L'accent n'est pas mis seulement sur la recherche de la qualité et sur le respect des normes (essentiel pour toutes les productions mais plus spécialement pour les produits destinés au bâtiment). Le fournisseur doit garantir la réalisation du produit le plus performant. Il a toute latitude pour proposer les améliorations qui, à son avis, peuvent être apportées à ses fabrications. En contrepartie, il bénéficie de contrats lui assurant un minimum de chiffre d'affaires, d'un soutien technique pour la mise au point de ses procédés, de références, d'informations sur le marché final. Il est veillé à ce que des marges suffisantes lui assurent les moyens de se développer et de garantir la qualité. Une économie de 10 % en trois ans sur les achats de produits industriels a sanctionné la mise en œuvre de cette politique.

Dans le cas de la Cogema, la politique de partenariat prend une dimension régionale très importante. Elle doit contribuer à la recherche de solutions qui permettent de maintenir dans le Nord-Cotentin une grande partie des personnels qui ont travaillé à l'édification puis à l'agrandissement de l'usine de La Hague. Les entreprises de sous-traitance implantées à proximité de ce site consti-

20. « Associer fournisseurs et sous-traitants », *Les Echos*, 17 juin 1987.

21. *Livre blanc sur le partenariat* page 140 à 146.

22. « Sous-traitants : jouer la carte de la qualité », *Dernières Nouvelles d'Alsace*, 29 mars 1990.

23. « Mon fournisseur, mon associé », informations fournies par M. Patrick ROUX-VAILLARD, directeur des approvisionnements à *L'Usine nouvelle* et reprises dans le numéro du 25 décembre 1986. Communication par celui-ci à un colloque de l'Association française de gestion industrielle en 1989.

tuent un potentiel qu'il est indispensable de consolider et de renforcer. Le partenariat devrait faciliter l'ouverture à leur profit de nouveaux débouchés. Les plus dynamiques auront besoin d'être aidées pour s'installer sur des plates-formes d'importance comparable en France ou dans d'autres pays.

IV

Les issues

CHAPITRE XV

JOUER LE JEU DU PARTENARIAT

Dans un premier temps, tout au moins, les entreprises de sous-traitance qui bénéficieront des avantages du partenariat ne seront, selon toute vraisemblance, qu'une assez faible minorité. Mais, par la suite, on peut être certain que des effets plus étendus se produiront. Les non-bénéficiaires auront pour la plupart à s'adapter à des situations nouvelles : intégration dans des structures pyramidales s'ils deviennent sous-traitants de deuxième ou troisième niveau, spécialisation dans l'accomplissement de tâches ayant un caractère peu ou non répétitif, orientation vers des travaux de maintenance, etc. Il n'est pas impossible toutefois qu'une forte proportion de l'ensemble des opérations de sous-traitance reste gérée pendant une période de transition assez longue par des méthodes traditionnelles mais ayant déjà subi des aménagements notables. Les domaines où le développement du partenariat n'est pas d'un intérêt réel pour les donneurs d'ordres, ceux pour lesquels l'établissement de relations de sous-traitance privilégiées avec certaines catégories de sous-traitants n'est pas justifié par l'importance ou la nature des besoins sont peut-être plus nombreux qu'il n'y paraît au premier abord. En toute hypothèse, l'évolution la plus probable tend à répartir les sous-traitants en trois catégories : les partenaires de premier niveau, les sous-traitants en chaîne, les autres preneurs d'ordres. La marge de manœuvre des intéressés semble étroite. Ils ne pourront pas aisément passer d'une catégorie dans une autre lorsque les jeux auront été faits. Mais cela ne signifie pas qu'ils doivent se contenter de subir les événements.

Jouer le jeu du partenariat n'oblige pas à en supporter passivement les conséquences. Mais il est peu réaliste d'élaborer dans l'abstrait des stratégies qui tendraient à créer les conditions d'une insertion sans risques excessifs dans le nouveau dispositif. On peut prévoir, en prenant un peu de recul, que de sérieux problèmes d'orientation ne manqueront pas de se poser. Ils ne concerneront pas seulement les industriels mais aussi les agents économiques qui font partie de leur environnement et notamment les responsables de leur financement. Les pouvoirs publics ne pourront pas y être indifférents. Parmi ces problèmes, il en est trois qui nécessitent des réflexions particulièrement approfondies. Ils portent sur la préparation des décisions qui doivent précéder la mise en œuvre d'une politique de partenariat, sur l'opportunité de changer de dimensions, sur l'organisation d'une sous-traitance non marginalisée de deuxième ou de troisième niveau.

I. Entrée dans la voie du partenariat et choix stratégiques

Il serait certainement présomptueux de proposer des critères qui permettent de déterminer l'importance approximative des trois catégories de sous-traitants visées ci-dessus. Pour effectuer de telles évaluations, il ne faudrait pas seulement connaître avec plus de précision la politique future des donneurs d'ordres. L'attitude des sous-traitants, qui peuvent être plus ou moins empressés à se lancer dans l'aventure du partenariat, devra aussi être prise en considération. L'option en faveur du partenariat n'est pas forcément explicite. Mais l'accès au statut de partenaire est le résultat d'un choix qui, autant que possible, doit être effectué en mesurant bien ses conséquences et non pas en fonction des seules considérations d'opportunité immédiate.

En règle générale, la création de relations partenariales est la conséquence de l'aboutissement d'un processus complexe de consultations et de négociations. Le rôle du donneur d'ordres est déterminant dans le déroulement de ce processus puisque son déclenchement est dû aux initiatives qu'il aura prises pour concevoir et lancer un programme au contenu précis. Mais il n'en résulte pas que les sous-traitants doivent attendre que se manifestent les sollicitations du marché. Bien au contraire, le partenariat les oblige à mener une politique active de prospection et d'information visant les donneurs d'ordres dont la clientèle peut le plus les intéresser. Il ne s'agit pas seulement de mettre en valeur l'existence d'un potentiel apte à satisfaire durablement tel ou tel besoin. Il faut aussi montrer que l'entreprise sous-traitante possède des structures adaptées et qu'elle s'est dotée d'une organisation permettant d'assumer convenablement la gestion de relations partenariales. L'accès du partenariat a, en général, un coût trop élevé pour qu'il soit concevable d'essayer de l'amortir sur quelques opérations isolées. Des ressources techniques, financières et commerciales considérables doivent être mises au service d'une stratégie qui impose des orientations pratiquement irréversibles. Or cette mobilisation doit être décidée en évitant de considérer l'acquisition du statut de partenaire comme une fin en soi. Pour se justifier, il faut qu'elle conditionne la poursuite de la croissance d'activités rentables, ce qui ne se présume pas. Il est donc possible que le choix à effectuer entre l'accès au partenariat et le maintien d'une activité de sous-traitance sans liens privilégiés se révèle difficile.

Les données disponibles permettent rarement de résoudre avec objectivité les problèmes d'arbitrage et d'équilibrage auxquels le sous-traitant est confronté. Il n'est pas forcément le meilleur juge lorsqu'il s'agit de savoir s'il est capable d'accepter les sujétions qui sont la contrepartie des avantages d'un accord de partenariat sans compromettre l'autonomie de sa gestion. Il peut être soumis à des impératifs contradictoires dont la conciliation n'est rien moins qu'aisée, même si elle est facilitée par une attitude compréhensive du partenaire éventuel. D'un côté, il est tenu de satisfaire des exigences qualitatives et des contraintes de production qui l'incitent à se spécialiser en vue de répondre à des demandes spécifiques. De l'autre, il lui faut veiller à ce que sa gestion conserve la souplesse nécessaire à la diversification des débouchés. Cet équilibre est plus ou moins réalisable dans la pratique. Pour s'en approcher, il n'y a pas de recette. Le maître mot est « flexibilité ». La diversification des débouchés peut toutefois se heurter à des obstacles de natures très variées, parfois insurmontables. Des difficultés d'ajustement dans le temps sont possibles. La prise de commandes importantes ne peut pas être subordonnée à l'accroissement immédiat des autres débouchés éventuels. Des déséquilibres doivent être acceptés, dont il n'est pas sûr qu'ils soient seulement provisoires.

Il est évident que l'organisation d'un partenariat équilibré est en général plus aisée pour un gros sous-traitant disposant d'un parc de matériels important et diversifié que pour une petite affaire. Dans le premier cas, il peut être procédé à l'affectation de certains équipements ou même d'un atelier complet à l'exécution d'un programme déterminé au sein d'un même établissement. Les autres activités seront gérées en fonction de la nature et du rythme des commandes ayant une origine différente. Une petite entreprise rencontrera plus de difficultés, sauf si elle a réussi à concevoir un outil de production adapté aux besoins spécifiques d'un partenaire mais suffisamment flexible pour qu'il puisse simultanément effectuer d'autres travaux afin d'assurer le plein emploi.

L'entrée dans la voie du partenariat oblige à prendre aussi des risques considérables dans la mesure où elle implique un accroissement sensible des charges non directement productives : création ou renforcement de la fonction « études », accroissement ou amélioration des moyens de contrôle, recrutements liés à l'organisation d'un système de gestion de la qualité. Il n'est pas sûr que la couverture de ces charges soit durablement assurée par des recettes certaines au moment où les dépenses correspondantes doivent être décidées. L'entrepreneur se trouve alors dans l'obligation de prendre des paris susceptibles en cas d'échec de compromettre dangereusement l'équilibre financier. Il ne peut évaluer l'étendue de ces risques que de manière approximative. C'est l'une des raisons qui justifient le plus les regroupements des moyens de production et de contrôle dans des structures communes. Les risques encourus sont moindres lorsque l'augmentation des charges improductives se rapporte au chiffre d'affaires accru que la concentration d'entreprises jusqu'alors indépendantes va permettre de réaliser.

En définitive, comme pour toute autre décision stratégique, le choix d'une politique de développement du partenariat présente un caractère spéculatif. Les garanties obtenues grâce aux accords conclus avec certains donneurs d'ordres limitent ces risques mais ne les suppriment pas. Il subsiste toujours une part d'incertitude sur la possibilité d'amortir intégralement les investissements prévus et de faire face à l'accroissement des charges de structures liées à la mise en œuvre du partenariat. Il ne suffit pas pour se rassurer de considérer que la poursuite d'activités de sous-traitance non stabilisées présente un caractère encore plus aléatoire. Les décisions que doivent prendre les candidats au partenariat ont généralement une portée à long terme. Leurs conséquences sont lourdes. Avant de s'engager, le sous-traitant a intérêt à faire effectuer une véritable évaluation de son entreprise non pour reporter sur un tiers la responsabilité de décider mais pour faire préciser les éléments du choix par un observateur choisi en raison de son objectivité.

L'appréciation des risques inhérents au développement du partenariat est une tâche dont la difficulté peut varier en fonction de nombreux paramètres. Cette appréciation sera relativement aisée s'il s'agit d'assurer le plein emploi d'équipements qui, du fait de leur spécificité n'intéressent qu'un petit nombre de donneurs d'ordres. On peut supposer qu'ils ne verront pas d'inconvénients à fournir des informations sur l'importance de leurs besoins. Mais, même dans cette hypothèse, le risque d'apparition de projets concurrents ne doit pas être sous-estimé. L'évaluation des besoins sera plus aléatoire ou même impossible si la nature des équipements est telle qu'il faut s'attendre à rencontrer une concurrence sévère sur un marché potentiel large et diversifié. En pareil cas, le sous-traitant ou son conseil devront s'efforcer de déterminer les catégories des donneurs d'ordres pour lesquelles il est possible de présenter les offres les plus compétitives. Pour effectuer cette sélection, il ne faudra pas seulement faire intervenir des considérations d'ordre technique. Il y aura lieu aussi de tenir compte des exigences particulières de certains donneurs d'ordres, notamment celles qui ont tendance à créer des contraintes de proximité.

Dans tous les cas, le sous-traitant a intérêt à déterminer avec précision l'importance et la composition par grandes catégories d'opérateurs des marchés que son équipement est en mesure de satisfaire. Il dispose à cet effet des informations fournies par les audits que son entreprise a subis et de celles qui ont été recueillies en participant à des salons. L'utilisation des annuaires et documents divers établis par le syndicat professionnel dont il est adhérent ou par l'organisation consulaire dont il est ressortissant peut l'aider à connaître l'état actuel de la concurrence et à dégager des tendances générales. Mais il est rare que l'utilisation de ces différentes sources lui permette d'effectuer un recensement exhaustif des entreprises capables d'entrer en compétition avec la sienne. Pour surmonter cette difficulté, le recours à des spécialistes des études de marché peut être envisagé. Le domaine de la sous-traitance exige toutefois des compétences techniques très particulières, ce qui oblige à s'adresser à des consultants expérimentés ayant un passé industriel ou une formation d'ingénieur qui corresponde bien aux activités dont le développement est envisagé.

L'adoption par une entreprise de sous-traitance d'une position négative à l'égard du partenariat ne signifie pas forcément qu'elle se replie sur elle-même ou que ses performances sont insuffisantes pour satisfaire les exigences de ses principaux donneurs d'ordres. Un industriel peut à juste titre refuser de suivre une voie qui lui paraît aventureuse, soit parce qu'elle lui impose des performances trop difficiles, soit parce qu'elle implique des engagements financiers trop lourds. Il lui appartient d'adopter le mode de gestion répondant le mieux à une situation dans laquelle il n'aura plus directement affaire à certains clients, si ce n'est pour des commandes de modeste importance, de faible durée ou d'un intérêt très particulier.

II. Les changements de dimensions nécessaires

L'accroissement de la taille n'est pas une fin en soi pour une entreprise sous-traitante. Comme pour toutes les autres catégories de PME, il ne se justifie que par des avantages réels et notamment par l'ouverture de nouvelles possibilités d'action. Il va de soi qu'il faut éviter dans toute la mesure du possible que cet accroissement ait pour contrepartie une perte de souplesse ou une augmentation sensible des coûts.

Pour conserver leur vitalité, les industries de sous-traitance doivent bénéficier d'un apport permanent de créations d'entreprises. Il est donc normal et souhaitable que leur effectif comprenne une proportion notable de petits unités.

Il reste que la tendance des grands donneurs d'ordres est à réduire le nombre de leurs fournisseurs directs. Elle a déjà suscité dans la plupart des industries de sous-traitance un mouvement de concentration qui va certainement se poursuivre et s'accélérer[1]. Dans ces industries il existe de nombreux cas d'entreprises dynamiques qui possèdent les compétences techniques nécessaires pour participer de façon crédible à des relations de partenariat mais n'ont pas la taille requise. Ces entreprises ne peuvent s'organiser pour satisfaire convenablement les besoins de plusieurs partenaires

1. On trouve dans « La fièvre des regroupements s'empare des sous-traitants » (Daniel COUE, *L'Usine nouvelle*, 2 novembre 1989), la liste de dix rapprochements réalisés de juin 1988 à octobre 1989. Celui qui a permis la constitution de la SOFEDIT, principal pôle européen de découpage-emboutissage, par regroupement de cinq PME mérite sans aucun doute une mention particulière. On peut citer aussi des exemples de rapprochement réalisés avec des entreprises ayant une autre nationalité, tel celui de MANDUCHER avec une société allemande et une espagnole dans le domaine de la transformation des matières plastiques.

français, éventuellement étrangers, qu'à la condition d'accroître dans une forte proportion le volume de leurs activités. En général, leurs possibilités de croissance interne sont insuffisantes pour qu'elles y parviennent rapidement. On peut considérer comme exceptionnel le cas de la société DESHORS, implantée à Brives qui prévoit de porter en trois ans son chiffre d'affaires de 180 à 300 millions de francs grâce à la conclusion d'un contrat important avec la SNECMA et à la fabrication de matériels pour compte propre. Les entreprises dont les moyens financiers ne sont pas à la mesure des investissements qu'elles doivent opérer ne peuvent donc supporter les charges financières correspondantes que si elles renforcent leurs structures. Pour se mettre en mesure de produire davantage et de réaliser des produits plus complexes, il leur faut prendre le contrôle, par voie de rachats ou de fusions, d'activités ayant, dans la mesure du possible, un caractère complémentaire. Une forge ou une fonderie intégreront, par exemple, des activités d'usinage. Une entreprise de mécanique s'efforcera d'accroître ses moyens d'assemblage.

Ce mouvement de concentration est d'autant plus indispensable que, dans de nombreuses branches, les plus grandes entreprises allemandes ont une taille nettement supérieure à celle des principaux sous-traitants français. Mais comme dans les autres catégories d'industries, l'augmentation de la taille par le jeu de la croissance externe ne produit pas *ipso facto* des effets positifs. Elle peut même avoir des conséquences négatives car l'addition des potentiels des entreprises regroupées n'est parfois qu'une juxtaposition de faiblesses. Il est donc nécessaire, tout en évitant les perturbations inutiles ou excessives, qu'une direction réellement responsable mette en place des structures cohérentes et rende effectives les spécialisations, les synergies et les économies d'échelles qui donnent à un rapprochement sa véritable raison d'être.

En s'intensifiant, le mouvement de concentration en cours conjuguera donc ses effets avec ceux de la politique suivie par les donneurs d'ordre. On peut penser que les heureux élus accédant au partenariat direct ne seront qu'une assez faible minorité.

En réalité, il est probable que le nombre des partenaires directs sera néanmoins supérieur à celui qui résulterait de la transposition pure et simple du modèle japonais. La montée en puissance des firmes spécialisées dans des activités d'assemblage ou de sous-assemblage est prévisible en Europe occidentale ; mais elle ne devrait pas s'accompagner d'une concentration des moyens de production permettant la création en amont des établissements des constructeurs de structures industrielles supportant, du point de vue de la taille, la comparaison avec celles du Japon. Or, il est difficile d'effectuer de la sous-traitance à la manière japonaise sans disposer d'une économie de sous-traitance présentant des caractéristiques analogues. La ressemblance ne sera donc que partielle.

D'autre part, il n'existe aucune raison de refuser le classement dans la catégorie des bénéficiaires du partenariat de certaines entreprises qui n'effectuent pas des opérations d'assemblage, dès lors que leur spécificité ou leur niveau technologique justifie l'institution de relations à long terme avec leurs donneurs d'ordres. En revanche on peut prévoir sans se montrer trop optimiste l'acquisition par de nombreux sous-traitants du statut de fournisseur concepteur, ce qui réduira d'autant l'effectif des partenaires restant simples preneurs d'ordres (cf. chapitre XIX).

III. L'organisation des systèmes de sous-traitance en chaîne

Les constatations effectuées précédemment montrent qu'il faut s'attendre aussi à un accroissement considérable du nombre d'entreprises de sous-traitance qui, pour subsister, devront s'intégrer en deuxième ou troisième rang dans des structures pyramidales pour la plus grande partie ou même pour la totalité de leurs activités. Les exemples fournis tant par les pays du Sud-Est asiatique que par certains pays méditerranéens ou sud-européens peuvent faire craindre que ces entreprises, parce qu'elles seront plus spécialement exposées aux risques de précarité, offrent à leur personnel des emplois instables et médiocrement rémunérés.

De telles appréhensions sont peut-être excessives. Jusqu'à présent, il ne semble pas que, dans les domaines où elle existe en France, la sous-traitance en chaîne ait entraîné la surexploitation des plus petits sous-traitants. Néanmoins, il y a lieu d'être attentif aux conséquences du phénomène. Il serait contraire à l'intérêt de l'ensemble des industries concernées qu'un écart trop grand se creuse entre, d'une part un bloc dynamique comprenant les grands donneurs d'ordres et leurs partenaires principaux et, d'autre part, une sorte de tout-venant constitué par les sous-traitants des autres catégories. En outre, même s'il n'y a pas lieu d'en exagérer les conséquences, il n'est pas indifférent qu'une entreprise de sous-traitance cesse d'avoir pour interlocuteurs les services d'achat de constructeurs automobiles ou aéronautiques et doive s'entendre désormais avec les gestionnaires de sociétés moins importantes. Celles-ci peuvent être conduites à se montrer plus intransigeantes parce qu'elles n'ont pas la même aisance de trésorerie que les constructeurs. Le risque d'insolvabilité a lui-même tendance à s'aggraver au fur et à mesure que la taille du donneur d'ordres diminue, sauf dans l'hypothèse d'un sinistre du type Creusot-Loire. Le sous-traitant de deuxième ou troisième niveau est exposé davantage au risque d'un dépôt de bilan de l'un de ses débiteurs qu'un fournisseur direct d'entreprises ayant une stature internationale.

L'extension du partenariat au-delà du premier niveau est-elle possible ?

Les auteurs du *Livre Blanc sur le Partenariat* se sont montrés persuadés que les problèmes posés par la réduction du nombre des bénéficiaires de commandes directes seraient en grande partie résolus si ces derniers acceptaient à leur tour de traiter en partenaires leurs propres sous-traitants. Cette extension du partenariat n'est pas seulement souhaitable pour des raisons de moralité et de justice distributive. Mais les relations industrielles étant ce qu'elles sont, n'est-elle pas une vue de l'esprit ? Jusqu'à présent, la lutte pour la survie était telle qu'une PME n'était guère portée, sauf cas particulier, à ménager les autres PME dont elle était cliente ou fournisseur. Il n'est pas impossible que les pressions exercées par les donneurs d'ordres principaux pour obliger leurs partenaires directs à obtenir des conditions d'approvisionnement garantissant la meilleure qualité aient un retentissement. D'ores et déjà, une évolution de la politique d'achat des principaux équipementiers du secteur automobile peut être constatée. Elle tend à créer des relations plus constructives avec les entreprises qui les approvisionnent en pièces détachées. En toute hypothèse, l'extension du partenariat ou, pour commencer, l'institution d'un code de bonne conduite doivent être considérés comme des objectifs prioritaires par les syndicats de sous-traitants et les institutions consulaires. Le moment paraît venu pour ces organismes d'engager à nouveau des actions de sensibilisation destinées à favoriser la diffusion d'une déontologie tenant compte du contexte actuel. Il ne devrait pas être impossible de persuader les équipementiers ou les sous-traitants placés en position de partenaires principaux qu'ils ont peu de chances d'obtenir durablement le respect de règles qu'ils ne seraient pas capables de s'imposer.

L'application à la sous-traitance en chaîne des dispositions de la loi de 1975

L'objet principal de la loi du 31 décembre 1975 relative à la sous-traitance est d'organiser le recours du sous-traitant contre un tiers : le maître de l'ouvrage ou le fournisseur de la caution exigée de l'entrepreneur principal. Le recours permet au preneur d'ordres d'être payé directement par le maître de l'ouvrage s'il participe à l'exécution d'une commande publique. Il suffit qu'il détienne à l'encontre du donneur d'ordres une créance qui, sauf dans le cas de commandes intéressant la défense nationale, doit être supérieure à 4 000 F lorsqu'il opère dans le cadre d'un marché passé par l'Etat, une collectivité locale, un établissement ou une entreprise publics. Si le maître de l'ouvrage est une personne de droit privé ou si la créance est en toute hypothèse inférieure à 4 000 F, le sous-traitant peut exercer une action directe contre le maître de l'ouvrage lorsqu'il n'est pas payé par l'entrepreneur principal. C'est l'impossibilité d'identifier ce maître d'ouvrage qui, la plupart du temps, rend ce dispositif inopérant dans le domaine industriel.

Dans l'hypothèse d'une sous-traitance en chaîne, le sous-traitant de premier niveau est considéré comme étant lui-même un entrepreneur principal vis-à-vis de ses propres sous-traitants (article 2 de la loi de 1975). L'ensemblier, qui joue alors le rôle de maître d'ouvrage, est identifiable. Il est donc possible en théorie de « fermer le triangle » entre les trois protagonistes de la loi de 1975. Malheureusement, cette fermeture ne suffit pas pour entrer dans le champ d'application de cette loi. Il faut encore qu'il y ait superposition de deux contrats d'entreprises : l'un conclu entre le maître d'ouvrage et l'entrepreneur principal, l'autre passé par cet entrepreneur avec le sous-traitant. Cette condition n'est donc pas réalisée si l'entrepreneur principal et le sous-traitant de premier niveau sont unis par un contrat de vente. Or, la distinction entre contrat de vente et contrat d'entreprise se heurte aux difficultés qui ont été signalées au chapitre I-1. Le critère utilisé par la jurisprudence ne permet pas de tenir compte dans tous les cas des réalités industrielles. La renonciation à cette seconde condition permettrait d'élargir le champ d'application de la loi de 1975 mais au prix d'une modification de la définition de la sous-traitance qui paraît à l'heure actuelle des plus problématiques. Encore faudrait-il que les industriels concernés, qui pour la plupart ne connaissent pas l'existence de cette loi ou sont mal informés de son contenu, apprennent à se servir des mécanismes de protection qu'elle institue. En particulier, il faudrait que les sous-traitants de deuxième niveau effectuent les démarches nécessaires pour faire accepter leurs interventions par les donneurs d'ordres principaux. Or, ils n'ont pas habituellement de rapports directs avec ces derniers, dont ils devraient aussi obtenir l'agrément pour des conditions de paiement conformément aux dispositions de l'article 3 de la loi de 1975. A l'intérieur du secteur industriel, une application plus large des dispositions de la loi de 1975 rencontrerait, comme cela s'est produit dans le bâtiment et les travaux publics, une vive résistance des sous-traitants de premier rang qui ont tout intérêt à laisser leurs propres donneurs d'ordres dans l'ignorance des prix qu'ils pratiquent avec des sous-traitants de second rang. Le dispositif de protection ne jouerait donc que dans les cas où ces sous-traitants de second rang bénéficieraient de rapports de forces suffisamment favorables pour pouvoir demander à leur cocontractants des garanties particulières.

Le développement de la cotraitance

Placer sur un pied d'égalité les participants à la réalisation d'un même ouvrage au lieu de les laisser se subordonner les unes aux autres, cette éventualité est évidemment des plus séduisantes. C'est ce qui a entraîné dans le passé bon nombre d'abus de langage commis à l'encontre d'un mot dont le sens juridique est très précis et donne un peu trop au recours à la cotraitance l'allure d'une solution de facilité.

Ainsi qu'il est plus amplement exposé au chapitre XVII, le problème de la cotraitance ne saurait être abordé indépendamment des problèmes généraux posés par la constitution de groupements d'entreprises, notamment ceux dont les objectifs et les missions sont multiples. Parmi ces problèmes, celui qui porte sur le choix du meilleur dispositif juridique doit être résolu en recherchant le maximum de souplesse compatible avec la nécessaire protection des droits des tiers.

CHAPITRE XVI

REPENSER LE MÉTIER DE SOUS-TRAITANT

Dans le système de production taylorien, la sous-traitance industrielle confie aux preneurs d'ordres une fonction d'exécution dont la prise en charge implique l'exercice d'un métier aux caractéristiques particulières. Les distinctions sur lesquelles se fondait jusqu'à présent la typologie des relations de sous-traitance n'obligeaient pas à remettre en cause ce principe unificateur. Peu importait que la relation ait un objet entrant dans le cadre d'une sous-traitance de spécialité ou qu'il s'agisse d'une simple sous-traitance de capacité. Le sous-traitant est soumis aux mêmes obligations juridiques. Il endosse des responsabilités de même nature. Il n'a pas plus de prérogatives dans un cas que dans l'autre. Quels que soient ses donneurs d'ordres, son métier reste le même. L'évolution de la demande peut seulement obliger le sous-traitant à faire un usage plus subtil de son savoir-faire et à se doter d'une organisation plus complexe.

Cette unicité ne subsiste pas dans le système post-taylorien. Les partenaires de premier niveau, leurs propres sous-traitants et les exécutants de travaux occasionnels ou peu répétitifs vont être soumis à des statuts différents, chaque catégorie ayant un rôle particulier. Néanmoins, tant que la définition générale de la sous-traitance industrielle demeurera applicable, force est de constater que ces trois catégories seront soumises à la même logique. L'entrée dans l'ère post-taylorienne se traduit par l'adoption de comportements nouveaux dont la diffusion s'effectue de manière transversale et non plus par secteurs ou par types d'activités. Les transformations qui s'opèrent affectent dans leur ensemble le contenu et les modalités d'exercice du métier de sous-traitant. Elles devraient conduire les entreprises qui veulent s'adapter au nouveau contexte socio-économique à repenser ce métier, qu'elles deviennent ou non partenaires. La physionomie des entreprises s'en ressent. Les changements fondamentaux qu'elles subissent les obligent à se construire une nouvelle identité.

D'une part, les industries de sous-traitance sont appelées à devenir dans une large mesure des industries de services. D'autre part, il faut qu'elles donnent d'elles-mêmes une image qui soit en rapport avec un niveau de performance plus élevé et corresponde à l'exercice de responsabilités élargies.

I. Faire des industries de sous-traitance des industries de services

Cette évolution est sans aucun doute celle qui sera la plus décisive. Elle n'empêche nullement les entreprises de sous-traitance industrielle de se fonder sur la détention de savoir-faire spécifiques et sur la mise en œuvre de technologies fondamentales. Mais leur tâche ne se limitera plus à l'exécution d'opérations de transformation de la matière. Au même titre que les autres producteurs, elles auront à faire en sorte qu'un besoin déterminé soit satisfait non seulement quantitativement mais aussi qualitativement, avec l'efficacité et la souplesse nécessaires pour apporter une réponse adaptée aux aspirations qualitatives de leurs clients.

Dans les économies les plus développées, les industries de sous-traitance resteront fondées sur la détention de savoir-faire spécifiques

D'une manière très générale, la collaboration des sous-traitants restera nécessaire pour permettre aux donneurs d'ordres de bénéficier de savoir-faire qu'ils ne possèdent pas ou pour lesquels ils ne disposent pas de moyens de mise en œuvre suffisants.

D'année en année, les nouveaux modes d'organisation industrielle et le développement de la productique rendent plus aisée l'adaptation de la capacité de production des sous-traitants aux demandes du marché. A l'inverse, l'utilisation de la sous-traitance à des fins purement conjoncturelles devient moins nécessaire. Une gestion de la qualité plus rigoureuse, la détermination par l'aval des besoins d'approvisionnement diminuent la fréquence et la gravité des cas où une production de complément doit être assurée temporairement par des sous-traitants. Ce qui rend prévisible une diminution globale du recours à la sous-traitance de capacité. Cependant, celle-ci devrait subsister et même s'accroître dans certains domaines car elle offre à des producteurs qui ne veulent pas investir à court terme la possibilité de rester présents sur des marchés qu'ils ne sont pas prêts à abandonner.

Le rôle de l'entreprise de sous-traitance capable, en raison même du caractère banal de ses matériels, de servir un peu de bonne à tout faire n'en deviendra pas moins marginal. Elle ne remplira plus qu'exceptionnellement la fonction d'amortisseur et ne constituera plus un élément du plancton industriel indispensable à l'équilibre biologique.

A l'opposé, la création d'une relation de partenariat a pour objet la satisfaction d'exigences qui ne sont pas seulement techniques, même si le partenariat implique la démonstration d'un professionnalisme qui peut être qualifié de très pointu. Le recours par un partenaire de premier niveau à d'autres sous-traitants répond lui-même à la nécessité d'associer à sa propre technicité des savoir-faire complémentaires. Il s'agit de permettre la réalisation d'opérations dont ce fournisseur ou ce sous-traitant primaire ne peut pas ou ne veut pas se charger lui-même en permanence. Dans la mesure où la sous-traitance de type traditionnel subsistera, il est loisible de prévoir qu'elle sera, elle aussi, l'affaire d'entreprises très spécialisées. Les performances dont elles devront être capables nécessiteront la maîtrise de technologies de haut niveau. Elles devront posséder des matériels qui, même s'ils sont moins coûteux ou moins lourds que ceux des donneurs d'ordres, ne seront pas d'une conception moins avancée. Pour que flexibilité ne soit pas synonyme de désordre, elles auront à faire l'acquisition d'une véritable culture informatique.

Le classement des industries de sous-traitance par grandes technologies fondamentales conservera sa raison d'être

Le développement d'activités portant sur la réalisation d'ensembles ou de sous-ensembles complexes pourrait contribuer à répandre l'idée que la spécialisation par métiers traditionnels, dont l'exemple le plus caractéristique est offert par le secteur du travail des métaux, est en train de devenir obsolète. Effectivement, il peut se faire que les sous-traitants remplissant la fonction de sous-ensembliers en viennent à former une catégorie particulière s'ajoutant à celles qui résultent du classement par grandes technologies de base. Mais il n'existe pas encore des indices suffisamment précis et concordants pour que l'on puisse prédire avec certitude une telle évolution. La réalisation de sous-ensembles nécessite généralement l'exécution d'opérations de natures différentes et l'association de plusieurs technologies. Mais dans la très grande majorité des cas, le choix du sous-traitant principal par le donneur d'ordres tient compte de la prédominance d'une technologie spécifique sur les autres. En outre, le développement de certaines technologies récentes est de nature à entraîner la création de nouvelles industries de sous-traitance ayant des caractères originaux. Il apparaît, par exemple, qu'une véritable industrie du laser s'est constituée au cours de ces dernières années. Ses applications font concurrence à celles d'autres industries de sous-traitance qui utilisent des technologies d'origine plus ancienne. Mais l'emploi du laser, soumis lui-même à la concurrence du découpage par jet d'eau pour certains usages, implique des modes de production et d'organisation qui lui sont propres.

Les industries de sous-traitance n'en devront pas moins se concevoir comme des industries de services

Dans la phase actuelle de l'évolution économique, la notion de service devient primordiale. Les fournisseurs de biens intermédiaires n'échappent pas plus que les producteurs de biens destinés au marché final à la nécessité de reconsidérer l'objet de leur activité. Cet objet ne peut plus consister dans la fourniture d'un ouvrage déterminé. Il faut, pour le définir, prendre en considération l'ensemble des services dont l'ouvrage est le support. Les exigences des clients sont de plus en plus étendues et diversifiées. La satisfaction des besoins nouvellement exprimés contraint les fournisseurs à des efforts constants de mise au point et d'innovation. Extrêmement sensible pour les produits de large consommation, la pression exercée de ce fait est tout aussi forte lorsqu'il s'agit de concevoir et d'élaborer des produits destinés à un usage plus spécifique. Il ne suffit pas pour y faire face d'être en mesure de faire varier le volume global et la répartition par modèles de la production dans certaines limites et à un coût non prohibitif. L'entreprise doit être organisée et gérée de telle sorte qu'elle puisse réagir immédiatement à tout changement venant de l'aval et, au dernier stade, souhaité par le consommateur ou l'utilisateur. Elle doit posséder des moyens techniques et des ressources humaines tels que ces problèmes d'adaptation soient traités de manière quasi instantanée par des solutions adéquates.

Dans ce nouveau contexte, la compétitivité de l'entreprise reste déterminée par son aptitude à réaliser les performances nécessitées par l'évolution de son marché. La qualification du personnel et l'habileté dont il fait preuve dans les opérations qui ne sont pas automatisables sont encore des atouts d'une valeur considérable. Mais l'accomplissement de prouesses techniques ne devient pas pour autant une fin en soi. Il ne se légitime qu'en l'absence d'autres moyens d'obtenir le résultat recherché au meilleur rapport qualité-coût. L'analyse de la valeur est elle-même le moyen privilégié d'une stratégie qui a pour premier objet de supprimer le culte de la performance, l'exploit technique n'étant plus une finalité en soi.

Cette indispensable amélioration de la capacité technologique des entreprises de sous-traitance n'est possible qu'au prix d'efforts d'innovation très largement répartis. Pour la plupart, les industries concernées sont engagées dans des processus qui leur permettent déjà, grâce à la diffusion de nombreuses innovations, de réaliser des gains de productivité considérables et d'anticiper sur les demandes de solutions inédites.

Malgré les progrès déjà accomplis, le rôle de ces industries dans la gestion de l'innovation se limite encore trop, sauf cas particuliers, à la mise en œuvre des équipements qu'elles sont obligées d'acquérir et à l'introduction dans leurs propres systèmes de production de méthodes déjà mises en œuvre par leurs donneurs d'ordres. Le développement du partenariat incite toutefois les entreprises bénéficiaires à jouer un rôle plus actif dans les domaines où elles devront le plus faire preuve d'ingéniosité. L'accroissement de leurs moyens d'étude devrait leur faciliter la mise au point d'inventions qu'elles auront intérêt à valoriser au maximum. Mais cette capacité d'innover sera répartie très inégalement selon les firmes, et la règle comportera nombre d'exceptions. Des entreprises ayant un comportement relativement peu novateur pourront encore réussir dans leurs spécialités si leurs qualifications ou leur réputation leur confèrent sur certains créneaux un véritable monopole. La créativité n'est pas en elle-même une garantie de succès ; elle permet seulement, en tirant profit de l'expérience et des connaissances acquises, d'accélerer le rythme de l'expansion en s'assurant une suprématie généralement localisée et temporaire sur la concurrence. On peut ici faire référence à la notion de plus-value locale telle qu'elle est définie et utilisée par Jean-Marc Oury dans l'ouvrage intitulé *Economie politique de la vigilance* déjà cité au chapitre III. Cette plus-value est associée aux conséquences d'une décision prise par un individu à un instant initial déterminé et « bouclée » lorsque l'un des paramètres reprend la valeur qu'il avait à cet instant initial.

L'exemple de l'industrie électronique montre qu'il existe déjà une tendance très nette à conjuguer avec des activités de fabrication d'autres activités qui relèvent de la notion de service : études de développements, mise au point du produit, tests et stockages de composants. La remise en état ou la modernisation de matériels anciens procure à de nombreuses entreprises de mécanique générale une grande partie de leur chiffre d'affaires. Au lieu de conserver des ateliers intégrés dont le plein emploi est plus ou moins bien assuré, les établissements industriels importants s'efforceront pour la plupart de prendre appui sur des PME capables d'effectuer à la fois des travaux de réfection courants et le remplacement de pièces déficientes.

L'obligation de suivre le progrès technique s'étendra ainsi à une proportion croissante de petites entreprises. C'est une conséquence de la diminution prévisible des besoins pouvant être satisfaits à un coût compétitif par la réalisation de travaux exclusivement manuels ou peu automatisés. Il est vraisemblable qu'une part notable de la production manufacturière sera confiée dans quelques décennies à des micro-entreprises ou des travailleurs à domicile utilisant des outillages dont la mise en marche sera commandée à distance par des unités de plus grande taille ou par des intermédiaires.

En définitive, ce qui sera demandé à des entreprises qui seront les héritières des actuels sous-traitants mais porteront peut-être un nom différent, ce sera d'être non plus les moins ou les mieux disants mais « les mieux servants »[1]. Dans la limite des prix objectifs fixés par le partenaire d'aval, la sélection se fera, d'une part, sur l'appréciation de la qualité, de l'autre, sur l'aptitude à offrir l'en-

1. Expression utilisée à Strasbourg par un représentant de Sollac au cours d'une réunion d'industriels dont *Les Dernières Nouvelles d'Alsace* ont présenté un compte rendu le 29 mars 1990.

semble complet des services attendus au sens que l'anglais donne à un mot dont nous n'avons pas l'équivalent : *package*.

II. Donner une image attrayante de l'entreprise de sous-traitance

L'institution de relations partenariales et la transformation progressive des industries de sous-traitance en industries de services devraient modifier une image qui correspond de moins en moins aux réalités observables.

Il convient, bien entendu, d'éviter les généralisations hâtives ; mais il est vrai que les industriels exerçant la profession de sous-traitants ont pour la plupart les mêmes comportements que les autres dirigeants d'entreprises petites ou moyennes. Très sensibles à l'opinion de leur clientèle, ils se montrent conscients de la nécessité de présenter à leurs visiteurs un outil de production efficace et bien entretenu. Ils font en sorte que leur entreprise apparaisse sous son meilleur jour lorsqu'il s'agit de donner confiance aux banquiers et aux membres des autres professions avec lesquelles ils doivent établir des rapports coopératifs. En revanche, ils n'attachent pas toujours suffisamment d'importance à la fourniture d'informations destinées au grand public sur le contenu de leurs activités et leurs capacités techniques. Il ne faut donc pas s'étonner que l'utilité économique de leurs activités ne soit pas perçue comme elle devrait l'être. Des préjugés subsistent vis-à-vis d'industries considérées a priori comme plus nuisantes qu'elles ne le sont en réalité.

En fait, le problème de l'image est un problème global. L'entreprise n'a qu'une seule personnalité et tous les éléments qui la composent sont en interaction, qu'il s'agisse de la qualité et de la sécurité des installations, de l'organisation générale et de la propreté des ateliers, de l'ambiance de travail, des horaires, des conditions de rémunération. Les insuffisances qui existent dans un domaine réagissent sur l'ensemble. Pour être respectable et respectée, une entreprise a le plus grand intérêt à ne pas donner d'elle-même des représentations trop différentes à ses divers interlocuteurs, même si elle n'a pas une image de marque à défendre sur les marchés de grande consommation.

Ce problème de l'image devrait être traité avec la plus extrême rigueur dans certaines branches d'activité. Des contraintes particulières existent pour les entreprises qui font appel aux technologies les plus avancées et, en particulier, pour toutes les firmes qui doivent entrer ou rester en contact avec de grands donneurs d'ordres américains, japonais ou allemands. Il ne faut pas faire preuve en la matière de nationalisme. Mais il est indispensable que, aux yeux des industriels d'autres grands pays, l'image de la petite affaire au comportement peu novateur, installée dans des locaux vétustes ou exigus, payant mal et gérant de façon arbitraire, soit reléguée dans le même magasin d'anachronismes que le béret basque et la baguette de pain.

Il n'est pas normal, par exemple, que des industriels japonais qui s'établissent dans l'ouest de la France se prétendent « choqués par la saleté des ateliers, les rayures et les marques de pas sur les pièces et constatent qu'il faut trois heures pour changer d'outillage en France alors qu'il faut un quart d'heure au Japon »[2]. Il peut y avoir une part d'exagération ou de parti pris dans ces affirmations car elles sont peut-être formulées par les agents de sociétés à la recherche de bons prétextes pour ne pas acheter les composants qu'ils désirent importer en attendant l'installation en France de leurs propres sous-traitants. Mais tous les comptes rendus de visites effectuées par des industriels français en Allemagne et au Japon insistent sur l'état impeccable des installations présentées. Ils constatent que l'organisation des circuits d'approvisionnement est parfaitement adaptée aux contraintes des nouvelles méthodes de production. L'ancienneté des locaux ou des moyens matériels ne doit pas servir de prétexte au laisser-aller et à l'improvisation. Il est exact que l'on peut réaliser dans de vieux récipients les meilleures préparations culinaires. Mais les bons cuisiniers n'en sont pas moins ceux qui travaillent dans la propreté et dans l'ordre.

En ce qui concerne la sécurité des installations, il semble que les industries françaises concernées sont parmi celles qui se conforment le mieux aux normes internationales. Certaines professions, comme celle du découpage-emboutissage, ont accompli des efforts remarquables pour réduire les bruits de fonctionnement des matériels utilisés. Néanmoins, beaucoup d'installations non modernisées ou d'ateliers équipés en matériels de conception ancienne ont encore des niveaux sonores trop élevés. Il semble aussi que, dans des cas trop nombreux, l'amélioration de la productivité a été recherchée par la seule accélération des cadences de production alors qu'elle aurait dû provenir principalement d'une organisation des processus opératoires qui permette de répondre plus rapidement et avec plus d'exactitude aux demandes du marché.

III. Créer un milieu professionnel convivial

Il reste enfin que, dans l'ère post-taylorienne, l'image des entreprises de sous-traitance sera plus dépendante que dans les périodes antérieures de la qualité des rapports sociaux et de l'ambiance de travail. La transformation du rôle économique de ces entreprises, l'évolution qui conduit à privilégier la notion d'industrie de services nécessitent l'adoption des comportements qui devraient favoriser la participation et encourager l'initiative. Un véritable partenariat, ainsi qu'il a été déjà souligné, implique une convivialité dont les bienfaits ne peuvent pas être réservés à quelques privilégiés. Cette convivialité n'est possible que si l'ensemble du personnel est réellement partie prenante à la croissance de l'entreprise. Une répartition équitable des profits est nécessaire pour que cette condi-

2. « Usines tournevis, les sous-traitants français ne sont pas au rendez-vous », Catherine ANTOINE, *La Tribune de l'Expansion*, 3 août 1988.

tion soit réalisable. Mais il faut aussi que puisse régner un climat propice aux échanges d'idées, que la porte soit largement ouverte à la discussion, aux suggestions et éventuellement à la critique. La nouvelle organisation de la sous-traitance industrielle n'est pas compatible avec le maintien de comportements du type : « Si tu n'es pas content, tu prends ton compte et tu t'en vas. »

Difficulté majeure, il faudra concilier les impératifs qui incitent les entreprises de sous-traitance à augmenter leur taille, à se soumettre aux contraintes de gestion de la qualité et à subir l'assistance envahissante de l'informatique avec l'obligation de tirer le meilleur parti des ressources humaines. Il est nécessaire que la taille soit elle-même humaine pour que la cellule de travail soit gérée avec humanisme. Mais ce n'est pas suffisant. Pour aller dans une même direction, il faut à la fois une volonté politique au niveau de la direction et un vrai consentement au niveau des salariés. Dans une certaine mesure, l'organisation des ateliers en îlots de production est susceptible de faciliter cette conciliation en améliorant le dialogue social. Elle crée, en effet, un réel besoin de solidarité entre les participants à un même cycle opératoire, qui doivent se rendre polyvalents et s'habituer à vivre dans un champ professionnel élargi.

Les problèmes soulevés par la formation des techniciens et des professionnels hautement qualifiés dont la pénurie est devenue particulièrement inquiétante ne seront résolus que si les entreprises de sous-traitance deviennent des milieux d'accueil plus attractifs. Il ne suffit pas qu'elles offrent des rémunérations en rapport avec les responsabilités assumées. Plus généralement, le travail manufacturier doit devenir – ou redevenir – quelque chose de plus que le moyen de gagner sa vie. Il y a incontestablement une interdépendance entre le développement du partenariat, qu'il soit interne ou externe à l'entreprise, et l'enrichissement des tâches. L'un et l'autre exigeront toujours plus d'intelligence puisqu'il faudra non seulement produire mais contrôler, prévenir, réparer et améliorer.

Il ne suffit pas, non plus, d'accroître les moyens de formation des personnels dont la pénurie est la plus flagrante. Ni même de changer l'image des catégories d'entreprises considérées comme les moins accueillantes pour les jeunes. C'est l'avenir de certains métiers qui est en question. Particulièrement, ceux de la mécanique. Que ce soit au niveau de l'opérateur, du technicien ou de l'ingénieur, leur apprentissage ne peut s'effectuer réellement que sur le terrain. Le rôle des établissements d'enseignement est essentiel dans l'initiation aux techniques de base et dans l'acquisition d'une culture technologique. Mais ce n'est pas en leur sein que peuvent se transférer de compagnon à compagnon les acquis professionnels qui font la force d'une industrie. Il convient de situer au plus haut niveau les responsabilités pédagogiques des détenteurs de ces acquis. Ce n'est donc pas un lieu commun d'affirmer que l'abandon du taylorisme exige une nouvelle conception du rôle de la maîtrise. Face à un personnel dont il n'est plus nécessaire de contrôler en permanence l'activité, l'exercice de l'autorité ne peut être pour un membre de cette maîtrise une fin en soi. Mais il faut que, grâce à son professionnalisme, l'encadrement conserve un ascendant sans lequel il n'aurait aucune chance de réussir dans les tâches d'animation et de conseil qui seront désormais les siennes.

CHAPITRE XVII

CHASSER EN MEUTE

L'utilisation concertée par des PMI de moyens de prospection ou, dans certaines situations, de moyens de production et de contrôle paraît présenter au premier abord de grands avantages. L'union des faiblesses ne fait pas la force. Elle n'est pas une panacée. Mais elle peut être la condition nécessaire pour donner à une action sa crédibilité, ratisser plus large, atteindre des résultats industriels qui ne sont pas à la portée d'une seule petite entreprise. Il existe de multiples raisons qui justifient les tentatives de regroupement permettant d'atteindre des objectifs de cette nature en dépit des obstacles qu'elles peuvent rencontrer. L'échec assez fréquent de ces tentatives n'est pas forcément imputable aux excès d'individualisme des petits entrepreneurs. Il est dû le plus souvent au manque de réalisme des projets, à une répartition inégale des risques ou des profits entre les participants, à une modification inattendue du contexte économique, à un retournement de la conjoncture.

Le développement du partenariat ne réduit pas l'intérêt pour les sous-traitants de chasser en meute. Bien au contraire. Mais il les oblige à constituer des entités crédibles offrant collectivement des garanties encore meilleures que celles qui sont présentées par une entreprise opérant isolément, notamment en ce qui concerne la bonne fin des travaux.

Quelle que soit la formule juridique utilisée, son bon fonctionnement dépend de l'équilibre des relations établies entre un chef de file qui doit avoir une autorité réelle et les autres adhérents qui doivent conserver des droits effectifs d'intervention et de contrôle. La préservation de cet équilibre est particulièrement souhaitable dans le cas d'une cotraitance destinée à replacer sur un même niveau les entreprises susceptibles de participer à un système de sous-traitance en chaîne.

I. Les objectifs possibles

Les groupements de sous-traitants peuvent avoir trois objectifs. Mais ils ont souvent une vocation assez large et leurs activités répondent à des finalités diverses.

Le premier objectif est d'ordre commercial : organiser une recherche collective de débouchés. C'est effectivement celui qui avait présidé à la création des bourses de sous-traitance. Il inspire également d'autres initiatives. Certaines peuvent se prévaloir d'une grande continuité. C'est le cas, en particulier, de l'association des sous-traitants de Basse-Normandie (SOTRABAN) qui a été évoqué au chapitre VII.

D'autres initiatives ont eu une vie plus éphémère. Leur disparition a été due selon les cas à des conflits de personnes, à l'insuffisance des résultats obtenus, aux tentatives de dissuasion menées auprès des membres par des confrères non adhérents. Les groupements constitués dans un but commercial ont généralement pour objet, soit de financer les activités d'un prospecteur représentant leurs membres, soit d'organiser des participations collectives à des salons ou d'autres manifestations promotionnelles. Il est rare qu'un sous-traitant puisse effectuer une prospection utile pour le compte de ses collègues. En tout état de cause, un groupement de cette nature ne peut intervenir qu'à titre exploratoire. Il est indispensable que des contacts directs s'établissent très rapidement entre les donneurs d'ordres concernés et les sous-traitants qui s'estiment en mesure de satisfaire leurs besoins. Mais les informations recueillies peuvent être de la plus grande utilité pour des petites entreprises dont les dirigeants n'ont ni le temps ni les moyens financiers nécessaires pour se livrer à des investigations sur des marchés mal connus. En outre, l'action commerciale collective a des vertus pédagogiques. Elle incite les industriels les moins expérimentés dans l'art de mettre en valeur leur savoir-faire à prendre exemple sur ceux qui ont une expérience plus confirmée et montrent plus de dynamisme.

En second lieu, les groupements de sous-traitants peuvent avoir pour objet l'échange d'expériences dans différents domaines d'intérêt commun. De nombreux clubs se sont créés pour rendre plus aisée, par une sorte de fertilisation croisée, l'initiation à des technologies nouvelles. L'un d'eux a été constitué, par exemple, à l'initiative de la Bourse de sous-traitance de l'Est pour faciliter l'acquisition et l'utilisation par ses adhérents de machines-outils à commande numérique.

Une grande partie des activités de la SOTRABAN est consacrée à l'étude des problèmes de gestion soulevés par ses membres et à des visites d'entreprises. Des initiatives ont été prises par des donneurs d'ordres français, tels que Citroën, ou même japonais pour encourager la création de supports collectifs destinés plus spécialement à favoriser le lancement d'actions de formation ou de perfectionnement dans le domaine des nouvelles techniques de gestion.

Ces actions collectives du deuxième type ont débouché parfois sur l'acquisition et la gestion en commun de certains biens matériels, tels que : équipements métrologiques, installations de CAO-FAO ou même machines présentant des caractéristiques exceptionnelles. Ce peut être effectivement le moyen pour des entreprises aux ressources limitées de réaliser des investissements imposés par l'évolution technique ou les exigences de leurs donneurs d'ordres sans avoir à supporter des coûts trop élevés. Encore faut-il que les conditions de répartition des temps d'utilisation des équipements en cause soient fixées en tenant compte des besoins réels et qu'il n'y ait pas de sous-emploi. En toute hypothèse, il n'est pas possible pour gérer de tels équipements de s'en remettre aux règles de fonctionnement d'une association loi de 1901 (cf. III ci-après).

Les groupements qui se sont créés en vue d'assurer la réalisation de fabrications effectuées en cotraitance constituent une troisième catégorie. La cotraitance est souvent présentée comme le moyen d'empêcher un développement excessif ou abusif de la sous-traitance en chaîne grâce à un procédé plus judicieux. Le regroupement de sous-traitants aux vocations complémentaires peut effectivement leur permettre de participer à des opérations nécessitant des savoir-faire diversifiés tout en les maintenant sur un pied d'égalité. Cette recherche de complémentarité a déjà inspiré un certain nombre d'initiatives. Mais leurs promoteurs se heurtent à la difficulté de concevoir des formules de rapprochement fonctionnant de manière souple mais suffisamment crédible pour retenir l'attention des donneurs d'ordres. Il faudrait, en effet, créer des configurations à géométrie variable telles que leurs modalités d'intervention et leur composition puissent s'adapter à la nature et à la durée des tâches prises en charge.

Au sens strict, la cotraitance ne nécessite pas la création d'une entité juridique particulière. Selon le fascicule de documentation AFNOR X 50-300 de novembre 1987, elle consiste dans la participation de plusieurs entreprises à la réalisation d'un programme. Les cotraitants sont placés dans une situation de parité au niveau des responsabilités juridiques et financières. Ils sont solidaires s'ils sont tous engagés pour la totalité du contrat vis-à-vis du cocontractant, destinataire du bien ou du service considéré. Ils sont conjoints si chacun n'est engagé que pour la partie du contrat qu'il exécute.

Dans le cas d'un marché public, les cotraitants sont représentés par l'un d'eutre eux en qualité de mandataire selon les modalités prévues au paragraphe 3.1 des cahiers des clauses et conditions administratives générales des marchés publics industriels. S'il s'agit d'un contrat de droit privé concernant l'exécution d'un programme industriel, les cotraitants sont représentés vis-à-vis du cocontractant, soit par l'un d'eux agissant en qualité de mandataire, soit par un tiers assumant le rôle d'architecte industriel pour la réalisation du programme.

Dans un sens plus large, il existe diverses formules de cotraitance fondées sur la création d'une structure apte à entrer en relations avec les tiers. Leurs avantages et leurs inconvénients ont fait l'objet d'une étude approfondie de M. Christophe JAMIN qui a été publiée dans le rapport d'étape 1989 de la Commission technique de la sous-traitance[1]. Quel que soit l'objet du groupement, il faut considérer, en effet, que le choix de la structure la mieux adaptée doit être effectué dans une vue d'ensemble de ses implications juridiques. Mais c'est en tenant compte d'une évolution qui tend à donner aux groupements un caractère de plus en plus opérationnel que des dispositions nouvelles peuvent être proposées au législateur.

II. Les exigences de solidarité et les problèmes d'équilibre

Un groupement ne peut intervenir avec efficacité sur le marché de la sous-traitance que s'il réussit à se rendre pleinement crédible. Il ne suffit pas d'attirer l'intérêt des donneurs d'ordres. Il est indispensable que les représentants du groupement soient capables d'offrir des garanties propres à convaincre leurs interlocuteurs qu'ils ne courent pas de risques particuliers. Ce qui suppose l'existence d'un engagement collectif précis dans tous les cas. Un groupement réalisant des efforts de prospection ne peut assurer la représentation de ses sous-traitants sans leur décerner explicitement ou implicitement un label attestant qu'ils possèdent certaines qualifications et qu'ils jouissent d'une bonne notoriété. A plus forte raison, l'acceptation d'offres groupées ou de propositions formulées par plusieurs co-traitants sera liée à l'octroi de garanties portant sur le respect de la qualité demandée, l'observation des délais et le bon achèvement des travaux. Ce qui implique le remplacement de toute entreprise défaillante aux frais des autres participants.

Pour qu'un groupement fasse œuvre utile, il est nécessaire qu'il y ait en son sein un accord sur des objectifs clairs et qu'il mette en œuvre une stratégie pertinente. Mais il faut, en outre, que tous ses membres se trouvent sur le plan technique et sur le plan financier dans une situation qui les autorise à se lancer dans la même aventure.

Si ces conditions sont réunies, la principale difficulté réside dans l'obligation de respecter le droit pour chaque adhérent d'avoir voix au chapitre, contrepartie de ses prises de risques, sans aller jusqu'à mettre en danger la cohérence de la direction du groupement. Quels doivent être les rôles respectifs du chef de file appelé à assumer la présidence et des autres membres de l'équipe dirigeante ? Peut-on éviter que ce chef de file se comporte dans la pratique en donneur d'ordres, en utilisant de façon plus ou moins abusive ses pouvoirs de mandataire ? Les risques d'abus ne sont pas nuls car la tentation peut être forte de traiter en priorité ou même exclusivement les affaires qui pourraient être les plus rentables pour ce chef de file ou pour les membres d'une petite minorité. Il n'y a pas de

1. « Etude sur les groupements momentanés d'entreprises pour la réalisation de produits complexes ayant un caractère mobilier » par Christophe JAMIN sous la direction des professeurs Jacques GHESTIN et Yves GUYON, Centre de droit des obligations de l'université de Paris-I-Panthéon-Sorbonne, mai 1987.

réponse de portée générale au problème de régulation qui se trouve ainsi posé. Il faut toujours une réunion de circonstances favorables pour que des personnalités marquantes se décident à coopérer en bonne harmonie, adoptent des règles de travail en commun et ne cessent pas de les appliquer aux premiers incidents de parcours. L'individualisme des dirigeants français de la petite et moyenne industrie ne les prédispose pas à s'imposer durablement une telle discipline.

En fait, l'expérience démontre que, pour pratiquer une stratégie pertinente, avec l'accord de tous les membres, l'action menée par un groupement ne doit pas, sous prétexte de traiter des problèmes concrets, se limiter à la recherche de résultats à court terme. Le risque est grand de créer très rapidement une ambiance conflictuelle si ces résultats ne sont pas ceux qui avaient été espérés. Les comportements favorables à une véritable gestion collective ont beaucoup plus de chances de naître d'un effort permanent d'analyse des problèmes d'intérêt commun et de réflexion sur l'action. Encore faut-il observer que la poursuite d'un tel effort est très difficile sinon impossible dans une situation de type courant où aucune protection particulière ne peut être prévue pour éviter les blocages résultant d'opposition d'intérêts, de différences de cultures ou de statuts sociaux. On ne peut à ce sujet que souligner l'intérêt que représente du point de vue de l'accroissement de la capacité stratégique des participants une expérience originale, fondée sur l'exécution de programmes de simulation-action, qui a été entreprise il y a plus de vingt ans au ministère de l'Industrie mais avec implication de fonctionnaires d'autres départements ministériels[2]. Ces programmes permettent de transférer dans un champ d'observation protégé l'analyse du comportement des acteurs et de leurs outils de contrôle. Prenant pour précédent une opération réalisée par l'association APROCEM à partir de 1956 à l'intérieur du secteur des carrières et matériaux de construction, la construction de tels dispositifs a rendu possible la poursuite, dans le cadre du programme expérimental moyenne et petite industrie jusqu'en 1979 et dans celui d'autres programmes expérimentaux lancés depuis 1980, d'une recherche originale sur l'action de l'Etat et sur ses relations avec ses partenaires. Simultanément, elle a fait largement progresser les réflexions dans les champs d'application qui avaient été choisis.

2. Ces programmes expérimentaux sont conduits conjointement par le groupe Méthodes, groupe de recherche constitué auprès du ministre de l'Industrie, et par l'association Contrôle et changement, composée des autres personnes participant régulièrement à la recherche avec le concours d'une équipe de consultants du Centre d'analyse socio-économique. Trois programmes ont été lancés : sécurité industrielle (1980), action économique régionale (1982), banque et assurance (1985).

III. A la recherche d'une structure juridique adéquate

Cette structure peut être selon les cas une association, une société ou un groupement.

L'association ne peut constituer une solution valable que pour la conduite en commun d'efforts de prospection et de mise en rapport avec la clientèle éventuelle. Elle ne saurait, en effet, rechercher des bénéfices ni même, selon une certaine jurisprudence, poursuivre un but économique sans courir le risque d'être assimilée à une société. En toute hypothèse, on voit mal un donneur d'ordres entretenir une relation de sous-traitance portant sur une production déterminée avec une simple association.

Parmi les types de sociétés dont la constitution peut être envisagée, il faut tout d'abord mentionner la société en participation. Celle-ci n'est pas immatriculée et ne bénéficie pas de la personnalité morale ; mais les associés peuvent fixer librement ses modalités d'organisation et de fonctionnement. La contrepartie de cette liberté consiste dans la responsablité solidaire des associés dès que cette société est révélée aux tiers. En outre, le caractère occulte de la société en participation conduit à lui appliquer les règles de l'indivision. En conséquence, un associé peut demander à tout moment sa dissolution si elle a été fondée pour une durée indéterminée. La société en participation paraît convenir à des entreprises importantes, de forces économiques comparables, beaucoup plus qu'à des PME.

La société en nom collectif se caractérise par l'étendue de la responsabilité, personnelle et solidaire, qui est celle de ses membres. Il faudrait donc que ces derniers aient une confiance absolue les uns dans les autres pour adopter une telle forme sociale.

La lourdeur et la rigidité relatives des modes d'organisation et de fonctionnement des sociétés à responsabilité limitée et des sociétés anonymes rendent leur emploi incommode pour des entreprises qui souhaitent seulement se réunir pour mener ensemble des opérations de courte durée ou ne présentant qu'un caractère ponctuel. En outre, l'application de la règle de la majorité pour les décisions relevant de la gestion normale de la société à responsabilité limitée peut permettre à un ou plusieurs membres d'acquérir une position dominante au sein de l'organisme et même éventuellement de réduire les autres participants au rôle de sous-traitants.

Le groupement momentané d'entreprises, de pratique courante dans le bâtiment et les travaux publics, offre au contraire une très grande souplesse d'organisation et de fonctionnement. Mais il présente le risque de requalification du contrat en contrat de société, ce qui entraîne une responsabilité solidaire des membres du groupement. Les tiers de bonne foi peuvent, en effet, prétendre que le groupement constitue à leur égard une société de fait. La jurisprudence leur donne gain de cause si elle constate que le contrat conclu entre les membres est caractérisé par la réunion de trois éléments : l'existence d'apports, une volonté d'union dans les risques sociaux, la recherche de bénéfices à distribuer. La protection contre ce risque de requalification des entrepreneurs qui se regroupent paraît plus difficile à organiser pour des activités industrielles que pour des travaux immobiliers où elle s'effectue par voie d'affichage.

En conséquence, M. Christophe JAMIN estime que le groupement d'intérêt économique (GIE) institué par l'ordonnance n° 67821 du 23 septembre 1967 pourrait constituer, moyennant certaines améliorations, la solution qui réponde le mieux aux préoccupations de sous-traitants désireux d'unir leurs moyens pour réaliser un marché déterminé. Il s'agit, en effet, d'une structure souple et légère qui jouit d'une très grande liberté d'organisation. Le retrait de l'un de ses membres n'entraîne pas la dissolution du groupement. Le GIE échappe à l'impôt sur les sociétés. Il se trouve soumis au régime des sociétés de personnes, ce qui implique le bénéfice de la transparence fiscale. Au regard de ces avantages, l'existence d'une responsabilité solidaire et indéfinie pour le paiement des dettes fait peser sur ses membres un risque non négligeable. Mais le législateur pourrait prévoir, en s'inspirant des solutions retenues pour les sociétés en nom collectif, que le membre entrant dans un GIE prend en charge le passif existant, sauf clause contraire régulièrement publiée, et que, si le retrait d'un membre est publié, celui-ci n'est pas tenu du passif né postérieurement. D'autres aménagements pourraient être apportés par la même occasion pour supprimer certaines difficultés d'application du texte de 1967 et notamment pour faire reconnaître par l'ensemble des tribunaux que le GIE possède bien la personnalité morale. Il pourrait ainsi bénéficier de manière indiscutable de la propriété commerciale, de la qualité d'employeur et du droit de gérer en toute autonomie un patrimoine. Ces réformes seraient d'autant plus opportunes que le GIE peut constituer une solution valable, non seulement pour les groupements de cotraitants, mais aussi pour la coopération des entreprises qui veulent utiliser en commun un équipement de technologie avancée. Dès à présent, il serait souhaitable que des contrats types soient mis à la disposition des industriels qui auraient l'intention de se rapprocher. Les fédérations professionnelles concernées pourraient utilement prendre des initiatives pour assurer la préparation et organiser la diffusion de tels documents.

CHAPITRE XVIII

EXPORTER ET S'EXPORTER

La vocation exportatrice des industries de sous-traitance est née tardivement. Elle s'affirme encore avec timidité. Il y a moins de dix ans, les sous-traitants auxquels il était reproché de se contenter de leur clientèle nationale avaient l'habitude de répondre : « Nous exportons beaucoup ; mais par l'intermédiaire de nos donneurs d'ordres. » A l'heure actuelle, les sous-traitants ayant une forte activité exportatrice ne sont encore qu'une faible minorité dans la plupart des branches concernées. Il ne faut pas en conclure que, considérées dans leur ensemble, les industries de sous-traitance manquent de dynamisme ou sont peu compétitives sur le plan international. Mais, ce qui est vrai en général pour l'ensemble des PME industrielles, les entreprises de sous-traitance qui obtiennent de bons résultats à l'exportation ne sont pas forcément celles dont la situation est la plus prospère ; les prix qu'elles doivent pratiquer pour être concurrentielles hors de l'Hexagone sont presque toujours des prix très serrés laissant rarement de grosses marges. Inversement, beaucoup de sous-traitants ont réussi à se constituer sur le marché français une clientèle suffisante pour assurer leur plein emploi avec une rentabilité satisfaisante sans éprouver jusqu'à présent le besoin de tenter l'aventure de l'exportation.

Un tel comportement n'est plus de mise car l'unification du marché communautaire va faire peser de graves menaces sur l'avenir des entreprises qui se contenteront de lutter avec des moyens purement défensifs pour préserver leurs débouchés métropolitains. A plus forte raison, les bénéficiaires d'accords de partenariat, qui sont obligés de diversifier leur clientèle pour répondre aux souhaits de leurs partenaires, ne pourront faire autrement que de rechercher en Europe ou dans des régions plus lointaines des clients intéressés par leur savoir-faire. L'exportation deviendra la condition *sine qua non* de la croissance. Mais il apparaît aussi, et ce n'est pas paradoxal, que le principal obstacle aux exportations de sous-traitance n'est pas spécifique. Il résulte de l'une des principales faiblesses de l'économie française : trop de trop petites entreprises et pas assez de vraies moyennes. Comme il a été déjà souligné, trop de sous-traitants français n'ont pas une capacité de production et des ressources financières en rapport avec leur niveau technique. De telle sorte qu'ils ne sont pas assez crédibles pour se présenter à des donneurs d'ordres étrangers avec des chances sérieuses de succès. En d'autres termes, la concentration est aussi la condition de l'exportation.

Pour devenir crédibles, ces sous-traitants doivent surmonter un autre obstacle : l'attribution à l'industrie française d'une réputation qui n'est pas excellente. Il existe à son encontre des idées reçues particulièrement fortes en Allemagne et dans les autres pays de l'Europe du Nord, si bien que la moindre erreur d'interprétation d'une spécification ou le plus petit retard de livraison sont considérés comme des fautes impardonnables. Cette réputation est de moins en moins fondée ; mais on ne dira jamais assez que certains préjugés ne disparaissent pas facilement et que tout manque de rigueur les enracine encore davantage.

I. Les exportations de sous-traitance sont surtout le fait d'une minorité très active

Bien qu'il n'existe aucune statistique précise en la matière, il est généralement admis que les opérations effectuées pour le compte de donneurs étrangers représentent actuellement un peu moins de 10 % du chiffre d'affaires total des sous-traitants français. L'étude BONNEAU-ROCHARD/GOUMEL publiée dans le rapport 1989 de la Commission technique de la sous-traitance constate (page 97) que la moitié des entreprises interrogées par les enquêteurs fait état d'une activité exportatrice. Mais plus de la moitié des firmes exportatrices (56 %) réalisent moins de 10 % de leur chiffre d'affaires sur des marchés étrangers. 13 % seulement de ces entreprises peuvent se prévaloir d'un taux d'exportation supérieur à 30 %. Ce taux est atteint ou dépassé par 28 % des entreprises exportatrices de 100 salariés et plus, mais par 8 % seulement des entreprises de 20 à 49 salariés et par 9 % de celles qui emploient de 50 à 99 salariés. L'engagement à l'exportation est donc fortement lié à la taille de l'entreprise. Il est aussi, bien évidemment, fonction de la nature des activités du sous-traitant. Le décolletage, par exemple, a su s'acquérir une réputation de gros exportateur. Dans la seule vallée de l'Arve, les ventes à l'étranger, réalisées par environ 250 entreprises sur 800, sont estimées à plus de 30 % du chiffre d'affaires de la profession. En revanche, dans d'autres industries du travail des métaux, la plus grande partie des exportations est réalisée par un petit nombre d'entreprises qui méritent d'être considérées comme de brillantes exceptions. Le cas extrême est celui des activités de traitement et de revêtement des métaux qui sont soumises à de très fortes contraintes de proximité. Il existe pourtant, même dans ce domaine, des spécialistes qui réalisent un volume non négligeable d'opérations portant sur des produits de très haute valeur ou présentant des difficultés exceptionnelles pour le compte de donneurs d'ordres étrangers.

On constate aussi que, jusqu'à présent, les entreprises fortement exportatrices sont en majorité spécialisées dans la mise en œuvre de techniques avancées, l'application de procédés inédits ou récents, la réalisation de produits ayant des caractéristiques originales ; mais il est parfois nécessaire pour prendre position sur un marché de commencer par accepter des travaux de caractère courant afin d'amorcer une collaboration qui portera ensuite sur des commandes de produits plus élaborés. Il existe aussi des entreprises qui sont forcées de trouver sur les marchés extérieurs une grande partie de leurs débouchés, le marché français n'ayant pas pour elles une importance suffisante pour permettre un amortissement convenable de leurs investissements et le soutien d'un taux de croissance élevé. Mais il est bien connu qu'un industriel, quel qu'il soit, ne peut devenir un exportateur valable que si lui-même et tous ses collaborateurs sont fortement motivés. On n'exporte bien que si l'on est heureux d'exporter. Cette réussite ne doit pas seulement renforcer la compétitivité et accroître la rentabilité de l'entreprise. Elle doit être en elle-même source de satisfaction, en tant que récompense des efforts supplémentaires qui ont été fournis et démonstration d'efficacité face aux obstacles rencontrés.

Ces obstacles ne sont pas insurmontables. Mais ils obligent le sous-traitant qui veut s'introduire sur le marché d'un pays étranger, même limitrophe, à consacrer pendant plusieurs années une grande partie de son temps et de ses ressources à la réalisation d'un projet dont les résultats sont aléatoires. Une organisation adéquate doit être mise en place. Les problèmes posés par la traduction de textes techniques doivent être parfaitement résolus. L'industriel est tenu d'effectuer personnellement tous les déplacements nécessaires pour obtenir la confiance de sa nouvelle clientèle et aboutir finalement à un accord. L'entreprise aura à subir avec succès les épreuves qui lui seront imposées : audits et commandes d'essai notamment. Les cas d'échecs sont au moins aussi nombreux et significatifs que les exemples de réussite cités par la presse économique et les publications techniques. Pour devenir capable de réussir, il faudra apprendre à ne pas se décourager.

II. Principaux destinataires : la RFA et les autres pays limitrophes

Le développement des exportations françaises de sous-traitance dans les pays de la CEE a bénéficié à partir de 1980 des concours apportés par la Fédération des industries mécaniques, notamment par l'intermédiaire des antennes spécialisées d'orientation et d'accueil qu'elle a installées à Düsseldorf et à Birmingham, et d'un large appui de certains postes d'expansion économique. Les missions effectuées sous l'égide des chambres de commerce et d'industrie ont donné des résultats qu'il est difficile d'apprécier car elles ont été parfois sans lendemain, faute d'un minimum de suivi. Elles n'en ont pas moins permis à de nombreux preneurs d'ordres de se familiariser avec les usages en vigueur sur des marchés proches ou lointains où ils ont pu ainsi effectuer une première prospection.

Le marché allemand a suscité un intérêt croissant[1]. Il offre des débouchés considérables et stables aux entreprises qui ont présenté les qualifications et fait preuve de la persévérance nécessaire pour y prendre pied à titre permanent. Le niveau plus faible des charges salariales françaises a permis à certains de nos sous-traitants de proposer sur ce marché des prix compétitifs. A partir du moment où ils ont été soumis par les donneurs d'ordres français à des méthodes de gestion aussi rigoureuses en France que dans l'ancienne RFA, ces sous-traitants se sont de mieux en mieux adaptés aux exigences de la clientèle allemande en ce qui concerne le respect des délais, des normes et des prescriptions. En retour, la réalisation dans des conditions satisfaisantes des commandes allemandes leur fournit des références qui facilitent la recherche d'autres débouchés, y compris sur le marché français. Il n'est pas surprenant que l'on ait recensé plus de 150 participants français à la section « sous-traitance » de la foire de Hanovre alors que 89 sous-traitants allemands étaient présents au MIDEST en 1989. A l'heure actuelle, et malgré la réunification, les perspectives de développement des exportations françaises de sous-traitance semblent encore favorables. Mais il faut prévoir que, dans les prochaines années, la disponibilité d'une grande partie de la main-d'œuvre qualifiée de l'Allemagne de l'Est favorisera la création dans l'ensemble réunifié d'entreprises de sous-traitance très concurrentielles, notamment dans le secteur des industries mécaniques. Les donneurs d'ordres de l'Allemagne occidentale s'efforceront d'utiliser leurs ressources d'autant plus volontiers qu'ils seront très fréquemment les actionnaires des sociétés exploitantes.

Les tentatives de pénétration sur le marché des Etats-Unis et sur celui du Canada sont généralement plus récentes ; leur ampleur est modeste, surtout si l'on considère l'importance des besoins dont la satisfaction par des sous-traitants européens paraît possible. Il n'est d'ailleurs pas question d'exporter sur l'ensemble des Etats-Unis. Selon la nature de leurs activités et les caractéristiques de leur outil de production, les sous-traitants français doivent concentrer leurs efforts sur l'une des six principales zones de concentration industrielle : région de New York, Nouvelle-Angleterre, région des grands lacs y compris Detroit, Chicago, Texas et Californie. Les services français d'expansion économique insistent vivement sur la nécessité d'effectuer ce choix dès que possible, pour mettre en place des moyens de prospection appropriés. Mais sa réalisation ne dis-

1. Cf. « Sous-traitance : comment percer en Allemagne ? », Daniel COUE, *L'Usine nouvelle*, 25 octobre 1990.

pense pas d'une adaptation aux exigences communes à la plupart des donneurs d'ordres américains : collecte systématique et traitement par l'informatique de toutes les données utiles, présentation d'un manuel de la gestion de la qualité très détaillé mettant en évidence les mesures préventives d'accidents, étendue des garanties offertes aux tiers, etc. Plusieurs entreprises de décolletage qui réalisent des produits à haute technicité ou s'orientent maintenant vers des fabrications complexes ont déjà retiré un bénéfice appréciable de la création de courants d'affaires aux Etats-Unis[2]. Leurs expériences semblent confirmer que le marché américain se prête bien à des efforts de prospection groupés. Les sociétés françaises doivent néanmoins s'efforcer de trouver des alliés locaux solidement établis, capables de créer avec elles des filiales communes ou de conclure des accords de fabrication. Les sous-traitants de l'industrie aéronautique ont tenté à plusieurs reprises de s'introduire sur le marché américain en utilisant les possibilités de compensation offertes par des achats d'appareils effectués aux Etats-Unis. Jusqu'à présent, les résultats de ces tentatives ont été rares et assez peu significatifs. Les audits effectués par les constructeurs américains n'ont pas été décourageants mais les consultations ont porté le plus souvent sur des opérations que les sous-traitants français ne pouvaient pas réaliser ou qui faisaient l'objet de propositions de prix jugés nettement trop basses.

III. Les perspectives ouvertes par l'unification européenne

Le développement du partenariat et l'achèvement de la construction européenne devraient avoir pour conséquence une augmentation rapide des transactions réalisées à l'intérieur de la Communauté. Mais il est difficile de préciser dès à présent les modalités de cet accroissement et de formuler des prévisions précises sur l'importance qu'il pourrait revêtir pour les différentes industries concernées.

Les industries productrices de biens intermédiaires seront soumises à une très forte pression, leurs recherches de débouchés devant s'étendre à l'ensemble du territoire communautaire ou même au plan mondial si elles ne se résignent pas à disparaître au profit de concurrents plus actifs. En particulier, les entreprises spécialisées dans des activités exigeant une haute technicité seront obligées de pratiquer une politique commerciale extrêmement dynamique, une division suffisante des risques ne pouvant être obtenue par les seules commandes d'origine nationale. De leur côté, en raison précisément de cette spécialisation, les donneurs d'ordres s'efforceront d'élargir la liste des partenaires à consulter pour une fabrication déterminée. Ils voudront faire en sorte que cette liste ne soit pas composée seulement de fournisseurs nationaux mais traduise bien

2. « Les décolleteurs à l'école de l'exportation », Michel DELEBERGHE, *L'Usine nouvelle*, 10 mars 1988.

l'état de la concurrence internationale. La généralisation de la sous-traitance de sous-ensembles, de la délégation de production ou de l'emploi de méthodes d'appel par l'aval va créer ou recréer des contraintes de proximité auxquelles ne pourront échapper la plupart des fabrications en grande série. Les partenaires principaux réalisant des sous-ensembles devront être en mesure, quelles que soient leurs nationalités d'origine, de s'implanter à proche distance des chaînes d'assemblage des constructeurs. Ils devront aussi, par leurs propres moyens ou grâce à l'aide de leurs donneurs d'ordres, organiser les liaisons nécessaires pour assurer en toutes circonstances leur approvisionnement en composants, que ceux-ci soient achetés dans le pays d'accueil ou proviennent de leurs pays d'origine.

Le partenariat devrait donc conduire à une intensification considérable des échanges internationaux, mais sous des formes complexes du type « exporter et s'exporter ». Il sera nécessaire d'assurer le financement des investissements à réaliser en conséquence. Leur coût pourra être élevé, même dans l'hypothèse d'une association avec des entreprises locales. De nouveaux problèmes de gestion des ressources humaines vont également se poser du fait de cette multiplication des implantations. On sait que les cadres moyens français ne sont qu'assez modérément tentés d'effectuer de longs séjours à l'étranger. Il n'est pas sûr qu'il soit facile de recruter de bons gestionnaires ayant la formation et l'expérience nécessaires pour prendre en charge la direction d'établissements de sous-traitance situés hors du territoire national et placés dans un environnement qui ne sera pas celui dont ils ont l'habitude.

Le développement des relations de sous-traitance intra-communautaires peut être dû aussi, dans une certaine mesure, à la formation de solidarités plus étroites entre les industries de certaines régions limitrophes. Une coopération très active a été déjà organisée, par exemple, entre les chambres de commerce et d'industrie du midi de la France et celles des régions espagnoles voisines. Elle a déjà à son actif un certain nombre de rapprochements fondés sur des complémentarités ou des possibilités de synergie. Un dispositif de coopération Sarre-Lorraine-Luxembourg est en train de se mettre en place. La mise en service du lien fixe trans-Manche devrait avoir pour conséquence une intensification notable des échanges franco-britanniques. Les entreprises de sous-traitance du Nord-Pas-de-Calais et de Picardie, peut-être aussi celles des régions de l'Ouest, semblent bien placées pour développer leurs activités sur le marché anglais.

IV. Le renforcement des structures exportatrices

Ces perspectives favorables ne doivent pas faire perdre de vue l'existence des obstacles qui s'opposent à l'engagement et à la poursuite par des entreprises aux moyens financiers limités de politiques orientées vers l'exportation. Pour prospecter d'une façon efficace en Allemagne, il faut prévoir un budget annuel de 600 000 à 1 million de francs, ce qui suppose un chiffre d'affaires d'au moins 20 MF, sauf en cas d'adhésion à un groupement d'exportateurs.

Avec l'accession de générations de dirigeants et de cadres ayant pour la plupart un niveau d'instruction plus élevé, on pourrait croire que l'obstacle de la langue est surmonté définitivement. En réalité, ce sont tous les membres du personnel concernés par le déroulement d'une activité exportatrice qui doivent acquérir une connaissance convenable du langage technique du pays importateur. Cette connaissance n'est pas requise seulement pour assurer une compréhension parfaite des spécifications et une bonne gestion de la qualité. Elle doit être possédée par les personnes appelées à tous les stades à entrer en rapport avec des collaborateurs du donneur d'ordres, depuis la mise au point du projet jusqu'au traitement des problèmes d'après-vente. Le développement des exportations réalisées en sous-traitance impose un effort considérable d'enseignement en langues étrangères. Au niveau de la formation permanente, des moyens mieux adaptés à ce type d'exigence devraient être créés.

La détection des opportunités reste une tâche difficile à assumer pour des entreprises dont les dirigeants ont peu de temps disponible.

Il ne faut pas sous-estimer l'importance de l'aide apportée par certaines organisations professionnelles et par les compagnies consulaires des régions à forte vocation exportatrice. Mais cette aide ne dispense pas les sous-traitants d'effectuer des séjours fréquents dans les pays prospectés, de participer à leurs salons spécialisés, de multiplier les occasions de contacts avec les donneurs d'ordres possibles. Quand ils sont sollicités, les services français d'expansion économique à l'étranger sont généralement en mesure d'apporter aux sous-traitants une assistance utile. Mais le souvenir de missions mal organisées ou composées d'une façon trop disparate a parfois laissé des traces et, dans l'intérêt même des industriels, le rôle des conseillers commerciaux doit rester discret. Il semble, en revanche, que les chambres de commerce françaises à l'étranger pourraient contribuer davantage dans beaucoup de pays à l'information sur les milieux industriels locaux et faciliter les premières prises de contact. Il faut aussi que les sous-traitants français désireux d'exporter prennent conscience de la nécessité d'être valablement représentés en fonction des usages du pays d'accueil. Ce qui implique, selon les cas, le recrutement d'agents locaux compétents ou l'installation sur place de représentants français capables d'opérer éventuellement pour le compte de plusieurs entreprises. Les membres de la petite et moyenne industrie ont à recruter et à former en plus grand nombre des agents technico-commerciaux. Ils en ont le plus grand besoin pour soutenir leurs efforts de prospection aussi bien sur le marché français que sur leurs marchés d'exportation. Cette condition ne sera satisfaite que si les organisations professionnelles et les pouvoirs publics prennent une conscience suffisante de l'importance de cet enjeu.

V. Les problèmes posés par le développement de la sous-traitance transnationale

La création du marché unique européen oblige à considérer avec attention des problèmes qui vont se poser sous un jour nouveau ou devenir plus graves. Jusqu'à présent, par exemple, l'hétérogénéité des situations propres aux différents pays de la CEE ne préoccupait guère les sous-traitants français. Il ne leur sera plus possible d'être indifférents, dans un marché unifié, à l'existence des décalages existant entre les régions de la Communauté où la sous-traitance industrielle accède aux plus hauts niveaux technologiques et celles qui en sont à un stade moins avancé. L'effet d'attirance que les régions de cette seconde catégorie peuvent subir ne semble pas encore suffisant pour que des formes de sous-traitance plus évoluées s'y développent sans aide extérieure, même si dans un pays tel que le Portugal les progrès enregistrés sont déjà remarquables[3]. Une politique de promotion sera nécessaire. Dans l'immédiat, les instances communautaires ont à tenir compte du fait que, dans plusieurs pays membres, la situation des industries de sous-traitance est proche de celle qui existait dans les pays les plus avancés vers 1960. Ceci peut justifier l'organisation de dispositifs d'assistance dont le modèle en France semble dépassé. On peut aussi considérer comme très probable l'établissement de relations de sous-traitance nouvelles entre les membres de la CEE et certains Etats extérieurs à celle-ci.

Du seul fait de l'agrandissement des dimensions des marchés potentiels, un accroissement du trafic de perfectionnement extra-communautaire est à prévoir. Une étude vient d'être effectuée récemment à ce sujet pour le compte de la direction générale 23 de la Commission des Communautés. Elle confirme que, jusqu'à présent, les industries les plus concernées par le développement de ce trafic sont celles de l'habillement et, dans une mesure nettement plus faible, les industries électrique et électronique[4]. La branche la plus touchée est celle de la confection. Le trafic de perfectionnement passif de la CEE représente en 1986 20 % de ses importations de provenance hors CEE et 32,17 % du montant de la sous-traitance de perfectionnement extra-communautaire. Cette sous-traitance est confiée principalement par la RFA et les Pays-Bas aux autres pays européens hors CEE (Yougoslavie notamment dans le cas de la RFA) et à certains pays en voie de développement. La France a pour partenaires principaux dans ce domaine la Tunisie et le Maroc. Plus généralement, on constate que la France, la RFA, la Belgique

3. Au Portugal, 12 % des 46 fournisseurs de RENAULT sont déjà classés en qualité A contre 35 % en France. Cf. Daniel COUE, « Les efforts récompensés des sous-traitants portugais », *L'Usine nouvelle*, 22 novembre 1990.

4. « Sous-traitance et intégration des processus productifs dans l'industrie européenne. » Rapport de recherche du LATAPSES (groupe des laboratoires du CNRS-Valbonne), mars 1989, publié dans le rapport d'étape 1989 de la Commission technique de la sous-traitance.

et les Pays-Bas constituent une zone où les relations de sous-traitance sont fortement intégrées. Cette zone joue elle-même le rôle de partenaire privilégié pour les autres pays industrialisés et pour les pays en voie de développement. A l'opposé, il existe une zone de l'Europe du Sud constituée par l'Espagne, le Portugal et la Grèce. Ces trois pays réalisent des opérations de sous-traitance orientées principalement vers l'Europe du Nord sans entretenir des relations entre eux. Le Royaume-Uni et l'Irlande constituent un ensemble ayant des caractéristiques originales dues à l'existence simultanée des relations établies avec les pays de l'Europe du Nord et des liens privilégiés existant avec les USA et le Canada.

Certaines industries de la Communauté supporteront peut-être avec difficulté les conséquences de deux événement qui vont probablement se produire dans un proche avenir : l'élargissement de la gamme des productions réalisées en sous-traitance dans les pays du sud de la CEE et la création de nouveaux courants d'échange avec les pays de l'Asie du Sud-Est. Il pourrait bien en résulter de nouvelles causes de discordance entre les Etats de la Communauté attachés à une libéralisation quasi totale du commerce international et ceux qui tiennent à conserver le droit d'utiliser des mécanismes de protection.

CHAPITRE XIX

SORTIR DE LA SOUS-TRAITANCE

A priori, il semble que la réalisation de produits dont l'entreprise aura le droit de revendiquer la conception est souvent le meilleur moyen d'assurer sa promotion lorsqu'elle ne peut plus améliorer sa position sur le marché en restant sous-traitante. Elle devrait alors se trouver dans une situation de moindre dépendance vis-à-vis des acheteurs puisqu'elle leur propose des solutions techniques dont elle prend l'entière responsabilité. Elle va incorporer davantage de matière grise dans ses productions et effectuer un travail qui devrait être en conséquence plus rémunérateur. Si cette entreprise réussit à produire des biens susceptibles d'être vendus sur catalogue à un grand nombre d'utilisateurs, elle parviendra en plus à mieux diversifier sa clientèle et répartir plus largement ses risques commerciaux.

En contrepartie, le fabricant concepteur supporte des charges de structure plus importantes. Il prend davantage de risques financiers. Etant dans tous les cas titulaire d'un contrat de vente et non plus d'entreprise, il ne peut pas se prévaloir vis-à-vis de son client d'une clause limitative de responsabilité, sauf si son contrat a été conclu entre professionnels de mêmes qualifications ou plus précisément de « compétences techniques équivalentes », cette expression étant celle utilisée par le projet de loi pour l'intégration dans le droit français de la directive européenne sur la responsabilité des fabricants, qui est en cours d'élaboration. En conséquence, il perd toute possibilité d'échapper aux réclamations des acheteurs finaux qui auraient à se plaindre de la manifestation de vices cachés.

La sortie « par le haut » de l'état de sous-traitant peut s'effectuer de deux façons. Elle peut être due au lancement sur le marché de produits que l'entreprise réalisera pour son propre compte sans destination spécifique. Il est possible qu'elle soit le résultat de l'accession au statut de fournisseur d'autres entreprises ou, pour la prise en charge de fonctions complètes, à la condition d'équipementier. Dans le premier cas, des problèmes de coexistence ne manqueront pas de se poser. Il faut essayer, en effet, de rendre compatibles le développement d'une activité génératrice de produits propres et la poursuite d'une activité de sous-traitance par un industriel qui, en règle générale, n'est pas en mesure d'abandonner immédiatement son ancienne clientèle. Dans le second cas, le sous-traitant, en devenant fournisseur, a plus de chances d'être traité en partenaire par ses principaux clients. Mais il doit réunir les ressources techniques et humaines nécessaires pour répondre à des demandes de solutions « clés en main ». Cette condition n'est pas toujours facile à remplir.

I. L'orientation vers les produits propres

Il est admis généralement qu'une entreprise qui, dans le cadre de son activité principale, est productrice de biens destinés à un marché final peut sans trop de difficultés exercer à titre secondaire une activité de sous-traitance. Il suffit qu'elle soit capable d'assurer avec continuité une bonne qualité de service à l'ensemble de sa clientèle. En revanche, l'idée qu'un sous-traitant ne peut pas perdre sans danger sa spécificité en s'engageant dans la réalisation de produits fabriqués pour son propre compte est encore très répandue. A notre avis, l'orientation vers les produits propres ne mérite d'être considérée ni comme une panacée, ni comme un péché contre l'esprit. Les échecs ou les réussites dont elle peut être la cause sont affaires de cas d'espèces.

De toute évidence, une entreprise spécialisée dans la production de biens intermédiaires ne peut pas devenir productrice de biens destinés à un marché final sans fournir de gros efforts d'adaptation. Elle va connaître des mutations qui risquent d'être pénibles, même pour une affaire en bonne santé. Or, il est fréquent que le recours à la solution « produits propres » s'inscrive dans l'une des stratégies de fuite en avant que les entreprises en difficulté ont tendance à pratiquer lorsque leurs dirigeants ne parviennent plus à maîtriser leurs problèmes de gestion. L'orientation vers les produits propres ne peut réussir, comme toute tentative de diversification, que si l'entreprise est capable d'en supporter le coût, si elle est assez forte financièrement et techniquement pour prendre les risques d'un changement de cap. Cette orientation ne dispense pas l'entrepreneur de porter remède aux faiblesses de sa gestion et, s'il y a lieu, de renforcer la structure de son bilan. Elle ne se justifie guère si les mesures permettant d'améliorer les résultats obtenus en restant exclusivement sous-traitant offrent, à coût égal, des perspectives aussi favorables et moins aléatoires. Mais il n'est pas certain que l'on puisse, au nom d'une rationalité pure et dure, considérer qu'un industriel commet une erreur impardonnable s'il tente sa chance à la roulette de l'innovation, dès lors qu'il prend des risques calculés sur un projet étudié soigneusement. La sous-traitance n'est pas une fin en soi. Mais le tremplin doit être bien assuré avant d'effectuer le saut à réaliser pour devenir fournisseur-concepteur.

Si le sous-traitant qui entreprend la fabrication de produits propres n'a pas intérêt à abandonner ses activités professionnelles antérieures, il risque de rencontrer des difficultés qui sont de trois ordres : commercial, technique et financier.

Il est communément admis que la gestion d'ateliers de sous-traitance ne nécessite pas les mêmes qualités que la conduite d'une entreprise présente sur le marché des produits finaux. Le temps n'est plus où le métier de sous-traitant paraissait avoir pour principal avantage de ne pas obliger celui qui l'exerçait à faire preuve d'astuce pour séduire ses clients. Sous-traitant ou vendeur de produits propres, le chef d'entreprise doit être maintenant dans tous les cas un bon négociateur sachant s'entourer éventuellement de commerciaux efficaces. Mais les conditions d'approche du marché, les règles du jeu de la négociation, la manière de traiter la clientèle ne sont pas tout à fait les mêmes. Il faut des qualités particulières pour vendre des produits de grande consommation ou de large utilisation dans un contexte très concurrentiel. Un tel élargissement de la vocation initiale, même s'il est fondé sur la valorisation d'un excellent savoir-faire technologique, peut devenir une aventure présomptueuse s'il ne conduit qu'au mélange des genres.

En toute hypothèse, le maintien des contacts avec les donneurs d'ordres actuels ou potentiels et l'animation d'un réseau de vente peuvent être difficilement assurés par une seule et même personne. Si la nature des produits s'y prête, il est possible de limiter l'ampleur de l'effort commercial en ne vendant qu'à un nombre réduit de distributeurs ou même à un client exclusif. Mais, pour une PME, c'est se trouver à nouveau en position d'infériorité vis-à-vis d'interlocuteurs beaucoup plus puissants. Dans certains cas, la commercialisation pourra être déléguée à un tiers, mais au prix d'un partage des résultats qui réduira d'autant les gains du producteur. Mieux vaut encore embaucher pour la vente des produits propres un collaborateur possédant les qualifications requises pour occuper une fonction de responsable commercial. Mais il faut évidemment que le courant d'affaires prévisible soit suffisant pour permettre la rémunération de ce responsable.

Une deuxième source de difficultés vient de la nécessité d'intégrer les fabrications de produits propres dans un ordonnancement où les opérations réalisées pour le compte des donneurs d'ordres sont prioritaires, car il est hors de question de ne pas respecter les délais fixés dans leurs contrats. Ces contraintes obligent l'entreprise à fabriquer sur stocks et à supporter les frais financiers correspondants. C'est seulement dans le cas où l'écoulement des produits propres est assuré par des contrats de livraisons échelonnés qu'il est possible de mettre sur le même plan des ordres de lancement concernant, les uns la fabrication de ces produits, les autres l'exécution de commandes extérieures. Toutefois, la solution de ce problème d'intégration se trouve facilitée lorsque ces commandes extérieures ont un caractère saisonnier ou laissent périodiquement des temps morts. En pareils cas, il est possible d'intercaler sans trop de difficultés les fabrications pour compte propre.

L'entreprise de sous-traitance qui s'efforce de développer une fabrication pour compte propre éprouve parfois de grosses difficultés à réunir les concours financiers nécessaires. Les organismes qui couvrent ses besoins habituels de financement ne sont pas enclins à l'aider dans ses efforts d'innovation. Ils peuvent même s'inquiéter de la voir consacrer une partie de ses ressources de trésorerie à des recherches et des mises au point dont le résultat est aléatoire. De leur côté, les organismes spécialisés dans le financement de l'innovation ne sont pas en état d'évaluer eux-mêmes les perspectives d'une entreprise dont l'équilibre financier dépend de la fidélité et de la solvabilité de ses donneurs d'ordres. Ces difficultés peuvent être palliées par la création d'une société distincte ; mais il faut alors pourvoir cette seconde entité de fonds propres suffisants pour qu'elle puisse acquérir une autonomie effective.

II. L'accès au statut de fournisseur ou d'équipementier

Dès lors que de nombreux preneurs d'ordres s'organisent pour produire des sous-ensembles ou même des ensembles complets, on pourrait s'attendre à ce que les exemples de franchissement de la frontière qui sépare les sous-traitants des fournisseurs ou des équipementiers se multiplient. En fait, il n'y a pas un empressement excessif de la part des preneurs d'ordres à se charger de la totalité d'une fonction en assumant eux-mêmes la conception des équipements correspondants. Plusieurs explications de ce manque d'audace apparent peuvent être proposées.

La première de ces explications réside dans la crainte de se voir conférer des responsabilités plus étendues et d'avoir à réparer tout dommage causé aux tiers par une défectuosité du produit sous prétexte qu'une erreur de conception aurait été commise ou que les conditions d'utilisation auraient été mal précisées.

En second lieu, il peut être fait état des difficultés non négligeables que rencontrent des entreprises de taille encore modeste pour s'intégrer dans les industries spécialisées dans l'équipement de véhicules ou d'engins aéronautiques. Pour tous les organes importants, des positions acquises sont fortement tenues par un petit nombre de groupes qui ont déjà atteint la dimension européenne ou même mondiale. Il est rare qu'une percée technologique permette de prendre place à côté de ces grands fournisseurs. La fourniture de composants conçus pour satisfaire d'autres besoins, notamment ceux des producteurs de biens d'équipement, ne présente peut-être-pas autant de difficultés. Encore faut-il que le sous-traitant désireux de prendre des brevets et de les exploiter soit capable de trouver des applications pratiques à un procédé réellement original et novateur.

Dans tous les cas d'accession au statut de fournisseur, l'obstacle principal consiste dans l'importance des investissements immatériels que nécessite l'offre d'un service complet, comprenant la conception du produit sur la base d'un cahier des charges fonctionnel. Il faut que l'entreprise soit à même de constituer un bureau d'études et de méthodes apte à répondre valablement aux consultations de la clientèle. Ce n'est pas seulement un problème de moyens financiers, bien que les charges d'investissement et de fonctionnement à supporter doivent être en rapport avec les possibilités de l'entreprise. Le renforcement du potentiel technologique, généralement indispensable, est subordonné au recrutement et à la bonne insertion d'un personnel très qualifié. Ces conditions ne peuvent être réunies que si l'entreprise offre aux techniciens qu'elle souhaite recruter de sérieuses garanties d'emploi et des perspectives attrayantes. Et il faut surtout que l'intégration de ses nouveaux collaborateurs puisse s'effectuer sans querelles de territoires.

En définitive, le franchissement de la frontière constitue un choix stratégique dont les implications techniques, commerciales, financières et humaines doivent être mesurées avec beaucoup de réalisme. Mais si les risques à courir ne paraissent pas excessifs, il ne faut pas hésiter à saisir des occasions dont rien ne prouve qu'elles se renouvelleront.

CHAPITRE XX

DEMANDER À L'ÉTAT, À L'EUROPE ET AUX RÉGIONS DES CHOSES RAISONNABLES

La réflexion sur l'évolution des relations de sous-traitance dans le secteur industriel à laquelle nous avons essayé de procéder ne saurait être close sans que soient évoquées les contributions possibles des pouvoirs publics à la construction d'une économie de partenariat. Le tour d'horizon effectué au chapitre VIII montre que le rôle de l'Etat en la matière a été très discret sauf aux Etats-Unis et au Japon, deux pays où il existait des raisons particulières de ne pas laisser totalement les sous-traitants à la merci des lois du marché. Dans les autres pays occidentaux, les pouvoirs publics se sont contentés de soutenir certaines initiatives de portée limitée. Leur objet est généralement d'améliorer la compétitivité des sous-traitants en les incitant à pratiquer des règles de bonne gestion et à se montrer plus actifs sur le plan commercial. La question de savoir si l'Etat pourrait jouer un rôle régulateur vis-à-vis du système de relations donneurs-preneurs d'ordres n'a pas été réellement posée. La loi française de 1975 ne prend pas en considération les problèmes propres à la sous-traitance industrielle. Elle se préoccupe seulement d'assurer des moyens de paiement aux PME et aux artisans qui effectuent des travaux immobiliers et, dans ce but, de rendre obligatoire la transparence des transactions réalisées par les professionnels du bâtiment et des travaux publics.

Il se trouve pourtant que, dans la nouvelle donne, l'Etat ne peut rester insensible à l'intérêt que présente l'extension du partenariat. Il peut en attendre, en effet, des changements dont le bénéfice devrait revenir à la collectivité tout entière. Mais dans la mesure où la médaille du partenariat peut aussi comporter des revers, il lui appartient de veiller à ce que ces changements renforcent la compétitivité générale de l'économie et n'aient pas des conséquences négatives pour les catégories de travailleurs concernées.

La marge de l'Etat est évidemment très restreinte. Il est exclu qu'il se comporte en *deus ex machina*. Il doit surtout agir par la persuasion et la concertation. Si la nécessité s'en fait sentir, il peut aussi envisager l'édiction de dispositions législatives ou réglementaires. Mais il lui faut faire preuve d'une très grande prudence. Non seulement il convient d'éviter que ces dispositions produisent des effets pervers ; mais il peut arriver que les pouvoirs publics se trouvent aussi dans l'obligation de ménager d'autres intérêts : ceux du grand commerce de détail, par exemple, s'il s'agit de provoquer une réduction des délais de paiement.

L'Etat national se doit également de définir son rôle par rapport à deux autres niveaux possibles d'intervention des pouvoirs publics. Le niveau communautaire devient progressivement celui où peuvent seules être prises les décisions d'importance majeure concernant l'environnement technique et juridique car elles conditionnent la naissance d'un marché unique européen de la sous-traitance. Le niveau régional est le plus propice à la mise en œuvre de politiques de valorisation favorisant le renforcement ou la création de pôles d'activités solidaires assurant une bonne insertion des PMI sous-traitantes dans leur milieu ambiant. Un problème de répartition des tâches et de coordination entre les trois niveaux va se poser. Il ne concerne pas seulement l'Etat. Les professionnels eux-mêmes ont à s'entendre sur ce qu'il est raisonnable de demander à chacune des trois catégories d'institutions auxquelles ils peuvent s'adresser.

I. Du rôle régulateur de l'Etat

En dehors même des considérations générales qui militent en faveur de la constitution d'une économie de partenariat, l'Etat a de multiples raisons de ne pas rester passif. La solution de nombreux problèmes de politique industrielle d'importance nationale ou régionale dépend, au moins en partie, de la création de réseaux de partenaires solidement organisés. Il suffit d'en citer trois exemples. Sur la base des prévisions actuelles, l'augmentation de la capacité de production de l'industrie aéronautique implique un accroissement encore plus considérable du recours à la sous-traitance. Mais il faut que les constructeurs puissent compter sur le concours de partenaires capables de réaliser dans leurs domaines de compétence des performances plus difficiles et que ces partenaires manifestent une plus grande aptitude à travailler sur le plan international. Des moyens financiers considérables sont à mobiliser en conséquence. De la même manière, le maintien des industries de la construction et de la réparation navales est subventionné à l'organisation sur les sites subsistants, et, en particulier sur celui de Saint-Nazaire, de groupements de sous-traitants équipés pour effectuer toutes les opérations de finition et d'acastillage imposées par l'achèvement ou la remise en état de paquebots et d'autres bateaux de haut de gamme. Pour la plupart, les unités de production installées en France par des industriels japonais resteront des « usines tournevis », quelles que soient les pressions exercées par les pouvoirs publics, si les investisseurs peuvent prétendre que, mis à part quelques cas exemplaires, la recherche de sous-traitants français capables de travailler selon les normes en vigueur au Japon ne donne pas les résultats escomptés. En pareil cas, la charge de la preuve ne peut qu'incomber au pays d'accueil. C'est à ses autorités qu'il appartiendra de démontrer que ces recherches n'ont pas été effectives ou n'ont pas été bien menées.

L'Etat peut donc légitimement accorder son soutien aux initiatives dont les auteurs se proposent d'organiser des actions tendant à créer un tissu industriel de qualité, condition du développement de toute stratégie fondée sur le partenariat. Le lancement de ces actions ne nécessite pas l'institution de procédures spécifiques. Il existe un ensemble de mesures adaptées aux besoins des PMI d'aide au conseil, de formation, d'investissements en technologies avancées. Il faudrait toutefois que ces mesures soient utilisées sur une plus vaste échelle et de manière plus cohérente car les industriels sont encore trop souvent exposés à des risques d'erreur d'aiguillage. Des accords cadres pourraient être conclus avec les sociétés donneuses d'ordres qui sont, en définitive, les principaux destinataires de ces programmes et paraissent en mesure de contribuer efficacement à leur réalisation.

C'est aussi par la voie contractuelle que l'accès des sous-traitants au bénéfice des commandes publiques pourrait être élargi. Il est hors de question d'instituer un dispositif d'intervention aussi lourd et systématique que celui en vigueur aux Etats-Unis. Et, de toute façon, il serait absurde de donner la préférence à une entreprise jouant seulement un rôle d'ensemblier sur une autre ayant un taux élevé d'intégration sous prétexte que l'effet de diffusion des commandes est meilleur dans le premier cas que dans le second. Mais il serait bon de s'inspirer du précédent créé par Electricité de France qui s'efforce pour la construction de chacune de ses centrales de réserver une part des travaux aux entreprises régionales qui sont aptes à répondre aux consultations avec l'assistance éventuelle des organismes consulaires. Les titulaires de marchés importants passés pour l'exécution de commandes publiques ou pour la réalisation de grands programmes d'investissement réalisés avec l'aide de l'Etat pourraient être invités à présenter des plans d'approvisionnement et à prendre des engagements concernant la création d'un dispositif de prospection approprié. Il n'en reste pas moins que les moyens incitatifs dont dispose l'Etat pour faciliter ou même susciter des rapprochements entre partenaires éventuels seraient d'une efficacité limitée si des efforts d'information, de formation et de sensibilisation n'étaient pas menés parallèlement en application du principe « le partenariat ne se décrète pas, il se propage ».

L'amélioration de l'appareil statistique est absolument nécessaire. L'enquête d'entreprise effectuée annuellement par le ministère de l'Industrie permet de connaître assez exactement, secteur par secteur, l'importance de la sous-traitance industrielle confiée par les donneurs d'ordres, malgré les sous-estimations dues au transfert trop rapide ou trop global de certains sous-traitants dans la catégorie « fournisseurs ». En revanche, l'absence de données précises concernant l'activité des sous-traitants oblige à s'en remettre aux organisations professionnelles lorsqu'il s'agit de mesurer l'impact économique des flux de sous-traitance. En toute hypothèse, il serait souhaitable que des enquêtes plus nombreuses soient réalisées ou confiées à des organismes de recherche sur les comportements des grandes entreprises. Si les pratiques en vigueur dans certains secteurs sont bien connues, il est beaucoup plus difficile de connaître dans d'autres l'état des rapports entre donneurs et preneurs d'ordres. Cette recherche d'informations serait d'autant plus utile qu'il convient d'assurer une très large diffusion aux enseignements tirés des expériences actuelles de partenariat. Les actions menées par des organismes comme la CDAF au niveau des responsables d'approvisionnement ou l'Association française de gestion industrielle au niveau des responsables des systèmes productifs montrent bien l'intérêt d'échanges de telles expériences. Le ministre chargé de l'Industrie pourrait les faciliter en diffusant notamment des documents de synthèse. Enfin, les recommandations du *Livre Blanc sur le Partenariat* qui concernent plus spécialement la formation des gestionnaires et des cadres commerciaux sont toujours actuelles. Il ne serait pas superflu d'attirer l'attention des dirigeants des grandes écoles commerciales, des principales écoles d'ingénieurs et des instituts d'administration des entreprises sur « l'opportunité de consacrer dans leurs programmes le temps nécessaire à une information sur la sous-traitance et à un exposé des méthodes utilisées pour les choix entre faire ou faire faire illustré par l'étude d'un cas de partenariat ».

D'une manière plus générale, il est permis de s'interroger sur l'opportunité de maintenir en vigueur le mécanisme de concertation institué en 1976 sous la forme d'une commission interministérielle permanente traitant de l'ensemble des problèmes relatifs à la sous-traitance. S'agissant de faciliter le développement du partenariat inter-entreprises, on peut penser que l'effort de concertation devrait être poursuivi dans un cadre élargi et mieux adapté, ce qui rendrait possible la participation de représentants d'autres catégories professionnelles et notamment des fournisseurs concepteurs puisque ceux-ci sont appelés à devenir les principaux bénéficiaires du statut de partenaire de premier rang.

Mais s'il s'agit seulement de faire aboutir des actions tendant à mieux adapter le contexte juridique et à faciliter le financement des entreprises de sous-traitance, il faut surtout faire en sorte que le point de vue des organismes représentatifs concernés soit effectivement pris en compte par les administrateurs et dans les enceintes compétentes *ratione materiae*. A défaut, il est à craindre que d'autres catégories professionnelles pèsent d'un poids excessif sur les décisions qui seront prises sur le plan français ou sur le plan communautaire.

L'existence au ministère chargé de l'Industrie d'un échelon spécifique reste justifiée si celui-ci est mis en mesure de remplir des missions d'information, de coordination et de contact avec les professionnels. Il devrait alors permettre aux pouvoirs publics d'adopter une ligne de conduite cohérente au lieu de laisser chaque administration agir dans une vue étroitement subordonnée à ses propres finalités.

II. Le dilemme « assistance » ou « promotion »

Il est peut-être trop simpliste de laisser aux pouvoirs publics le choix entre l'assistance aux sous-traitants et une véritable politique de promotion, c'est-à-dire entre la fourniture du poisson et l'apprentissage de l'art de pêcher. Cette opposition est trop manichéenne. Dans la pratique, il n'est pas facile de distinguer les actions qui semblent susceptibles d'entrer dans la catégorie « assistance » et celles qui méritent d'être classées dans une catégorie plus noble. La combinaison de l'assistance et de la promotion est parfois nécessaire, notamment quand il faut permettre à une petite entreprise de faire face à des difficultés immédiates tout en s'efforçant d'atténuer sa vulnérabilité par des mesures de redressement à plus long terme. Mais, c'est presque un lieu commun, l'assistance ne se légitime que si elle est temporaire. Il ne faut pas qu'elle fasse perdre à l'entreprise assistée ses défenses immunitaires en l'installant dans la situation d'un protégé permanent. Or, la tentation est forte de considérer que, du seul fait de leurs petites tailles, les entreprises de sous-traitance sont en majorité, tout comme les autres PME, dans un état de faiblesse congénitale. Ce qui est pourtant une opinion très répandue, tant il est facile de se persuader qu'un niveau initial modeste de culture générale et l'absence de formation théorique créent des obstacles irrémédiables à la mise en œuvre d'une stratégie rationnelle.

Pour ne citer que cet exemple, la manière la plus efficace d'assurer la protection des sous-traitants contre les risques de non-paiement paraît consister dans l'organisation d'une solidarité professionnelle, donc dans une mutualisation des risques. Certes, l'amélioration des moyens de protection juridique dont les sous-traitants devraient pouvoir bénéficier constitue un objectif tout à fait légitime. Mais ils ne peuvent en attendre que des résultats limités. En particulier, il serait équitable d'assouplir les dispositions qui restreignent le jeu des clauses de réserve de propriété. Mais, sauf modification peu probable du droit français, ces clauses conserveront un caractère facultatif et les acheteurs seront donc libres de ne pas les accepter. On peut aussi imaginer que des mesures soient prises pour rendre effective l'application de la loi de 1975 à la sous-traitance industrielle et, plus particulièrement, pour offrir des possibilités de recours aux sous-traitants de deuxième et troisième niveaux.

Mais ces recours n'auront lieu que dans les cas exceptionnels où les intéressés sont dans une position suffisamment forte pour faire valoir leurs droits. Quant à l'institution au profit des sous-traitants d'un privilège portant sur le montant des salaires versés à leur personnel, mesure préconisée par la CGPME, elle ne saurait avoir un caractère général. On voit mal une catégorie particulière d'entrepreneurs entrer en concurrence avec les créanciers privilégiés et, si elle devait obtenir satisfaction, porter une atteinte supplémentaire aux intérêts des autres créanciers. Tout au plus, pourrait-on envisager une mesure de portée très limitée en faveur des artisans car le prix de leurs prestations sert presque exclusivement à rémunérer leur propre travail et celui de leurs personnels.

Pour toutes ces raisons, il apparaît que les protections les plus efficaces seraient encore celles que les industriels eux-mêmes prendraient l'initiative d'organiser. Par exemple, en créant des systèmes de gestion collective des risques leur permettant en cas de difficulté temporaire d'obtenir l'intervention d'organismes de cautionnement. Des prêts ou des avances de dépannage, consentis à taux avantageux par ces organismes, pourraient, à titre exceptionnel, être bonifiés par l'Etat dans les zones où se poseraient de graves problèmes d'emploi, notamment du fait de la mise en liquidation d'une grande entreprise ou de la fermeture inattendue d'un gros établissement.

III. Actions de promotion et animation économique régionale

Pour des raisons qui sont maintenant évidentes, les actions de promotion destinées à fournir aux PME les moyens de s'adapter aux nouvelles exigences de l'économie industrielle ne peuvent être menées valablement qu'en jouant avec résolution la carte de la décentralisation.

Ce qui est vrai pour l'ensemble des PME l'est encore plus pour tous ceux des sous-traitants qui n'ont pas une véritable dimension nationale. Il est indispensable d'être près d'eux pour bien comprendre leurs préoccupations, pour être suffisamment attentif aux données particulières qui influent sur leurs stratégies, pour résister aux idées préconçues et aux préjugés qui conduisent à l'adoption de recommandations irréalistes. Il est difficile d'établir un dialogue franc et fécond à partir de centres de décisions parisiens ou par l'envoi en missions de sauvetage d'experts qui, si qualifiés soient-ils, seront considérés comme des beaux parleurs ou comme des inquisiteurs pour peu qu'ils posent des questions jugées incongrues ou indiscrètes. Cela ne signifie pas que tout ce qui vient de Paris ou d'une métropole relativement lointaine soit rejeté à l'avance ; mais le message passe mieux lorsqu'il est transmis par un interlocuteur qui bénéficie d'une certaine intégration dans le milieu local, même s'il n'a pas tout à fait réussi à vivre comme le poisson dans l'eau cher à Mao Tse Tung. Ce constat est valable aussi bien pour un représentant de l'Etat que pour un conseil en gestion et pour un collaborateur d'un organisme professionnel ou consulaire.

Au-delà de l'aide individuelle et ponctuelle, il semble que les services régionaux ou locaux de l'Etat, les collectivités territoriales et les autres responsables du développement économique devraient se fixer une priorité : la constitution ou le renforcement sur un certain nombre de bassins d'emploi ou de zones un peu plus étendues de réseaux d'entreprises participant au développement d'une même technologie ou de technologies très complémentaires. Ces entreprises devraient être réunies dans le cadre de structures permettant la pratique d'une semi-intégration. Le statut juridique de ces structures serait variable selon les cas ; elles pourraient même rester informelles. De nombreux exemples italiens, notamment celui de PRATO, espagnols et même allemands (une partie du Bade-Wurtemberg) témoignent de l'efficacité remarquable de ces formules d'organisation collective. Mais on peut citer plusieurs exemples français qui ne sont pas moins probants et dont certains ont été déjà mentionnés dans cet ouvrage. Le but recherché ne saurait être évidemment d'encourager la formation de noyaux d'entreprises fonctionnant en autarcie. Mais l'organisation des entreprises en communautés très structurées est nécessaire pour permettre la réunion des conditions propices à une gestion collective des approvisionnements et la concentration sur un espace restreint des différents services dont il faut disposer pour répondre aux attentes de la clientèle. En résumé, il s'agit de créer un « phénomène de place », ce qui devrait avoir pour première conséquence l'établissement de relations d'une meilleure qualité entre les participants successifs à un même cycle de production. La prise de conscience par les entrepreneurs de leur solidarité devrait donc dans une certaine mesure atténuer les tensions dues habituellement à la pratique de la soustraitance en chaîne. Dans ce cadre général, la constitution de « consortiums » à l'italienne sous la forme d'associations ou de groupements mériterait d'être encouragée par les pouvoirs publics, toutes précautions étant prises pour limiter les risques d'abus et pour faciliter éventuellement le recours à l'arbitrage en cas de difficultés.

Si elle se fixe des objectifs de cette nature, l'action des services publics de l'Etat ne peut être que déconcentrée. Il faut qu'elle puisse s'exercer avec la plus grande souplesse, sans critères et sans contraintes de procédure rigides. Les directions régionales de l'industrie, de la recherche et de l'environnement ont déjà soutenu un certain nombre d'initiatives qui relèvent directement de la notion d'animation économique régionale. En particulier, elles ont souvent contribué au lancement d'actions qui doivent permettre aux responsables des grands établissements industriels de leurs circonscriptions de s'impliquer dans des programmes de formation facilitant l'accès des PMI au partenariat. Dans ce domaine, le rôle de ces directions devrait être encore élargi. Mais cette tâche d'animation économique n'en incombe pas moins en priorité aux compagnies consulaires, aux unions professionnelles et aux organismes de promotion créés par les régions ou les départements. Etant observé que les syndicats nationaux de professionnels de la sous-traitance sont tenus, eux aussi, de mettre en œuvre des politiques de présence effective dans les régions où leurs industries sont fortement implantées. En toute hypothèse, il faut être conscient que les initiatives prises par des organisations ayant un caractère institutionnel ne peuvent pas produire des effets durables si les dirigeants des entreprises appelées à en bénéficier ne prennent pas eux-mêmes des responsabilités réelles dans la conduite des opérations. Ils sont les seuls à pouvoir effectuer en toute légitimité les choix décisifs. Ce sont eux qui se trouvent en situation pour fixer des objectifs ou pour accepter des risques d'échec. Ils ont certainement à tenir compte des propositions ou des mises en garde qui peuvent leur être présentées par les fournisseurs de concours financiers ou de soutiens logistiques. Mais en dernier ressort, il faut faire confiance à leur expérience de gestionnaires.

IV. L'extension possible des compétences communautaires

En vue d'apporter des réponses à l'ensemble des questions posées par l'unification du marché communautaire, la Commission a fait adopter le 26 septembre 1989 par le Conseil des ministres une résolution portant le numéro C 254/61 visant à favoriser le développement de la sous-traitance en Europe (cf. annexe VI). L'objectif recherché est, en premier lieu, « de veiller à ce que, dans le cadre du marché intérieur, un environnement tant juridique qu'économique favorable à la sous-traitance soit créé, surtout en ce qui concerne son développement transnational ». Il s'agit aussi « de contribuer à l'amélioration de l'information et de la communication entre donneurs d'ordres et sous-traitants des différentes régions de la Communauté ainsi qu'à la promotion de la sous-traitance et des relations de partenariat ».

Parmi les mesures qui tendent à créer un meilleur environnement, la Commission fait figurer en priorité les dispositions déjà programmées pour harmoniser les normes, la reconnaissance mutuelle des procédures de certification et d'essai, l'institution d'une structure européenne permettant d'organiser cette reconnaissance sur la base de critères communs. La Commission souhaite faciliter l'harmonisation des délais de paiement. Elle propose d'engager une réflexion approfondie sur ce point en concertation avec les autorités nationales et les milieux professionnels des Etats membres. Elle entend aussi faire examiner par un groupe d'experts les conséquences pour les entreprises de sous-traitance de la directive 85/374 concernant la responsabilité du fait des produits défectueux. Cette directive oblige, en effet, le sous-traitant à faire la preuve, en invoquant les spécifications et les formes de contrôle prévues par son contrat, que le défaut constaté est imputable à la conception du produit dans lequel la partie composante a été incorporée ou aux instructions données par le fabricant de ce produit.

Pour améliorer l'information et la communication, la Commission a prévu l'achèvement du travail d'élaboration des terminologies sectorielles multilingues entrepris depuis 1976 sous l'égide du bureau de rapprochement des entreprises. Elle se propose aussi d'orienter vers des applications spécifiques à la sous-traitance l'utilisation des réseaux déjà créés pour la recherche de partenaires au plan européen et de favoriser le développement coordonné de systèmes de transfert électronique des données.

Pour faciliter l'unification du marché des Douze, la Commission avait suggéré également la mise à l'étude de la création d'un centre européen d'information sur la sous-traitance. Cet organisme aurait eu de nombreuses missions. Il devait notamment fournir une information actualisée et facilement accessible sur l'environnement juridique, économique, institutionnel et technique de la sous-traitance dans les pays membres et les autres grands pays industrialisés. Il aurait eu à établir « une source centrale de référence » sur les capacités de sous-traitance transnationale. Toutefois, il est peu probable que des suites soient données à cette suggestion dans un proche avenir, tant sont fortes les oppositions de principe que la création d'une institution de caractère supra-national dans un tel domaine peut soulever de la part de certains Etats. En toute objectivité, on peut s'interroger sur l'utilité de mettre en place un dispositif opérationnel qui ne pourrait fonctionner sans qu'il en résultât une mise en tutelle des organismes de promotion nationaux. Il se trouve précisément que la plupart de ces organismes ont constitué au début de l'année 1990 sous le nom de RIOST un réseau international dont le rôle sera précisément de permettre une meilleure coordination de leurs activités et de développer entre eux des échanges d'information sans porter atteinte à leur autonomie.

En ce qui concerne la promotion de la sous-traitance, la Commission a proposé le lancement d'une série d'actions pilotes destinées à sensibiliser les donneurs d'ordres à la nécessité d'intégrer dans leur prospection et leurs négociations la notion de partenariat. Il s'agit plus spécialement de favoriser la confrontation des expériences au niveau communautaire. La Commission estime aussi qu'une double action devrait être entreprise dans le domaine des marchés publics. Il y aurait lieu, d'une part, d'améliorer l'information sur les opportunités potentielles de sous-traitance, d'autre part, de clarifier et préciser le statut juridique des sous-traitants. La résolution communautaire prévoit aussi le soutien par des moyens appropriés des entreprises de sous-traitance qui réalisent des efforts de modernisation et d'adaptation technologique. Il est également prévu que différentes initiatives pourraient être prises en vue de valoriser la sous-traitance européenne auprès des investisseurs étrangers et d'organiser sa promotion vers les pays tiers.

Il ressort de cet inventaire que l'action des pouvoirs publics communautaires est appelée à se développer dans deux directions.

D'une part, il est vraisemblable que l'on assistera à l'établissement progressif d'un droit européen de la sous-traitance ne se limitant pas à la suppression des entraves techniques et tendant à imposer l'harmonisation des pratiques suivies dans les pays membres. Dès à présent, le problème du crédit inter-entreprise ne peut plus être abordé sur le plan français sans tenir compte de l'ouverture éventuelle d'une concertation pouvant aboutir à un accord entre les Douze sur des règles de bonne conduite et sur la fixation, au moins à titre indicatif, de délais maxima de paiement. Pour les mêmes raisons, il n'est pas irréaliste de penser que le droit de la vente devra évoluer, notamment en ce qui concerne l'application du régime des clauses de réserve de propriété. Même si l'élaboration d'un droit supra-national n'est possible qu'à longue échéance.

D'autre part, les services compétents de la commission ne ménageront pas leurs efforts pour mener à bien les projets dont ils ont proposé la réalisation dans le cadre d'une politique de promotion communautaire. Parmi ces initiatives, beaucoup devraient être accueillies favorablement par les professionnels français car elles sont susceptibles d'améliorer la connaissance des besoins du marché européen, d'élargir les possibilités d'accès aux commandes publiques ou de favoriser les confrontations d'expériences. En revanche, le terrain choisi serait plus incertain s'il s'agissait, sous prétexte d'amplifier ou de coordonner des efforts nationaux, d'apporter des moyens financiers au lancement d'actions non justifiées de manière indiscutable par l'intérêt d'afficher une solidarité européenne.

En toute hypothèse, les organismes qui ont la charge de faire prendre en considération le point de vue des sous-traitants français ne peuvent plus se dispenser de jouer à Bruxelles un rôle de lobby. Ils se doivent, en effet, d'avoir des contacts suivis avec les différentes directions de la commission appelées à prendre des décisions importantes pour l'avenir des activités qu'ils représentent. S'ils ne prenaient pas conscience de cette nécessité, ils exposeraient leurs adhérents à de sérieux déboires.

CONCLUSION

Il serait tentant de tirer des conclusions plutôt optimistes des constatations que le développement actuel des relations de partenariat permet d'effectuer s'il ne fallait considérer qu'il soulève autant de problèmes qu'il en résout. Le changement est toutefois positif dans la mesure même où la solution de ces problèmes oblige à faire preuve d'un niveau d'intelligence plus élevé que celui dont il suffit d'être capable dans l'hypothèse d'une relation fondée sur la seule logique de l'échange marchand.

La logique du partenariat s'inspire en effet d'une nouvelle philosophie des rapports socio-économiques. Dictée par l'évolution technologique, cette philosophie bénéficie pour sa diffusion de tous les progrès de la communication. Elle crée des conditions propices à l'accroissement du nombre des agents aptes à prendre des initiatives stratégiques et, d'une certaine façon, à devenir réellement entrepreneurs dans leurs entreprises. Elle incite à l'adoption des nouveaux modes de production des biens et des services. La conséquence en est l'abandon progressif par les sociétés techniquement les plus avancées des principes de hiérarchisation et de division des tâches qui avaient rendu possible la production de masse. Il ne faut pas pour autant renier les vertus d'un taylorisme qui, entre autres mérites, a sauvé le monde libre en permettant la construction du *Liberty ships* par des ouvriers qui avaient appris leur métier de soudeur en moins de dix leçons. Il n'y a pas lieu non plus de prévoir que l'activité manufacturire échappera totalement aux contraintes imposées par la mesure des temps réels de production.

Le partenariat peut se définir comme l'application de cette philosophie aux rapports inter-entreprises. Il ne se réalise véritablement que dans la mesure où se crée une situation de recherche collective, où se déclenche un processus de mobilisation simultanée des capacités créatives. Ce qui suppose un accord sur des objectifs de développement bien définis et la fixation de règles de partage équitables.

Mais il est évident que, dans la pratique, il existe de nombreuses situations intermédiaires où l'on peut estimer qu'il y a seulement marche vers le partenariat. L'établissement de rapports contractuels durables ne supprime pas de son seul fait les risques de déséquilibre créés par l'inégalité des forces en présence. Il n'implique pas, tout au moins dans un premier stade, la mise en œuvre d'une coopération s'étendant à tous les domaines d'intérêt commun.

Mais, même s'il ne s'agit que d'un partenariat imparfait, les entreprises de sous-traitance qui accèdent à un nouveau statut en retirent de grands avantages. Elles sont placées dans une situation plus favorable pour affronter les aléas conjoncturels. Leur rentabilité doit s'améliorer considérablement en fonction des gains de productivité qu'elles seront en mesure de réaliser. Pouvant investir dans des conditions qui leur assurent une plus grande sécurité, elles voient s'offrir de nouvelles perspectives. En revanche, si ces entreprises sont moins exposées aux effets de domination et ne vivent plus en état de précarité, elles courent par le jeu des nouvelles contraintes de gestion des risques d'aliénation dont la gravité ne doit pas être sous-estimée. Ce qu'elles gagnent en efficience par la pratique de l'assurance de la qualité, l'organisation d'une production en flux tendus et l'assistance de l'ordinateur à la gestion, elles peuvent le perdre en grande partie en souplesse de fonctionnement et en créativité. Un alignement trop fidèle sur des modèles rigides, imposés de l'extérieur et conçus initialement pour de grandes organisations, a déjà coûté cher à certaines PMI. La possession d'un manuel volumineux de gestion de la qualité ou l'aptitude à gérer un système de type Kanban ne doivent pas devenir des alibis, comme ce fut le cas à l'époque pas si lointaine où la tenue d'une comptabilité analytique était considérée comme une garantie d'administration sérieuse. On ne saurait trop répéter qu'il est de l'intérêt bien compris des donneurs d'ordres de ne pas conférer un caractère abusif à leurs relations. En exigeant trop de leurs partenaires d'amont, ils ne peuvent que diminuer leur dynamisme et les mettre dans l'incapacité de diversifier leur clientèle.

Autre question qui mérite d'être posée : certains donneurs d'ordres ne vont-ils pas trop loin dans la mise en œuvre d'une politique qui tend à ne plus avoir comme partenaires que des fournisseurs assurant, dès la conception, la responsabilité exclusive des fonctions qui leur sont confiées ? L'élimination totale de la sous-traitance de premier niveau pourrait avoir pour conséquence la stérilisation de savoir-faire qui constituent une ressource précieuse, même s'ils sont détenus par des industriels qui ne sont pas en mesure d'effectuer le grand saut pour sortir sans délais de l'état de fabricant non concepteur.

En toute hypothèse, le partenariat ne peut plus être considéré autrement que comme un élément de la stratégie d'ensemble qui dicte à l'entreprise ses priorités et s'efforce de valoriser ses atouts. Or, l'un de ces atouts consiste précisément dans la qualité du réseau constitué aux confins de l'organisation par les fournisseurs, sous-traitants, prestataires de services, concessionnaires, distributeurs avec lesquels il existe des relations privilégiées. A telle enseigne qu'il pourrait être astucieux d'instituer la possibilité, en cas d'évaluation de l'entreprise, de faire figurer la valeur de ce réseau parmi ses éléments incorporels. Ce que suggère M. VIAL, directeur de l'Ecole supérieure d'approvisionnement.

Une telle intégration oblige à placer l'approvisionnement sur le même plan que les fonctions dont le caractère stratégique est incontesté. Cette nécessité n'est pas encore reconnue comme elle devrait l'être par la plupart des théoriciens du management. Que penser de cette recommandation de Peters qui conseille de traiter les vendeurs en champions sans se rendre compte que les résultats obtenus dans tout sport d'équipe doivent être attribués à l'ensemble du groupe ? Il est donc temps de convaincre les responsables d'enseignements techniques et commerciaux du plus haut niveau qu'il serait utile de réserver dans leurs programmes un minimum de place à la présentation de cas mettant en évidence les virtualités d'une politique de partenariat et l'effet novateur qui peut être attribué à la formation de réseaux composés des partenaires d'amont et d'aval les plus dignes de confiance. (Cf. *Livre Blanc sur le Partenariat*, p. 124 et 125.)

Le partenariat offre une chance aux entreprises de sous-traitance. Mais il est aussi un défi. On peut craindre que ses avantages soient réservés à une minorité d'heureux élus si l'impulsion qu'il donne en imposant à ses bénéficiaires de nouvelles manières de travailler ne se communique pas à l'ensemble des industries concernées. L'évolution des relations de sous-traitance va traduire un choix de société : extension du partenariat ou création d'une économie duale. Tel est le dilemme. Mais par l'extension du partenariat, il faut surtout entendre l'application généralisée de règles de conduite propres à faciliter la coopération et à supprimer les causes d'affrontement. La multiplication d'accords comportant des engagements à long terme ne paraît pas susceptible, dans le cas de trop fortes différences de taille, de constituer un objectif réaliste. Elle n'éliminerait pas *ipso facto* les risques de dualisme. De tels accords pourraient fort bien renforcer les obligations de soumission des plus petits, placés sous haute surveillance, aux exigences du grand frère.

Les petites et moyennes entreprises ne pourront pas se contenter, pour sortir du taylorisme, d'attendre que les grandes compagnies leur apportent une aide bienveillante ou intéressée. Certes, les nouvelles demandes du marché seront déterminantes pour provoquer le changement. Mais celui-ci doit être le fait de communautés de travail adoptant une conception plus large de leur rôle économique et de leur fonction sociale. S'il n'en était pas ainsi, la sous-traitance ne resterait qu'une solution de refuge : pour les chefs d'entreprises qui ne pourraient pas devenir des industriels à part entière ; pour les salariés qui devraient se résigner à former un prolétariat résiduel faute d'être assez instruits pour avoir d'autres ambitions.

Pour entrer dans l'ère de l'après-taylorisme, les industries composées pour l'essentiel de PMI sous-traitantes auront à effectuer une difficile conciliation. Elles devront s'adapter à une organisation de l'économie telle que les services offerts au client comptent plus que le produit-support. Il faut apporter un « plus » à tous les stades du processus productif. La piétaille ne peut devenir l'infanterie qu'en perdant l'image de simple exécutant. Or, il faut que cette mutation s'accomplisse sans que ces industries perdent leur spécificité, en sauvegardant leur identité. Car leur savoir-faire restera leur fonds de commerce, la justification de leur présence sur le marché. C'est la raison pour laquelle il y a bien défi. Pour pouvoir le relever, il faudra que les entreprises issues de l'actuelle sous-traitance apprennent à vivre dans la logique du XXIe siècle tout en conservant les bases culturelles qui font la force des industries de métier et en demeurant fidèles aux traditions du compagnonnage dont elles sont les héritières.

POSTFACE

Evolution générale de la conjoncture dans les industries de sous-traitance

La présente note, qui ne traite pas du cas des industries de l'habillement, ne fournit que des indications de tendance. Il n'est pas possible, en effet, d'évaluer dès à présent, même de façon approximative, les pertes de chiffres d'affaires que la récession aura occasionnées dans les industries de sous-traitance du travail des métaux, de la plasturgie et de l'électronique pour l'ensemble de l'année 1991.

Selon L'Usine nouvelle *(article de Daniel* COUÉ *et de Marie-Madeleine* SÈVE *du 16 mai 1991), l'année 1990 s'était soldée par une progression évaluée en francs courants à 4,5 %, ce qui correspond à un accroissement de 1 % en volume. Les résultats du premier semestre 1990 ayant été encore assez nettement positifs, on peut en conclure que le deuxième semestre était déjà en recul sensible.*

Bien entendu, les baisses d'activité sont plus ou moins importantes selon la nature des secteurs donneurs d'ordres et les sous-traitants qui ont su pratiquer à temps une politique de diversification commerciale paraissent moins touchés que les autres. Néanmoins les analyses sectorielles qui peuvent être effectuées confirment presque toutes l'ampleur de ce phénomène général de récession. Les sous-traitants de l'industrie automobile ont beaucoup souffert du ralentissement des ventes de véhicules et le cas des fournisseurs bretons de l'usine Citroën de Rennes qui emploient plusieurs dizaines de milliers de salariés semble particulièrement préoccupant. L'électronique souffre d'une crise qui a pris une dimension européenne, voire même mondiale. Ce qui se traduit par des rapatriements de travaux dans les ateliers des constructeurs et par le développement de la concurrence que certains d'entre eux font à leurs propres sous-traitants. Dans ce contexte, la mise en liquidation de Goupil, qui fait subir à ses sous-traitants un préjudice global évalué selon certaines estimations à 150 millions de francs, montre que nous n'avions pas tort d'attirer l'attention au chapitre XIII sur la fragilité financière de certaines entreprises du « quatrième type ». La sous-traitance aéronautique supporte encore à l'heure actuelle les conséquences de l'arrêt des commandes d'appareils consécutif à la crise du Golfe. Des jours sombres s'annoncent pour les entreprises de sous-traitance qui travaillaient dans une trop forte proportion pour le compte des industries d'armement. A une échelle plus modeste, mais non négligeable pour un département comme la Vendée, les difficultés rencontrées par les deux principaux constructeurs français de bateaux de plaisance atteignent de plein fouet une sous-traitance qui, tout en restant artisanale, emploie un personnel hautement qualifié. Enfin, la presse s'est fait largement l'écho des conséquences du dépôt de bilan de Sud-Marine. Plus de 120 entreprises spécialisées dans les travaux de réparation navale seraient touchées pour un montant d'impayés s'élevant à 27 millions de francs. Diverses mesures ont été prises par les pouvoirs publics pour leur venir en aide et pour empêcher qu'une véritable catastrophe ne se produise pour l'économie marseillaise. Mais leur survie n'en est pas moins menacée si le groupe Brazier, repreneur de Sud-Marine, n'obtient pas en temps utile des marchés susceptibles d'assurer la relève de ceux qui sont en cours d'achèvement.

Certains sous-traitants ont pu dans une mesure appréciable compenser les effets de l'affaiblissement de leurs activités sur le marché français par des prises de commandes sur le marché allemand où la réunification a entraîné un accroissement des achats de biens de consommation durables suffisamment important pour inciter les donneurs d'ordres à faire d'avantage appel aux fournisseurs d'autres pays. Reste à savoir s'il s'agit d'un phénomène temporaire ou si les nouveaux courants créés se stabiliseront.

L'enquête effectuée auprès des exposants au Midest 1990 montre que, malgré les difficultés conjoncturelles évoquées ci-dessus, de nombreux sous-traitants poursuivaient encore une politique active de renforcement de leurs potentiels. 40 % d'entre eux investissaient entre 10 et 20 % de leur chiffre d'affaires, 16 % de 20 à 40 % et 2,8 % dépassaient même 40 %. Deux entreprises sur trois avaient recours à la formation continue, 82 % des recrutements concernant toutefois des emplois qualifiés (CAP, bacs techniques, BTS, DUT principalement). Les efforts de modernisation réalisés au cours des années précédentes et les bons résultats enregistrés en 1989 permettaient à une forte proportion des industriels interrogés de réaliser des marges bénéficiaires relativement importantes : de 5 à 10 % dans plus d'un tiers des cas ; de 10 à 20 % dans 21 % et même de plus de 20 % pour le dixième de l'échantillon.

Chapitre II de la première partie - Les industries du vêtement

Selon les plus récentes statistiques du ministère de l'Industrie, le chiffre d'affaires des sous-traitants représente en 1989 près des deux tiers (63,1 %) de celui qui est réalisé par l'ensemble des entreprises du prêt-à-porter féminin au lieu de 35,3 % en 1980.

Chapitre IV de la première partie – Le problème du crédit interentreprises

M. Michel Prada, président du directoire du Crédit d'équipement des PME, a rendu public à la fin du mois de juin le rapport établi par le groupe d'experts qu'il avait constitué à la demande du CNPF et de la CGPME sur le problème des délais de paiement.

Ce rapport reconnaît que le développement actuel du crédit interentreprises avantage considérablement certains secteurs, notamment le commerce de détail et les matériels de transport automobile, mais qu'il en pénalise plusieurs autres et crée d'une manière générale un sérieux préjudice pour la majorité des PME. En particulier, il fragilise la situation « bilantielle » des entreprises qui, de son fait, enregistrent une hypertrophie de leurs postes « clients », ce qui accroît leurs besoins de fonds de roulement au détriment de leurs possibilités d'expansion. Le préjudice causé est d'autant plus grave que les études comparatives effectuées confirment que, calculés en nombre de jours de chiffre d'affaires, les délais constatés en France sont nettement supérieurs à ceux qui existent en Allemagne.

Le rapport n'en exclut pas moins l'intervention de toute mesure réglementaire. Il se refuse aussi à proposer un objectif de réduction des délais qui serait valable à titre général. Cette position de prudence a pour justification principale la gravité des conséquences qu'une telle obligation de réduction pourrait avoir pour les branches les plus bénéficiaires de la situation actuelle. Il est fait état, en outre, du risque de voir certaines entreprises prendre prétexte de la fixation de cet objectif pour augmenter des délais qui seraient encore inférieurs à la norme ainsi établie.

En conséquence, le rapport se prononce pour l'engagement de négociations particulières entre les branches professionnelles concernées. Leur suivi serait assuré par un organisme pluraliste. Ces négociations ne devraient pas seulement aboutir à la fixation d'un délai jugé acceptable en règle générale mais aussi clarifier les conditions de paiement, généraliser le paiement d'agios pour paiement tardif et la pratique de l'escompte pour paiement rapide, faciliter la tenue de statistiques permettant de constater les évolutions.

Il convient maintenant d'attendre les conclusions de la commission interministérielle qui s'est réunie parallèlement pour examiner les aspects administratifs du problème du crédit interentreprises. Cette commission devrait, pour donner suite aux propositions du rapport Prada, procéder à un aménagement du droit de la concurrence tel que les membres d'une même profession puissent inclure dans leurs conditions générales de vente les mêmes conditions de paiement sans se voir accusés d'avoir réalisé une entente. Ce qui était le cas jusqu'à présent, les conditions de paiement étant considérées comme un élément du prix. Mais surtout les professionnels attendent avec impatience qu'elle prenne position sur la suppression du décalage d'un mois en matière de TVA, considérée par le patronat comme le moyen de rendre moins sensibles pour ses bénéficiaires actuels les effets d'une réduction du volume du crédit interentreprises, et fasse des suggestions sur les moyens d'obliger les services de l'Etat et aussi ceux des collectivités locales à mieux respecter leurs propres délais de paiement.

Chapitre IV de la première partie – Sous-traitance et clauses de réserve de propriété

Le rapport Prada se prononce vigoureusement contre tout alignement du droit français sur le droit allemand qui, en règle générale, diffère le transfert du droit de propriété jusqu'au paiement intégral de la chose vendue. En revanche, il n'exclut pas que l'efficacité actuelle du système français des clauses de réserve du droit de propriété puisse être améliorée, mais sans des conditions qui ne portent pas préjudice aux droits des autres créanciers. Le groupe d'experts a enregistré, en effet, « les vives préoccupations de ses interlocuteurs devant une situation qui tend, au nom de la préservation de l'emploi (bien souvent à court terme), à banaliser le dépôt de bilan, à faire fi des revendications des fournisseurs et des banquiers et à permettre aux repreneurs, dont les plans ne sont jamais assortis de clauses de retour à meilleure fortune, de bénéficier de conditions qui contribuent à désorganiser le fonctionnement du marché ».

Chapitre II de la deuxième partie – Expositions montrant le savoir-faire des sous-traitants

Selon les derniers chiffres annoncés par ses organisateurs, le Midest 1991 accueillera plus de 2 750 exposants sur une surface d'environ 38 500 mètres carrés.

Par ailleurs, du 28 au 31 mai 1991, un salon interrégional dénommé Alliance s'est tenu à Lyon dans le parc d'Eurexpo. Il a réuni 527 exposants sur une surface de 12 000 mètres carrés. La société Sepel, gestionnaire de ce parc, et les autres organismes qui ont contribué au lancement de cette manifestation ont décidé de la renouveler en 1992.

Annexes

I La sous-traitance de services

II La sous-traitance dans le secteur de la construction (note du Syndicat national du béton armé et des techniques industrialisées)

III Loi n° 75-1334 du 31 décembre 1975 relative à la sous-traitance (modifiée par la loi n° 81-1 du 2 janvier 1981)

IV Les aides publiques susceptibles de faciliter l'accès des PMI aux technologies et aux techniques de gestion récentes

V Extrait de *Market Power Train* par Gordon Brace et Anne Gibbons

VI Résolution du Conseil des Communautés européennes du 26 septembre 1989 relative au développement de la sous-traitance

ANNEXE I

LA SOUS-TRAITANCE DE SERVICES

La sous-traitance de services correspond à des tâches qui ne sont pas directement liées à la production mais concourent au résultat économique général, dont l'exécution est confiée à des tiers : comptabilité, travaux informatiques, gardiennage, études et recherches dont le résultat ne s'incorpore pas à des produits déterminés, etc.

En ce qui concerne les achats de services des entreprises industrielles de 100 salariés et plus, l'enquête annuelle d'entreprises du ministère de l'Industrie permet d'aboutir à une estimation globale de 25,9 milliards de francs. Mais la maintenance, le nettoyage et l'entretien ne figurent pas sur la liste des services pris en compte dans l'enquête annuelle car, en cas de sous-traitance, les paiements effectués à des entreprises extérieures ne donnent pas lieu à imputation aux comptes 604, 605 ou 611. En conséquence, le marché de la sous-traitance de services, sur lequel les grandes entreprises industrielles sont aussi très souvent de grands donneurs d'ordres, représente un volume d'affaires beaucoup plus considérable.

A lui seul, le marché de la restauration collective, dont trois entreprises de très grande taille détiennent près des trois quarts, est évalué à 20 milliards de francs. La maintenance industrielle sous-traitée est évaluée à 35 milliards. Le nettoyage industriel tend également, en Europe, à devenir l'apanage de plusieurs grands groupes dont le plus important, le danois ISS, emploie 83 000 salariés dont 25 000 en France[1].

Sur les marchés où prédominent des preneurs d'ordres ayant une pareille taille, le problème du partenariat ne se pose pas dans les mêmes termes que dans le cas de la sous-traitance industrielle. Mais les exigences de qualité et d'adaptabilité sont tout aussi fortes. La coopération qui doit être organisée entre le partenaire et le bénéficiaire du service sous-traité prend donc nécessairement un caractère structurel. C'est ainsi que la Cellulose du pin, premier producteur européen de papier kraft, a

1. Elisabeth RICHARD, « Faire ou faire faire », *L'Usine nouvelle*, 13 septembre 1990.

réuni 25 prestataires de services dans un groupement d'intérêt économique.

Les sous-traitants de la raffinerie Shell de l'Etang de Berre bénéficient de contrats de trois ans assortis d'obligations de résultats en matière de sécurité et de qualité[2].

2. C. Malary, « Maintenance industrielle : jusqu'où la sous-traiter ? », *L'Usine nouvelle*, 8 novembre 1990.

ANNEXE II

LA SOUS-TRAITANCE DANS LE SECTEUR DE LA CONSTRUCTION

(Note du Syndicat national du béton armé et des techniques industrialisées)

L'état de la sous-traitance

La sous-traitance est devenue dans le secteur de la construction un phénomène important, tant par sa dimension que par les situations relationnelles qu'il engendre.

Son développement est-il plus ou moins significatif dans ce secteur que dans celui de l'industrie ? La comparaison ne s'impose pas. Au demeurant nous ne disposons pas d'éléments chiffrés. Il reste que ce développement est un fait constant ces dernières décennies, qu'il se généralise et se poursuit dans le cadre d'une évolution économique irréversible.

Les raisons ont souvent été analysées allant de la spécialisation croissante pour les uns à la recherche d'une plus grande souplesse d'exploitation pour les autres. Il n'y a pas lieu d'y revenir ici.

La sous-traitance se manifeste classiquement dans la construction en sous-traitance de capacité et sous-traitance de spécialité. Il semble que la seconde prédomine, en volume, sur la première. Le développement de l'entreprise générale y contribue. Encore faudrait-il distinguer le bâtiment et les travaux publics. Le nombre plus élevé des spécialités qui concourent à la réalisation des ouvrages dans le premier domaine, de même que les conditions de leurs marchés respectifs, en sont probablement l'explication. En outre, il conviendrait de s'entendre sur la notion de spécialité.

Quelques chiffres peuvent illustrer un bref état des lieux.

Pourcentage de travaux confiés en sous-traitance

Selon l'activité de l'entreprise

TP	Gros œuvre	second œuvre technique	second œuvre manuel	ensemble
7,8	17,7	8,9	9,2	13,6

Selon la tranche d'effectif salarié

– de 11 sal.	11 à 49 sal.	50 à 199 sal.	200 à 499 sal.	+ de 500 sal.
12,6	13,3	12,9	19,8	18,9

Selon la nature de l'ouvrage principalement réalisé

Maison individuelle	Logement collectif	Bâtiment ancien	TP	Ensemble
21,9	19,9	11,1	7,9	13,6

Pourcentage de travaux reçus en sous-traitance

Selon l'activité de l'entreprise

TP	Gros œuvre	second œuvre technique	second œuvre manuel	ensemble
10,3	8,4	13,6	23,6	13,1

Selon la tranche d'effectif salarié

– de 11 sal.	11 à 49 sal.	50 à 199 sal.	200 à 499 sal.	+ de 500 sal.	ensemble
14,3	12,1	13,1	8,7	11,5	13,1

Selon la nature de l'ouvrage principalement réalisé

Maison individuelle	Logement collectif	Bâtiment ancien	TP	Ensemble
13,8	15,4	9,5	14,0	13,1

Pourcentage de sous-traitance confiée dans la même spécialité

TP	Gros œuvre	second œuvre technique	second œuvre manuel	ensemble
56,0	48,7	62,6	75,1	60,3

Les chiffres du dernier tableau semblent contredire l'appréciation, de caractère intuitif, formulée plus haut et attribuant une prédominance à la sous-traitance de spécialité sur celle de capacité. C'est la notion de spécialité par rapport aux grandes divisions retenues dans ce tableau qui est en cause.

Quelques exemples de pratiques courantes peuvent contribuer à éclairer cette ambiguïté :

– *En gros œuvre :*

Dans les chantiers d'une certaine importance, les chapes autrefois exécutées par le maçon sont aujourd'hui confiées à des chapistes.

Les cloisons qu'il exécutait traditionnellement sont elles aussi sous-traitées après avoir changé de nature.

Les entreprises de charpente métallique confient à d'autres le montage des éléments qu'elles ont fabriquées dans leurs ateliers.

(Déjà apparaissent avec ces trois premiers exemples des motifs différents d'utilisation de la sous-traitance.)

– *En second œuvre technique :*

Les entreprises de génie climatique sous-traitent généralement le façonnage des gaines.

– *En second œuvre manuel :*

Les entreprises de peinture sous-traitent souvent l'exécution des fonds ou la pose des papiers de tentures.

Dans les trois cas a-t-on assisté à la naissance de spécialités ?

La sous-traitance est désormais un paramètre fondamental du marché de la construction. Au-delà des cas d'espèce cités, certains signes l'attestent. Il en est ainsi de démarches d'organisation commerciale au sein même de la sous-traitance. On peut observer en second œuvre manuel notamment des actions commerciales conduites par des entités uniques représentant plusieurs sous-traitants de même spécialité regroupés dont elles offrent les services aux entreprises principales et les négocient.

Les problèmes

Il serait vain de les ignorer. Le fait même du développement de la sous-traitance dans l'économie moderne et l'importance qu'elle y a prise obligent au contraire à les bien connaître pour apporter les bonnes solutions à ces problèmes.

Ils sont de deux natures :

– situation de dépendance des sous-traitants ;

– risques financiers liés à l'éventuelle défaillance des entreprises principales.

De fait ces problèmes n'ont rien d'original. Ils sont ceux que comportent les relations commerciales courantes entre donneurs et receveurs d'ordres quels qu'ils soient.

Comment se fait-il dans ces conditions qu'ils aient souvent été vécus dans la construction et tout spécialement dans le bâtiment de manière quasi passionnelle du moins au sein des organisations professionnelles ?

Pour l'expliquer il est commode de sérier ces problèmes en fonction du contexte général commun à toutes les industries d'une part et du contexte de l'industrie de la construction d'autre part ;

– le contexte général qui préside aux relations commerciales est un contexte de rapports de forces dans lesquels le donneur d'ordres est dans la majorité des cas le mieux placé. Il n'y a pas lieu ici de développer ce sujet sauf à rappeler que les abus de position altèrent ces relations et si ils sont d'emblée préjudiciables aux receveurs ils le deviennent à terme aux donneurs d'ordres eux-mêmes ;

– l'industrie de la construction présente des spécificités dont certaines sont susceptibles d'exacerber les problèmes.

En premier lieu, les relations entre acteurs et les structures de décision qui en découlent s'inscrivent dans une trilogie, maîtrise d'ouvrage, maîtrise d'œuvre, entreprise. Une sorte d'empilage décisionnel en résulte avec des effets de répercussion en chaîne.

En outre, le mode d'attribution des marchés dit « au moins disant » grève dès le départ de ces relations.

Enfin l'acte de construire est précaire dans son objet, dans l'espace et dans le temps.

L'objet à construire n'est pas défini dans toutes ses dimensions lorsque l'entreprise s'engage par contrat à le réaliser. Quant aux conditions extérieures de la réalisation, du climat aux contraintes administratives locales, elles demeurent très incertaines à ce stade. L'entreprise est confrontée à la plupart d'entre elles au fur et à mesure de l'avancement de ses travaux.

L'entreprise est nomade d'un chantier à l'autre, chacun ne durant qu'un temps généralement court. A chaque fois l'ouvrage qu'elle doit construire dans un lieu qui lui est assigné est différent et le moment même où elle aura à ouvrir son chantier est incertain lors de son engagement.

Le droit a, de longue date, pris acte de cette situation particulière. Les contrats ou marchés de construction sont des contrats de louage d'ouvrage et non des contrats de vente comme le plus souvent dans l'industrie. Dans le contrat de vente, le vendeur s'oblige à livrer une chose et l'acheteur à en payer le prix alors que dans le contrat de louage d'ouvrage l'entrepreneur s'engage à exécuter (dans le futur) des travaux. Chacun de ces deux contrats est régi par des règles de droit différentes notamment au plan des responsabilités.

En un mot, l'entreprise de construction ne maîtrise pas toutes les données de son activité et la précarité du contrat risque d'en renouveler sans cesse la négociation.

Ce n'est pas une fatalité et les solutions existent, notamment au niveau des procédures de dévolution des contrats, pour améliorer la situation mais les spécificités de la construction font que la maîtrise des opérations y est plus difficile à atteindre que dans d'autres secteurs.

Cependant telle qu'elle est, cette situation n'est pas sans conséquences sur les conditions dans lesquelles s'exerce la sous-traitance.

Certes elle se présente ainsi, et au premier chef pour l'entrepreneur principal, mais lorsqu'une réalisation ne s'effectue pas sous les meilleurs auspices la situation a tendance à se dégrader plutôt qu'à s'améliorer le long d'une chaîne de sous-traitance et la position de force d'un entrepreneur donneur d'ordres y est d'autant plus ressentie. C'est tout particulièrement le cas lorsque la définition de « l'objet » à réaliser est trop aléatoire, cas qui se présente trop fréquemment dans le secteur de la construction.

Au-delà de ces raisons, quasi techniques, et de leur logique on se doit de noter une réaction plus spontanée d'une majorité de sous-traitants. Ceux-ci marquent souvent une préférence à traiter directement avec le maître de l'ouvrage plutôt qu'avec une entreprise principale.

Cette préférence traduit-elle les réticences traditionnelles face à une évolution, le refus de changer des habitudes solidement installées ? Certaines entreprises pensent-elles trouver avantage à négocier avec le maître de l'ouvrage ou son maître d'œuvre plutôt qu'avec leurs pairs ? L'introspection n'est pas d'un haut intérêt en cette matière mais il est nécessaire de prendre acte de l'état des choses et de rechercher les voies et moyens permettant d'améliorer les rapports de sous-traitance pour une efficacité accrue de l'acte de construire.

Restent les risques financiers.

On peut se demander pourquoi la défaillance d'un donneur d'ordres soulève plus de problèmes pour un sous-traitant que pour n'importe quel fournisseur. Sans doute les sous-traitants sont-ils en moyenne de taille plus réduite que les fournisseurs et partant plus fragiles notamment dans le domaine de la construction. Dans ce domaine, mais ceci est à confirmer par les statistiques, les défaillances d'entreprises – donc d'entreprises principales – sont vraisemblablement plus fréquentes que dans d'autres eu égard à des spécificités dont quelques-unes ont été rappelées plus haut.

S'agissant de sous-traitance, un cas particulier mais important d'entreprise principale doit enfin être abordé, celui de l'entreprise générale.

L'entreprise générale sous-traite l'exécution de toutes les spécialités à l'exception de la sienne propre qui est, de fait, le plus souvent le gros œuvre. Il n'est d'ailleurs pas exclu que le gros œuvre le soit également en partie voire en totalité, la fonction de l'entreprise générale étant d'assurer au maître de l'ouvrage la livraison de celui-ci aux termes du contrat qui les lie à cette fin d'en organiser et d'en diriger la réalisation en toute responsabilité du résultat. La réalisation comprend selon les cas une part plus ou moins étendue de conception et dans certains cas d'espèce la totalité de celle-ci. Des formes diversement développées d'entreprise générale sont ainsi pratiquées.

De ce fait l'entreprise générale cristallise autour de son activité l'ensemble des problèmes de sous-traitance et son développement ces deux dernières décennies lui a souvent donné la vedette dans les débats voire les conflits issus des problèmes de la sous-traitance.

Ce développement n'est pas simplement conjoncturel. Il répond en effet :

– aux besoins d'une part croissante de clientèle qui attend de l'entreprise générale un meilleur management et une garantie d'ensemble sur le coût et la qualité de l'ouvrage voire dans certaines formes évoluées sur sa maintenance ultérieure ;

– à des nécessités techniques liées à l'utilisation optimale d'outils modernes tout particulièrement l'informatique pour le traitement des données, la gestion de la qualité et son dérivé l'assurance de la qualité pour une réponse exacte aux exigences contractuelles et pour une gestion performante des opérations. Les performances potentielles de tels outils ne s'obtiennent qu'en traitant l'ensemble des données d'une réalisation dans une approche aussi globale que possible.

Pour l'entreprise générale, persuadée et consciente de son avenir, une « pratique équilibrée » de la sous-traitance doit rester un thème majeur de préoccupation et de progrès.

Les solutions

La voie législative et réglementaire

Dans un pays de droit écrit où le citoyen a une tendance ancestrale à se tourner vers l'État pour solutionner ses problèmes et tout particulièrement pour chercher protection il eût été étonnant que cette voie reste inutilisée.

Dès 1973 un décret du 14 mars modifiant le code des marchés publics comportait des « dispositions relatives aux sous-traitants ».

Le paiement direct du sous-traitant par le maître de l'ouvrage faisait partie de ces dispositions mais celles-ci étaient telles qu'il n'était pas obligatoire. Leur efficacité est restée à la mesure de leur caractère facultatif.

La loi 75-1334 du 31 décembre 1975 relative à la sous-traitance (modifiée par la loi 81-1 du 2 janvier 1981 et complétée par la loi 84-46 du 24 janvier 1984) a au contraire profondément marqué les procédures d'évolution et d'exécution des contrats de sous-traitance.

Le but premier de cette loi était de protéger les sous-traitants des conséquences financières de défaillances d'entreprises principales. Le dépôt de bilan de quelques entreprises importantes avait joué un rôle de catalyseur dans un climat déjà fort revendicatif.

D'autres aspects de la loi tendent à établir une certaine transparence d'éléments du contrat de sous-traitance vis-à-vis du maître de l'ouvrage. Le législateur pensait que celui-ci pourrait alors jouer un rôle pondérateur et serait susceptible de réduire les éventuels abus de position d'entreprises principales.

Nous rappellerons sommairement quelques points importants de cette loi :

– elle s'applique à toute la sous-traitance. Le décret de 73 n'intéressait que la sous-traitance pratiquée dans le cadre des marchés publics ;

– les sous-traités relevant du titre II de la loi (approximativement le domaine des marchés publics) sont soumis au régime du paiement direct du sous-traitant par le maître de l'ouvrage (le sous-traitant est ainsi assuré du paiement) ;

– les sous-traités relevant du titre III de la loi (approximativement le domaine des marchés privés) sont soumis au régime de l'action directe qui comporte outre le droit d'action directe du sous-traitant contre le maître de l'ouvrage l'obligation pour l'entrepreneur principal de délivrer au sous-traitant une caution de paiement lorsque n'intervient pas une délégation de paiement du maître de l'ouvrage au sous-traitant par l'entrepreneur principal (le sous-traitant obtient ainsi de bonnes garanties d'être payé) ;

– la loi est d'ordre public (toute dérogation convenue entre les parties est réputée non écrite).

Cette loi comme indiqué plus haut s'applique à toute la sous-traitance et le secteur de l'industrie se trouve ainsi concerné – théoriquement – au même titre que celui de la construction.

Dans les faits ce dernier en a seul connu une application sérieuse. Il faut convenir que la loi avait été votée sous les pressions des sous-traitants de ce seul domaine affecté par les dépôts de bilan déjà évoqués. On remarquera que le législateur sans doute influencé par cette situation s'est référé à une terminologie qui lui est propre en utilisant le terme de maître de l'ouvrage.

La loi a donc pris dans la construction une importance qui justifie quelques informations et réflexions spécifiques :

– En dépit d'une certaine brièveté la loi est d'utilisation complexe.

La mise en application de certaines prescriptions comme celles du paiement direct a été laborieuse nécessitant l'apprentissage des parties, en particulier des maîtres de l'ouvrage qui n'appréciaient pas toujours un surcroît de travail et de responsabilité.

Par ailleurs, toutes les entreprises principales n'étaient pas en mesure de répondre à des obligations comme celle de délivrer des cautions de paiement aux sous-traitants. Les banques elles-mêmes n'étaient pas disposées à les délivrer d'une manière généralisée.

– Les conditions de l'application ne se sont précisées que progressivement et dix à quinze années de jurisprudence n'ont pas été de trop pour y parvenir et pour que les parties prenantes connaissent bien leurs obligations et les risques qu'elles encourent à ne pas les remplir. Encore sur ce dernier point reste-t-il des zones d'ombre.

– Malgré ces difficultés, les organisations représentatives des parties prenantes, que leurs membres soient bénéficiaires de la loi ou soumis à ses obligations, ont prôné une stricte application et œuvré pour rendre celle-ci plus aisée voire possible selon les cas.

Individuellement les entreprises principales n'ont pris conscience que plus progressivement d'une telle nécessité.

– Néanmoins la loi est aujourd'hui appliquée dans le secteur de la construction, dans une proportion tout à fait significative et nombre d'entreprises sous-traitantes peuvent se féliciter de la protection qu'elle leur a apportée.

Globalement les appréciations suivantes peuvent être portées :

Dans les marchés de l'Etat la loi est appliquée (paiement direct).

Dans ceux des collectivités locales elle l'a toujours été à un degré moindre mais qui a constamment progressé, ces collectivités prenant peu à peu connaissance et conscience de leurs obligations et des risques qu'elles encourent elles-mêmes en tant que maîtres de l'ouvrage lorsqu'elles ne les respectent pas.

Dans les marchés privés la situation est moins avancée. Si l'acceptation des sous-traitants par le maître de l'ouvrage est souvent acquise la délivrance des cautions de paiement l'est dans une proportion relativement faible.

– « Ce sont les plus grosses entreprises donneuses d'ordres qui respectent le plus scrupuleusement la législation de la sous-traitance. »[1] A l'inverse, cette législation est souvent méconnue dans les sous-traitances au deuxième degré... et aux degrés suivants (sous-traitance dite en chaîne).

– L'« enquête quantitative sur la sous-traitance »[2] permet d'évaluer des taux de respect de la loi dans divers secteurs de son application. Deux exemples :

Environ 65 % des entreprises principales déclarent avoir fait accepter leurs sous-traitants par les maîtres de l'ouvrage dans plus de 75 % des cas. Ce chiffre est corroboré à 3 points près par les déclarations des sous-traitants.

La caution de paiement est fournie et matérialisée par un certificat de banque pour 32 % d'entreprises dans 75 % des cas. En outre, pour un pourcentage plus faible d'entreprises, elle est mentionnée au contrat de sous-traitance. Elle s'appuie dans ce cas sur un accord passé entre l'entreprise principale et une banque, celle-ci accordant à celle-là une garantie à l'année pour l'ensemble du chiffre d'affaires qu'elle sous-traite et lui déclare globalement.

1. Les tableaux ci-dessus sont extraits d'une étude réalisée par la DAEI à la demande de la Commission technique de la sous-traitance et publiée en juin 1989.
2. Extrait de l'étude DAEI déjà citée.

La voie du partenariat

Présenté comme un nouveau style de relations entre donneur et receveur d'ordres le partenariat est d'actualité dans l'industrie. Il y présente sans doute des aspects diversifiés selon les types d'accords passés entre les donneurs d'ordres généralement de grande taille et leurs sous-traitants.

Pour l'évoquer dans le domaine de la construction on en retiendra quelques caractéristiques :

– des contrats conclus dans un esprit d'équilibre exprimant un échange des potentiels entre professionnels compétents dans un but de complémentarité ;

– dans les relations, une confiance basée sur une connaissance réciproque et une rigueur assurée mais sujette à contrôle ;

– une collaboration établie dans la durée, condition de la connaissance réciproque et de la confiance ;

– l'acceptation par le « partenaire » de risques qu'il n'avait pas à connaître en tant que « sous-traitant ».

Si le « partenariat » ainsi défini interpelle le secteur de la construction au même titre que les autres secteurs industriels lorsque le développement d'un nouvel esprit est en question, il y trouve plus difficilement des conditions favorables à sa concrétisation.

En effet, la précarité de l'activité de construction évoquée plus haut (dans l'objet, l'espace et le temps) n'est pas favorable à l'établissement des relations permanentes dont il est important qu'elles soient, pour un vrai partenariat, actées dans un contrat ou pour le moins un accord-cadre.

Néanmoins, une tendance à cette évolution se manifeste chez diverses entreprises le plus souvent générales soit comme une véritable politique que la direction générale souhaite mettre en œuvre soit comme des tentatives plus fragmentaires mais plus près du terrain dans des établissements autonomes de l'entreprise. Souvent cette évolution est associée au développement de la gestion de la qualité dans l'entreprise.

Il reste qu'à l'instar de M. Jourdain, des entreprises un peu partout pratiquent le partenariat de longue date sans le savoir. Les habitudes de travail en commun entre entreprises de toutes tailles et notamment des PME correspondent plus qu'on ne pense à l'existence de véritables « clientèles » d'entreprises.

La charte de l'entreprise générale

Si elle n'est pas une charte de partenariat à proprement parler elle relève de l'esprit qui préside à celui-ci.

Nous avons noté que l'entreprise générale cristallisait autour de sa fonction l'ensemble des problèmes nés de la sous-traitance et que l'importance de son développement sous la pression du marché lui conférait en la matière une responsabilité particulière.

Conscientes de cet état de chose une soixantaine d'entreprises générales ont sous l'égide du SNBATI [3] lancé en octobre 85, en y adhérant, une charte qui fixe leurs règles de déontologie. Ses adhérents sont aujourd'hui plus d'une centaine, de tailles et d'implantations très diverses.

Leur souci est à la fois de clarifier et normaliser l'activité de l'entreprise générale et de définir, vis-à-vis de ses partenaires, des règles de comportement porteuses de rapports équilibrés. Le maître d'ouvrage et le maître

3. Syndicat national du béton armé et des techniques industrialisées qui regroupe un grand nombre d'entreprises générales.

d'œuvre comptent naturellement parmi ces partenaires mais le sous-traitant occupe dans la charte une place primordiale.

Le strict respect de la loi sur la sous-traitance, celui des apports intellecutels du sous-traitant y constituent des points forts.

Enfin le règlement d'application définit les sanctions en cas de manquement aux engagements pris et leurs modalités d'application par un conseil d'observance.

En effet, la charte n'est pas un guide des comportements édicté par une profession mais l'ensemble des règles que les entreprises signataires de la charte s'engagent à respecter sous peine de ces sanctions en adhérant à celle-ci. Il s'avère que l'engagement volontaire, pris au plus haut niveau de la hiérarchie des entreprises signataires, est mieux respecté qu'une loi elle-même. C'est le cas pour la délivrance des cautions de paiement.

Après cinq années d'existence un bilan peut être fait. En bref :

– les litiges portés, pour instruction, à la connaissance du secrétariat de la charte ont été en nombre relativement faible et décroissant au fil des années. Ils ont toujours été réglés ;

– les effets positifs de la charte ont été reconnus au sein de la section BTP de la Commission technique de la sous-traitance tant par l'administration de tutelle (DAEI) que par les organisations représentatives de sous-traitants ;

– la charte est de mieux en mieux connue dans les milieux professionnels notamment dans la maîtrise d'ouvrage, et le nombre des adhérents s'est régulièrement accru.

Il est clair que la charte a engendré une dynamique et que celle-ci s'inscrit dans l'esprit du partenariat sinon dans la lettre. Dans la mesure en tout en reflétant une action collective elle repose sur des engagements individuels d'entreprises générales, elle peut ainsi être assimilée à une sorte d'accord-cadre entre ces entreprises et l'ensemble de leurs sous-traitants.

ANNEXE III

LOI N° 75-1334 DU 31 DÉCEMBRE 1975 RELATIVE À LA SOUS-TRAITANCE (MODIFIÉE PAR LA LOI 81-1 DU 2 JANVIER 1981)

L'Assemblée nationale et le Sénat ont adopté,
Le président de la République promulgue la loi dont la teneur suit :

Titre Ier. Dispositions générales

Art. 1er. – Au sens de la présente loi, la sous-traitance est l'opération par laquelle un entrepreneur confie par un sous-traité, et sous sa responsabilité, à une autre personne appelée sous-traitant tout ou partie de l'exécution du contrat d'entreprise ou du marché public conclu avec le maître de l'ouvrage.

Art. 2. – Le sous-traitant est considéré comme entrepreneur principal à l'égard de ses propres sous-traitants.

Art. 3. – L'entrepreneur qui entend exécuter un contrat ou un marché en recourant à un ou plusieur sous-traitants doit, au moment de la conclusion et pendant toute la durée du contrat ou du marché, faire accepter chaque sous-traitant et agréer les conditions de paiement de chaque contrat de sous-traitance par le maître de l'ouvrage ; l'entrepreneur principal est tenu de communiquer le ou les contrats de sous-traitance au maître de l'ouvrage lorsque celui-ci en fait la demande.

Lorsque le sous-traitant n'aura pas été accepté ni les conditions de paiement agréées par le maître de l'ouvrage dans les conditions prévues à l'alinéa précédent, l'entrepreneur principal sera néanmoins tenu envers le sous-traitant mais ne pourra invoquer le contrat de sous-traitance à l'encontre du sous-traitant.

Titre II. Du paiement direct

Art. 4. – Le présent titre s'applique aux marchés passés par l'Etat, les collectivités locales, les établissements et entreprises publics.

Art. 5. – Sans préjudice de l'acceptation prévue à l'article 3, l'entrepreneur principal doit, lors de la soumission, indiquer au maître de l'ouvrage la nature et le montant de chacune des prestations qu'il envisage de sous-traiter.

Art. 6. – Le sous-traitant qui a été accepté et dont les conditions de paiement ont été agréées par le maître de l'ouvrage est payé directement par lui pour la part du marché dont il assure l'exécution.

Toutefois les dispositions de l'alinéa précédent ne s'appliquent pas lorsque le montant du contrat de sous-traitance est inférieur à un seuil qui, pour l'ensemble des marchés prévus au présent titre, est fixé à 4 000 F ; ce seuil peut être relevé par décret en Conseil d'Etat en fonction des variations des circonstances économiques. En deçà de ce seuil, les dispositions du titre III de la présente loi sont applicables.

En ce qui concerne les marchés industriels passés par le ministère de la Défense, un seuil différent peut être fixé par décret en Conseil d'Etat.

Ce paiement est obligatoire même si l'entrepreneur principal est en état de liquidation des biens, de règlement judiciaire ou de suspension provisoire des poursuites.

Art. 7. – Toute renonciation au paiement direct est réputée non écrite.

Art. 8. – L'entrepreneur principal dispose d'un délai de quinze jours, comptés à partir de la réception des pièces justificatives servant de base au paiement direct, pour les revêtir de son acceptation ou pour signifier au sous-traitant son refus motivé d'acceptation.

Passé ce délai, l'entrepreneur principal est réputé avoir accepté celles des pièces justificatives ou des parties de pièces justificatives qu'il n'a pas expressément acceptées ou refusées.

Les notifications prévues à l'alinéa 1er sont adressées par lettre recommandée avec accusé de réception.

Art. 9. – La part du marché pouvant être nantie par l'entrepreneur principal est limitée à celle qu'il effectue prsonnellement.

Lorsque l'entrepreneur envisage de sous-traiter une part du marché ayant fait l'objet d'un nantissement, l'acceptation des sous-traitants prévue à l'article 3 de la présente loi est subordonnée à une réduction du nantissement à concurrence de la part que l'entrepreneur se propose de sous-traiter.

Art. 10. – Le présent titre s'applique :

Aux marchés sur adjudication ou sur appel d'offres dont les avis ou appels sont lancés plus de trois mois après la publication de la présente loi ;

Aux marchés de gré à gré dont la signature est notifiée plus de six mois après cette même publication.

Titre III. De l'action directe

Art. 11. – Le présent titre s'applique à tous les contrats de sous-traitance qui n'entrent pas dans le champ d'application du titre II.

Art. 12. – Le sous-traitant a une action directe contre le maître de l'ouvrage si l'entrepreneur principal ne paie pas, un mois après en avoir été mis en demeure, les sommes qui sont dues en vertu du contrat de sous-traitance ; copie de cette mise en demeure est adressée au maître de l'ouvrage.

Toute renonciation à l'action directe est réputée non écrite.

Cette action directe subsiste même si l'entrepreneur principal est en état de liquidation des biens, de règlement judiciaire ou de suspension provisoire des poursuites.

Art. 13. – L'action directe ne peut viser que le paiement correspondant aux prestations prévues par le contrat de sous-traitance et dont le maître de l'ouvrage est effectivement bénéficiaire.

Les obligations du maître de l'ouvrage sont limitées à ce qu'il doit encore à l'entrepreneur principal à la date de la réception de la copie de la mise en demeure prévue à l'article précédent.

Art. 13.1. – (ajouté par la loi 81-1 du 2 janvier 1981). L'entrepreneur principal ne peut céder ou nantir les créances résultant du marché ou du contrat passé avec le maître de l'ouvrage qu'à concurrence des sommes qui lui sont dues au titre des travaux qu'il effectue personnellement.

Art. 14. – A peine de nullité du sous-traité, les paiements de toutes les sommes dues par l'entrepreneur au sous-traitant, en application de ce sous-traité, sont garantis par une caution personnelle et solidaire obtenue par l'entrepreneur d'un établissement qualifié, agréé dans des conditions fixées par décret. Cependant, la caution n'aura pas lieu d'être fournie si l'entrepreneur délègue le maître de l'ouvrage au sous-traitant dans les termes de l'article 1275 du code civil, à concurrence du montant des prestations exécutées par le sous-traitant.

A titre transitoire, la caution pourra être obtenue d'un établissement figurant sur la liste fixée par le décret pris en application de la loi n° 71-584 du 16 juillet 1971 concernant les retenues de garantie.

Titre IV. Dispositions diverses

Art. 15. – Sont nuls et de nul effet, quelle qu'en soit la forme, les clauses, stipulations et arrangements qui auraient pour effet de faire échec aux dispositions de la présente loi.

Art. 16. – Des décrets en Conseil d'Etat précisent les conditions d'application de la présente loi.

La présente loi sera exécutée comme loi de l'Etat.

Fait à Paris, le 31 décembre 1975.

Valéry GISCARD D'ESTAING.

Par le président de la République :

Le Premier ministre,
Jacques CHIRAC.

Le garde des Sceaux, ministre de la Justice,
Jean LECANUET.

Le ministre de l'Economie et des Finances,
Jean-Pierre FOURCADE.

Le ministre de la Défense,
Yvon BOURGES.

Le ministre de l'Equipement,
Robert GALLEY.

Le ministre de l'Industrie et de la Recherche,
Michel d'ORNANO.

ANNEXE IV

LES AIDES PUBLIQUES SUSCEPTIBLES DE FACILITER L'ACCÈS DES PMI AUX TECHNOLOGIES ET L'AMÉLIORATION DES MÉTHODES DE GESTION ÉMERGENTES

La présente note n'a pas pour objet de décrire l'ensemble des mesures d'aide au développement industriel et technologique dont peuvent bénéficier les entreprises de sous-traitance en tant que PME dès lors que leur taille est inférieure à une certaine limite, qui varie selon les procédures, et qu'elles se trouvent dans une situation financière saine. Il s'agit seulement de montrer que, s'il n'a pas été tenté sur le plan français de bâtir une politique cohérente de promotion de la sous-traitance, l'Etat n'en a pas moins mis à la disposition des industriels concernés un certain nombre de moyens destinés à faciliter leurs choix techniques et à réduire les risques liés à l'utilisation des procédés inédits ou de matériels faisant une apparition sur le marché.

Ces objectifs sont également poursuivis dans d'autres pays européens par des actions appropriées. L'Allemagne, par exemple, a engagé un programme quinquennal en faveur de la mise au point et de l'utilisation des composants électroniques et un autre pour les progiciels XAO. Des crédits importants sont consacrés aux matériaux avancés. Cet effort est largement complété par divers concours des Länder.

I. L'aide au conseil – les FRAC

Les fonds régionaux d'aide au conseil ont été institués pour inciter les PMI à recourir aux services de sociétés de conseil en vue de :

– faciliter l'introduction de nouvelles technologies,

– mettre en place de nouvelles techniques de gestion,

– favoriser le développement de l'entreprise, notamment par des études de marché.

Les bénéficiaires doivent avoir un effectif de moins de 500 personnes ou faire partie d'un groupe de moins de 500 personnes.

Les FRAC sont financés dans le cadre de contrats de plan Etat-région. Chacun des contractants prend en charge la moitié du coût du programme. L'instruction des demandes est assurée par les Directions Régionales de l'Industrie, de la Recherche et de l'Environnement (DRIRE) et par les conseils régionaux.

L'aide accordée représente en règle générale 50 % du coût de l'intervention avec plafond de 200 000 F par an et par entreprise. Elle est de 80 % avec plafond de 25 000 F pour les FRAC dits « courts » (opérations n'excédant pas 5 jours).

Les domaines d'investissement sont très variés. Un peu plus du tiers des opérations aidées a porté sur la production et les changements technologiques, un autre tiers sur l'organisation de l'action commerciale. Au 1er janvier 1989, on estimait que près d'une PMI sur quatre avait bénéficié de l'aide au conseil.

II. MECA et productique

Ces deux procédures ont des objets voisins.

1. La procédure MECA est destinée à faciliter l'introduction des nouvelles technologies de production dans les PMI et à permettre aux constructeurs de matériels de commercialiser des équipements constituant pour eux une première référence. Le constructeur doit s'engager à reprendre la machine dans un délai de 12 mois si elle ne remplit pas les conditions prévues.

La subvention couvre de 5 à 25 % du coût hors taxe de l'équipement. L'entreprise bénéficie également d'une prestation sous forme de diagnostic et des conseils de l'agence pour le développement de la production automatisée dont les experts instruisent le dossier.

2. La promotion de la productique est assurée par les DRIRE dans le cadre de contrats Etat-région. La procédure tend à favoriser l'introduction des techniques productiques dans les PMI par le soutien d'opérations d'automatisation exemplaires :

– projets dont l'exemplarité est soulignée par la prise en compte de l'organisation industrielle, des progrès de la qualité et la mise en œuvre d'une solution originale, rentable et diffusable ;

– opérations industrielles pilotes qui comportent le test et la mise en œuvre de technologies nouvelles et doivent notamment « constituer une vitrine en vraie grandeur pour les constructeurs et les ingénieristes » de manière à « favoriser le développement d'une demande productique locale ou nationale ».

L'aide peut atteindre 15 % du montant de l'investissement hors taxe pour les opérations exemplaires, de 15 à 30 % pour les opérations pilotes.

Le taux retenu est fonction de l'intérêt technologique du projet, du risque industriel qu'il comporte et du programme de valorisation envisagé.

III. La procédure LOGIC

Cette procédure a pour objet d'inciter les PMI à intégrer les techniques et les outils d'informatique industrielle, en particulier ceux de CFAO et de GPAO, dans leur organisation. Les bénéficiaires doivent être des entreprises ou des filiales de groupes de moins de 500 personnes.

L'opération doit permettre la réalisation d'un saut technologique grâce à l'acquisition ou la location d'un logiciel d'un prix unitaire supérieur à 20 000 F HT justifiant d'au moins 5 références industrielles et possédant une documentation d'utilisation en français.

La subvention, plafonnée à 300 000 F, est égale à 30 % des dépenses engagées (achat de logiciel, formation et adaptation). Pour les locations de logiciels, le montant pris en compte correspond à trois années de location.

L'instruction des demandes est assurée par l'agence pour le développement de la production automatisée.

IV. Les autres procédures d'aide

Les entreprises de sous-traitance peuvent être intéressées à titre plus épisodique par la mise en œuvre :

– du programme d'utilisation des composants électroniques PUCE qui a pour objectif de favoriser leur introduction dans les produits réalisés par les entreprises de moins de 2 000 personnes. Les avantages accordés consistent dans la prise en charge des dépenses de recherche et développement à concurrence de 50 % avec un plafond de 200 000 F pour la conduite de l'étude de faisabilité et de 1 000 000 F pour la conduite de l'étude de réalisation ;

– du programme d'utilisation des matériaux avancés PUMA dont l'objectif est de favoriser l'introduction et l'emploi de ces matériaux dans les produits industriels. Bénéficiaires : entreprises de moins de 2 000 personnes. L'aide consiste dans la prise en charge des dépenses de recherche et développement à concurrence de 50 % avec un plafond de 200 000 F pour la conduite de l'étude de faisabilité et de 1 500 000 F pour la conduite de l'étude de réalisation.

On signalera également :

– l'aide au recrutement de cadres qui est destinée à inciter les PMI à renforcer lors d'une étape importante leur potentiel de matière grise par l'embauche de personnels spécialisés,

– l'aide à l'amélioration des conditions de travail, gérée par les directions régionales du travail et de l'emploi. Leur objet est de contribuer au financement d'opérations qui doivent avoir un caractère exemplaire et démonstratif, une attention particulière étant portée à la réduction des nuisances et de la pénibilité dans des secteurs où les situations de travail se caractérisent par de fortes contraintes physiques et mentales.

ANNEXE V

EXTRAIT DE « MARKET POWERTRAIN »[1] PAR GORDON BRACE ET ANNE GIBBONS CENTER FOR MANUFACTURING RENERWAL UNIVERSITY OF WARWICK

On nous a tous appris les vertus de l'efficacité et du profit dans les bonnes affaires. Comment cela peut-il donc se concilier avec la notion de partage d'objectifs et de « cartes sur table » (par exemple en avertissant le partenaire d'une fluctuation du marché) ? La réponse est que ce conflit apparent peut se solutionner comme dans d'autres types de relations industrielles. Un employeur reconnaît normalement que la notion de loyauté est à double sens. Il sait que dans une certaine mesure l'intérêt de ses employés est contraire au sien et que ceux-ci peuvent toujours demander une autre répartition des richesses. C'est pourquoi il s'efforce de maintenir un certain dialogue, tenant compte de critères formant un tout, tels que la satisfaction professionnelle, le salaire, la sécurité et l'évolution de carrière. Tant que l'équilibre est satisfaisant, il peut attendre une collaboration de ses employés aux objectifs de l'entreprise. Les mêmes règles s'appliquent à la chaîne d'approvisionnement, même si la mise en œuvre varie.

Pour plagier la « théorie X-théorie Y » de Mc Gregor, dans l'adoption vis-à-vis de ses fournisseurs d'attitudes inspirées des relations employeur-employés au sein de l'entreprise, on peut dire :

Théorie X :

1. Le fournisseur moyen est du genre désœuvré et ne fournira sa prestation que si on le pousse et qu'on le guide fermement.
2. Il manque de la compétence nécessaire et ne fera que ce que quelqu'un d'autre aura défini.
3. Il est complètement autocentré et indifférent aux besoins des autres

1. Publié dans *Partnership between small and large firms*, colloque des 13 et 14 juin organisé par la DG XXIII de la commission des Communautés européennes. Editeurs : Graham et Trotman, Londres.

intervenants dans la chaîne, ainsi qu'au consommateur final. La seule chose qui l'intéresse est son paiement.

4. Il résiste au changement, ne veut pas entendre parler de réduction de coûts ni d'améliorations de fabrication.

5. Il cherche en permanence d'autres clients qui lui offriront « de bonnes affaires » et peut faire défaut à n'importe quel moment.

6. Il est de notre responsabilité d'obtenir de lui le maximum de ce que nous pouvons au prix le plus bas possible tant que nous ne pouvons trouver une alternative meilleur marché.

Théorie Y :

1. Nous devons mettre en place du matériel fiable et durable, garantissant un approvisionnement de qualité.

2. Les fournisseurs ne sont pas des escrocs. La majorité d'entre eux partagent avec nous les mêmes valeurs et la même motivation. S'il y a changement c'est que, d'après leur expérience, les circonstances sont moins favorables.

3. Ils ont des compétences, un savoir et une expérience. Ils sont prêts à participer aux processus si nous allons vers eux et que nous les reconnaissons.

4. La principale « affaire » à faire avec ses fournisseurs consiste à bien les choisir. De ceci dépendent une certaine stabilité et une sécurité qui pourront permettre une contribution volontaire à un but commun.

Mc Gregor n'entendait pas mettre d'un côté les bons et de l'autre les méchants. Chacune de ces attitudes peut être partiellement adoptée, mais qu'est-ce qui domine ? Les vieilles habitudes ont la vie dure.

ANNEXE VI

JOURNAL OFFICIEL DES COMMUNAUTÉS EUROPÉENNES

I – (Communications) Conseil. Résolution du conseil du 26 septembre 1989 relative au développement de la sous-traitance dans la Communauté (89/C 254/01)

Le Conseil des Communautés européennes,

vu le traité instituant la Communauté économique européenne,

vu le projet soumis par la Commission,

considérant que le Conseil a adopté, le 3 novembre 1986, une résolution concernant le programme d'action en faveur des petites et moyennes entreprises et, en juillet 1989, une décision relative à l'amélioration de l'environnement des entreprises et à la promotion du développement des entreprises, en particulier des petites et moyennes entreprises, dans la Communauté ;

considérant que, à la suite d'une communication sur une politique de l'entreprise ainsi que sur le « renforcement de la coopération entre entreprises européennes : une des réponses au marché intérieur de 1992 », la Commission a transmis au Conseil une communication relative au développement de la sous-traitance dans la Communauté ;

considérant que le recours à la sous-traitance devient un choix stratégique pour l'entreprise, s'inscrivant dans le cadre d'une politique d'utilisation accrue de ressources externes ;

considérant que la réalisation du marché unique de 1992, en offrant aux entreprises des possibilités de marché élargies, permettra un recours plus systématique à la sous-traitance transnationale et, en renforçant la concurrence intracommunautaire, accentuera les changements structurels de la relation de sous-traitance ;

considérant que l'amélioration de l'environnement des entreprises constitue un facteur significatif pour le développement transnational de la sous-traitance ;

considérant que l'accès à une information adaptée et pertinente ainsi que l'amélioration de la communication revêtent une importance particulière pour l'établissement de relations de sous-traitance transnationale ;

considérant que l'adaptation à de nouvelles exigences de compétitivité entraîne une modification des relations entre donneurs d'ordres et sous-traitants, et nécessite donc des efforts particuliers de chaque partenaire, notamment en ce qui concerne la planification des commandes, l'organisation des relations contractuelles, l'adaptation à de nouvelles technologies et le développement de politiques de diversification de la clientèle.

NOTE avec intérêt l'action menée jusqu'à présent par la Commission, notamment en ce qui concerne la promotion de la sous-traitance transnationale,

INVITE la Commission à poursuivre, en concertation avec les Etats membres, son rôle général d'impulsion, d'initiative et de coordination de mesures visant à la création d'un environnement favorable à la sous-traitance,

ENCOURAGE, en complément des actions développées dans les Etats membres, la mise en œuvre d'initiatives relatives à l'amélioration de l'information et de la communication entre donneurs d'ordres et sous-traitants, en particulier la poursuite des travaux relatifs aux terminologies sectorielles multilingues et l'amélioration des instruments pour la recherche de partenaires,

PREND ACTE de la possibilité de la création d'un Centre européen d'information sur la sous-traitance et invite la Commission à poursuivre ses travaux en ce domaine en étroite collaboration avec les organisations professionnelles concernées et avec les Etats membres,

SOULIGNE l'importance de promouvoir des relations plus égales entre donneurs d'ordres et sous-traitants, et de promouvoir également la sous-traitance européenne auprès d'entreprises de pays tiers,

ESTIME qu'une amélioration du cadre juridique de la sous-traitance devrait être atteinte, par exemple par un examen attentif du problème des délais de paiement, et que le cas particulier des marchés publics doit être étudié en profondeur,

SOUHAITE être tenu informé de l'évolution des travaux de la Commission concernant le développement de la sous-traitance dans la Communauté.

SOURCES DOCUMENTAIRES

La liste des ouvrages et autres documents entrant dans le cadre d'une bibliographie relative à la sous-traitance est présentée ci-après en utilisant un classement par thèmes principaux et dans un ordre chronologique.

Il faut également inclure parmi les sources documentaires les études et les informations fournies dans certains périodiques, en particulier :

- *L'Usine nouvelle*,
- *Les Echos*,
- *Le Nouvel Economiste*,
- *Industries mécaniques* (bulletin de la FIMTM),
- *L'Information du véhicule*,
- *Air et cosmos*,

ainsi que dans *Midest info* (journal du Midest) pendant la durée de ce salon.

I. Bibliographie générale

« La spécialisation des entreprises et le rôle des sous-traitants », *L'organisation scientifique* n° 1, 1950.

J. Houssiaux, « Le concept de quasi-intégration et le rôle des sous-traitants dans l'industrie », *Revue économique* n° 2 (p. 222-247), 1957 ; « Quasi-intégration, croissance des firmes et structures industrielles », *Revue économique* n° 3 (p. 384 à 441), 1957.

A. Sallez et J. Schlegel, *La sous-traitance dans l'industrie*, Dunod, 1963.

A. Sallez et J. Schlegel, « Comment améliorer la sous-traitance en France ? », *Direction* n° 115 (p. 246 à 253), 1964.

« La sous-traitance en France », *Industries mécaniques*, 1965.

CRESAL, « Sous-traitance et expansion dans la métallurgie stéphanoise », 1966.

A. Sallez et J. Schlegel, « Pour une sous-traitance productive », *Industries mécaniques*, supplément au n° 710, 1967.

J. Clavrerie, « Un nouveau type d'économie – l'économie de sous-traitance », thèse, faculté de droit et de sciences économiques à Montpellier, 1967.

P.-Y. Barreyre, *L'impartition, politique pour une entreprise compétitive*, Hachette, 1968.

Bayle-Ottemheim, « La sous-traitance – information, organisation application. Eléments d'une politique industrielle européenne », Institut d'études des relations internationales contemporaines, 1970.

B. Chaillou, « La sous-traitance », faculté des sciences économiques de Lyon, 1971.

« Les relations de sous-traitance », Ecole nationale d'administration, mémoire de séminaire, juin 1971.

M. Moisson, *Pratique de la rentabilité de la sous-traitance*, Editions d'Organisation, 1972.

Stefanelly, « Rapport du Conseil économique et social sur les problèmes posés par la sous-traitance », avis des 20 et 21 mars 1973, *JO Conseil économique et social* n° 7 du 26 avril 1973.

J. Bayle-Ottemheim, A. Le Thomas, A. Sallez, *La sous-traitance*, Chotard et associés, collection « Les dossiers de l'entreprise », 1973.

B. Venin et E. de Banville, *Pratique et signification de la sous-traitance dans l'industrie automobile en France*, CORDES CRESAL, 1973.

« La sous-traitance », *Revue suisse du management*, juillet-août 1973.

J. Taboulet, L. Desplanques, *La sous-traitance artisanale*, CREDOC (3 tomes), 1974.

R. Bataille, « Stratégies de développement et contraintes de l'entreprise de sous-traitance industrielle ». Thèse : université Paris-IX-Dauphine, 1974.

B. VENIN, « Pratiques et significations de la sous-traitance dans l'industrie », *Revue économique* n° 2 (p. 280 à 306), 1975.

P.-Y. BARREYRE, « La fonction approvisionnement dans la stratégie de l'entreprise », *Revue française de gestion*, 1976.

B. CHAILLOU, « Définition et typologie de la sous-traitance », *Revue économique*, vol. XXVIII, n° 2 (p. 262 à 285), 1976.

CAPET et HOFLACK, *La gestion de l'entreprise sous-traitante*, Paris, Economica, 1978.

L'entreprise sous-traitante, compte rendu des 4es journées nationales des IAE, Rennes, 14-16 septembre 1978, 4 volumes.

B. CHAILLOU, « La sous-traitance, élément intégré de la politique de l'entreprise », thèse d'Etat, Lyon, 1978.

P.-Y. BARREYRE, « Le choix de la sous-traitance dans la stratégie de l'entreprise », *Revue française de gestion*, janvier-février 1978.

B. JACQUIN, « La sous-traitance, élément de politique industrielle et de gestion des entreprise », mémoire présenté au Conservatoire national des arts et métiers, 1978.

Premier rapport de la Commission technique de la sous-traitance intitulé « Premières réflexions », ministère de l'Industrie, *Etudes de politique industrielle* n° 20, 1979.

Commission technique de la sous-traitance, deuxième rapport, ministère de l'Industrie, 1980.

Ministère du Travail, rapport du groupe de travail interministériel, « Sous-traitance et emploi », 1981.

M. CARLE, « Dynamique de l'impartition dans le développement international de la firme industrielle », thèse : doctorat d'Etat, université de Paris Dauphine, 1981.

« Sous-traitance et technologies avancées », Commission technique de la sous-traitance, ministère de l'Industrie, *Etudes de politique industrielle*, n° 33, 1982.

Structure industrielle et sous-traitance, LAPTASES, université de Nice, PUF, 1983.

CENAST, « La promotion des relations de sous-traitance », SEDOM, 1984.

Institut de l'entreprise, « La sous-traitance industrielle », *Economie géographie* n° 212, février 1984.

Société de banque suisse, « L'industrie de la sous-traitance », *Perspectives économiques* n° 1, juin 1985.

A. GORGEU, R. MATHIEU, « Marché, investissement emploi chez les fournisseurs de l'industrie » (analyse du comportement de 93 établissements de la région Centre), Centre d'étude de l'emploi, dossier de recherches n° 3, 1986.

P. DUBOIS, B. FRANCK, « Performances sectorielles, structures de marché et sous-traitance », université de Caen, 3e journée de microéconomique appliquée, Nantes, 29-30 mai 1986.

Commission des Communautés européennes, rapport final de la conférence « L'Europe de la sous-traitance », Bruxelles, 26-27 mai 1988.

Commission technique de la sous-traitance : « Les politiques de qualité et de formation chez le sous-traitant », rapport d'étape. Ministère de l'Industrie et de l'Aménagement du territoire, DIC, collection Etudes, 1988.

CEREC, Centre d'études de l'emploi, « Gestion de l'emploi et de la formation chez les sous-traitants », Commission technique de la sous-traitance, rapport d'étape, ministère de l'Industrie et de l'Aménagement du territoire, DIC, 1989.

Compte rendu des rencontres internationales des organismes de sous-traitance : coopération et partenariat industriels, Biarritz 2 et 3 mai 1989. Chambre de commerce et d'industrie de Bayonne.

II. Caractéristiques de la sous-traitance industrielle

A. Approche quantitative

G. Chanel-Raynaud, « Le rôle et la place de la sous-traitance dans le capitalisme contemporain : nouvelle approche et essai d'évaluation quantitative », thèse du 3e cycle, Nice, 1980.

M. Quelennec, « La sous-traitance industrielle gagne du terrain », *Economie et statistique*, nos 199-200, mai-juin 1987.

J.-P. Le Gléan, I. Gouchenot, « Les établissements liés à de grandes firmes industrielles : pas seulement la sous-traitance », *Economie et statistique*, mai-juin 1987.

« La sous-traitance dans l'industrie », sessi, ministère de l'Industrie, 1987.

Commission technique de la sous-traitance, rapport d'étape, « La sous-traitance dans l'industrie », sessi, septembre 1989.

B. Approches sectorielles

F. Ledru, X. Terrase, « La sous-traitance des fournisseurs de la direction générale des télécommunications », Ecole nationale supérieure des mines de Paris, 1982.

G. Mourlon, « Les relations fondeurs-clients », mémoire présenté au ces, 1982.

A. Gorgeu, R. Mathieu, « La stratégie du recours à la sous-traitance de quelques grandes entreprises de la construction électrique et électronique », *Cahier n° 23 du Centre d'étude de l'emploi*, 1983.

J.-M. Yung, « Etude sur la sous-traitance électronique en 1982-1983 », ministère de l'Industrie et de la Recherche, non publié, 1984.

Direction régionale insee de Toulouse, « Aéronautique et sous-traitance en Midi-Pyrénées », *Statistiques et études Midi-Pyrénées*, n° 2, 1984.

aprodi, « Etude sous-traitance électronique Pays de la Loire », 1985.

M. Vinceneau, « Une sous-traitance de spécialité : la filière en Midi-Pyrénées », *Economie et statistique*, nos 199-200, mai-juin 1987.

Dossier sectoriel, « Le secteur de l'électronique professionnelle : entreprise et emplois », Centre d'étude de l'emploi, cereq-sessi (3 volumes), 1987.

« L'offre et la demande sur le marché de la sous-traitance électronique en France », Syndicat national des entreprises de sous-traitance électronique (2 volumes), 1987.

M.-J. Prudhommeaux, S. Tagnani, « Les façonniers de l'habillement en 1986 », sessi, ministère de l'Industrie et de l'Aménagement du territoire, 1988.

G. Jolles, J. Bounine, « Un projet pour le textile habillement français », rapport du ministre de l'Industrie et de l'Aménagement du territoire, 1989.

S. Montagne-Villette, *Le sentier, un espace ambigu*, édition Masson, 1990.

III. Localisation et organisation régionale des activités de sous-traitance

« La bourse de sous-traitance des industries métallurgiques du Sud-Ouest », AFAP n° 27, Service d'orientation et de documentation, 1960.
A. SALLEZ et J. SCHLEGEL, « Les expériences françaises d'organisation de la sous-traitance », CFPEP service productivité, 1962.
« Les bourses de sous-traitance », *Acheteurs*, n° 123, p. 37-38, 1962.
R. HOLTZ, « Les actions en commun, formule d'adaptation des PME aux formes nouvelles de l'économie de marché », 1962.
R. BODIN et L. BLANC, « Les bourses de sous-traitance, facteurs d'amélioration de la productivité et de développement régional », Service de la productivité au commissariat au plan, 1963.
« La sous-traitance dans l'industrie des métaux de la région parisienne », *Cahiers de l'Institut d'aménagement et d'urbanisme de la région parisienne*, 1965.
« Effet d'entraînement de l'installation d'IBM à Montpellier », Association pour l'industrialisation du Languedoc-Roussillon, 1967.
Conseil national des économies régionales, Commission française des régions de l'Ouest européen, « Rapport d'étude 1968-1969 sur l'organisation de la sous-traitance dans les régions de l'Ouest », diffusé par la DATAR, 1970.
A. SALLEZ, « Polarisation et sous-traitance, condition du développement régional », Eyrolles, 1970.
« La sous-traitance, instrument du développement industriel et régional », compte rendu des assises régionales de la sous-traitance. Chambre de commerce et d'industrie de Marseille, 1970.
A. SALLEZ, J. BAYLE-OTTEMHEIM, « L'organisation des marchés de la sous-traitance », ministère de l'Industrie, *Etudes de politique industrielle* n° 8, Documentation française, 1974.
Institut d'aménagement et d'urbanisme de la région parisienne, « Les pôles industriels : urbanisation et normalisation », *Cahiers de l'AURP*, n°s 40-41, décembre 1975.
A. SALLEZ, « L'avenir des entreprises de sous-traitance en Ile-de-France », CERESSEC, 1981.
« Rapport de recherche sur l'artisanat de production et de sous-traitance industrielle du Lot-et-Garonne », LATAPSES, université de Nice, 1982.
Y. DERY, J.-P. GILLY, « Groupes et politique industrielle régionale en politique industrielle », LATAPSES et GRECO, PUF, 1984.
P.-M. ROMANI et divers, « L'artisanat de production et sous-traitance, changement technologique et tissu industriel régional. Le travail des cristaux et du bois en Lot-et-Garonne », LATAPSES, université de Nice, commissariat général au plan, 1985.
Direction régionale de l'INSEE Rhône-Alpes, « Sous-traitance pour l'électronique informatique en Rhône-Alpes », *Dossier INSEE n° 28*, septembre 1987.

IV. Choix entre faire et faire faire

J. W. CULLITON, *Make or buy*, Harvard University, Press Boston, 1942.
A. R. OXENFELDT et M. W. WATKINS, *Make or buy, factors affecting executive decisions*, 1956.
J. SCHLEGEL, « Méthodes et modèles de l'économie de sous-traitance », faculté de droit et de sciences économiques de Paris, 1970.
R. SCHMITT, « Pourquoi recourir à la sous-traitance ? », « Le choix faire

ou faire faire », « Les entreprises et le marché de la sous-traitance », *Acheteurs*, juillet-août, septembre-octobre 1974.
J. SCHLEGEL et A. SALLEZ, *Guide faire ou faire faire*, CENAST, 1976.
CHAILLOU, « Investir ou sous-traiter ; le rôle des études de rentabilité » et « Faire ou faire faire ? Le prix, élément de décision », *Direction et gestion* n° 3 (p. 59-63) et n° 4 (p. 39-44), 1980.
E. RIVELINE, « Evaluation des coûts. Eléments d'une théorie de la gestion », Ecole nationale supérieure des mines de Paris, 1987.
F. PINARDON, « La rentabilité, une affaire de points de vue », *Gérer et comprendre*, n° 16, septembre 1989.

V. Aspects juridiques du problème de la sous-traitance, déontologie

« Guide des relations entre donneurs d'ordres et sous-traitants », en application en Suède, ANORST, Nancy, 1966.
CENAST, *Charte de la sous-traitance*, éd. SEDOM, 1972.
B. MERCADAL, *Les contrats de coopération interentreprises*, éditions juridiques Lefebvre, 1974.
CENAST, *Guide contractuel des relations de sous-traitance*, éd. SEDOM, 1975.
Loi du 31 décembre 1975, relative à la sous-traitance (cf. annexe III), *JO* du 3 janvier 1976. Notifiée par la loi du 2 janvier 1981.
C. GAVALDA et divers, *La sous-traitance de marchés de travaux et de service*, dossier recherches. Université de Paris I, Economica, 1978.
G. VALENTIN, *Les contrats de sous-traitance*, Librairies techniques, 1979.
F. HERMANNS, « Guide contractuel des relations de sous-traitance », RKW allemand, traduction CEE-BRE 43-80-N, 1980.
V. ROULET, *La pratique de la sous-traitance*, guide juridique de l'entrepreneur industriel, éd. du Moniteur, 1981.
« Sous-traitance : contrats de vente et contrats d'entreprises », Commission technique de la sous-traitance, 1981.
Compte rendu « groupe d'experts présidé par le professeur GHESTIN », *Revue industrielle de droit commercial et économique*, n° janvier-mars 1981.
Commission technique de la sous-traitance, « Guide pour l'utilisation des clauses de réserve de propriété », 1987.
Commission technique de la sous-traitance, rapport d'étape : « La réforme du régime juridique des clauses de réserve de propriété et du crédit interentreprises », 1988.
F. GUIBERT, *La sous-traitance industrielle en France (telle que le perçoit un juriste)*, Société judiciaire des fondeurs de France, 1988.
Commission technique de la sous-traitance, rapport d'étape : I-2 « Le crédit interentreprises : un mal incurable ? », synthèse du rapport de M. DIETSCH ; II-2 a « La cotraitance », étude de C. JAMIN ; II-2 b « La clause de réserve de propriété », proposition de la commission sur la base d'un rapport du professeur S. GUSTIN, 1989.

VI. Développement de l'action commerciale, exportations et échanges internationaux

S. WATANABE, « La sous-traitance, facteur de développement économique », *Revue internationale du travail*, vol. 104, n°s 1 et 2, 1971.
M. CARLE, « Le développement de la sous-traitance internationale. Conséquences pour les entreprises françaises », ministère de l'Industrie, 1979.

GENESTE, *Guide commercial des sous-traitants*, Editions d'Organisation, 1979.
CFCE, *Guide du sous-traitant exportateur*, collections L'exportateur. Rééditions avec corrections et argumentations en 1986, 1982-1986.
J.-J. RAVIX, C. CHARBET, P.-M. ROMANI, *Sous-traitance et intégration des processus productifs dans l'industrie européenne*, LATAPSES, Nice, 1989.
Rapport de recherches pour la DG 23 de la Commission des Communautés européennes, rapport d'étape 1989 de la Commission technique de la sous-traitance.

VII. La sous-traitance industrielle dans les autres pays industrialisés, les mesures gouvernementales

A. Etats-Unis

C. LAVOREL, « Rapport sur la sous-traitance dans les marchés publics aux Etats-Unis », ministère de l'Industrie (non publié), 1968.
« Séminaire sur la sous-traitance aux Etats-Unis », 26 février 1986, CFCE.
Your business and the SBA, SBA, février 1987.
SBA Procurement assistance, SBA Office of Procurement assistance, 1987.
« La sous-traitance aux Etats-Unis » : concurrence et partenariat », mission interconsulaire de coordination des échanges franco-américains, chambre régionale de commerce et d'industrie d'Ile-de-France, 1988.
Services de l'expansion économique aux Etats-Unis, « Les marchés publics fédéraux aux Etats-Unis », *Bulletin* n° 35, octobre 1988.

B. Japon

Koru ISHIKAWA, *Le TGC ou la qualité à la japonaise*, AFNOR gestion, 1985.
« Les entreprises japonaises portes ouvertes », rapport de mission d'étude du Syndicat national du découpage emboutissage, 1986.
C. AFRIAT, Y. LECLERC, « L'automatisation des PMI japonaises et son financement », Centre de prospective et d'évaluation, *Etude* n° 70, 1986.
« EC Fact finding mission on subcontracting in Japan », rapport de mission, Commission des Communautés européennes. Direction générale XXIII, 1989.
Y. LECLER, « De la sous-traitance au partenariat : le Japon, modèle de référence », communication au colloque Tetra, « La PME, objet de recherche pertinent ? », Lyon, 30-31 mai 1990.
Y. LECLER et S. TREINER, « Comment les compétences sont transférées aux PME », *Sciences et technologies*, n° 35, mars 1991.

C. Pays de la CEE autres que la France

Institut de la petite et moyenne entreprise industrielle, « Estrategias, instituciones y occiones de la subcontración en Europa », IMPI, Madrid, 1985.
F. ANDRÉ, M. HENKMES, « Concerto pour la sous-traitance », *Cahiers de Fabrimétal*, Liège-Luxembourg, n° 4, octobre 1987.

VIII. France, achats publics et sous-traitance

Décret du 11 mars 1953 relatif au règlement des marchés de l'Etat, article 14, institution d'une possibilité de paiement direct du sous-traitant, 1953.

R. CHEYROUZE, « Rapport du groupe de travail chargé de promouvoir la sous-traitance », secrétariat d'Etat à la Moyenne et Petite Industrie et à l'Artisanat, 1970.

Décret de mars 1973 modifiant le code des marchés publics. Assouplissement des conditions de paiement direct, 1973.

Circulaire du 14 mars 1973 relative à la réforme du régime de la sous-traitance dans le code des marchés publics, ministère de l'Economie et des Finances, 1973.

Loi du 31 décembre 1975, titre II, *JO* du 3 janvier 1976, décret du 31 mai 1976 modifiant en conséquence l'article 2 du code des marchés publics. Circulaire d'application du ministère de l'Economie et des Finances du 7 octobre 1976.

IX. Partenariat

Swedish Association of metalworking industries, « Cooperation between main and subcontractors, a form of structural reorganization in the engineering industry », 1967.

Commission technique de la sous-traitance, « Rapport sur les conventions de stabilité », ministère de l'Industrie, *Etude de politique industrielle*, n° 33, 1982.

B. de MONTMORILLON, « Grands groupes sous-traitants et valorisation du tissu industriel », rapport final pour l'association « Analyse des stratégies industrielles et énergétiques », 1984.

J. BARATIER, « Le partenariat, clé d'un redéploiement économique et social ». AFNOR, « Sous-traitance », *Enjeux*, n° 62, octobre 85, ISSN, 1985.

CEDAF, « Avenir de la sous-traitance et partenariat industriel », colloque du MIDEST, 26 novembre 1985.

« Le partenariat industriel : sa signification et ses conséquences pour les sous-traitants », Commission technique de la sous-traitance. Ministère de l'Industrie, septembre 86, brochure polycopiée, 1986.

Université de Caen (LERE) et AURIF, « La sous-traitance », journées d'études de l'université de Caen, 23-24 octobre 1986.

« Entretiens sur le partenariat dans l'industrie automobile avant le MIDEST, *L'Information du véhicule*, octobre 86.

Association française de gestion industrielle, « Le partenariat : une nouvelle relation clients/fournisseurs », *Revue française de gestion industrielle*, volume 5, n° 4, 1986, Dunod.

Commission technique de la sous-traitance, *Livre Blanc sur le Partenariat*, éd. AFNOR, Gestion diffusion Eyrolles, 1987.

C. ALTERSOHN, « Les aspects financiers du partenariat interentreprises », *Revue Banque*, n° 74, juillet-août 1987, p. 687 à 690.

J.-C. BARBANT, P. CHANUT, « La formation de la valeur ajoutée ou quel rôle joue encore la fabrication dans la création de richesses », Ecole nationale supérieure des mines de Paris, 1988.

Commission des Communautés européennes. DS XXIII, « Partnership between small and large firms », conférence Bruxelles 13-14 juin 1988, Graham & Trotman, Londres.

E. de BANVILLE, J.-J. CHANARON, « Stratégies technologiques et développement du partenariat. Le cas de l'industrie automobile », communication au congrès « Le génie industriel, facteur d'innovation », Nancy, 12-14 décembre 1988.

J.-C. BARBANT, P. CHANUT, « Les réseaux créateurs de richesses », *Gérer et entreprendre*, n° 15, juin 1989, p. 16 à 27.

A. GORGEU, R. MATHIEU, « Partenaire ou sous-traitant », *Dossier de recherches*, n° 3, Centre d'étude de l'emploi, 1990.

639214 - Février 2016
Achevé d'imprimer par

1livre.com
du rêve à la réalité !

www.ingramcontent.com/pod-product-compliance
Lightning Source LLC
LaVergne TN
LVHW050636051026
849532LV00002B/413
* 9 7 8 2 7 3 8 4 1 1 6 9 3 *